AF232960

MINISTÈRE DE LA MARINE ET DES COLONIES.

DÉCRET

PORTANT RÈGLEMENT SUR LA SOLDE,

LES REVUES,

L'ADMINISTRATION ET LA COMPTABILITÉ

DES ÉQUIPAGES DE LA FLOTTE.

(11 août 1856.)

PARIS.

IMPRIMERIE IMPÉRIALE.

1856.

DÉCRET

PORTANT RÈGLEMENT SUR LA SOLDE,

LES REVUES,

L'ADMINISTRATION ET LA COMPTABILITÉ

DES ÉQUIPAGES DE LA FLOTTE.

———

(11 août 1856.)

DIRECTION
PERSONNEL.

—

BUREAU
DE LA SOLDE,
DES REVUES
ET
DE L'HABILLEMENT.

—

Envoi d'un décret
portant règlement
sur la solde, les re-
vues, l'administra-
tion et la comptabilité
des équipages de la
flotte.

Paris, le 18 septembre 1856.

L'Amiral Ministre Secrétaire d'État de la marine
et des colonies,

A MM. les Préfets maritimes,

les Gouverneurs de colonies,

les Officiers généraux et autres commandant en chef,

les Commissaires généraux de la marine,

les chefs du service de la marine,

les Commissaires aux armements et les Commissaires de l'inscription maritime,

les Conseils d'Administration des divisions et des bâtiments.

Messieurs, en vous transmettant, le 20 juin dernier, un exemplaire du décret sur l'organisation du personnel des équipages de la flotte, je vous annonçais le prochain envoi d'un second décret destiné à régler la solde, les revues, l'administration et la comptabilité du même personnel.

Je vous adresse aujourd'hui un exemplaire de ce second décret, qui a été sanctionné par Sa Majesté, sous la date du 11 août dernier. Je joins à cet envoi une collection des tarifs et des modèles annexés au décret.

Vous trouverez exposées, dans le rapport à l'Empereur, les considéra-tions qui ont servi de base à la rédaction de ce travail. Quant aux dispo-sitions de détail contenues dans le règlement, elles seront facilement ap-

préciées par vous ; je bornerai donc ici ma tâche à quelques explications complémentaires sur un petit nombre de principes nouveaux.

Solde à la mer.
(Art. 24.)

J'appellerai tout d'abord votre attention sur la disposition qui fait l'objet de l'article 24. En vertu de cet article, la solde de présence à la mer sera désormais allouée aux officiers-mariniers et marins faisant partie de l'équipage d'un bâtiment de l'État, quelle que soit la nature de l'armement de ce bâtiment.

Cette disposition bienveillante, empruntée au décret du 19 octobre 1851, rétablit une parité complète dans le principe d'allocation de la solde entre l'état-major et l'équipage des bâtiments en commission.

Permissions et congés
(Art. 42, 43 et 54.)

Une considération de même nature a conduit à maintenir en jouissance de la solde de présence tout marin dont l'absence en permission n'aura pas excédé quinze jours. Cette disposition fait l'objet de l'article 42 du décret.

Par des motifs dont la portée ne saurait vous échapper, la concession des congés pour affaires personnelles a dû être réservée à l'action ministérielle. Mais, aux termes de l'article 43, le ministre pourra statuer à cet égard par voie d'ordres généraux, toutes les fois que les circonstances le permettront.

Dans les conditions actuelles, toutes les prolongations de congé sont accordées sans solde, quelle qu'ait été la durée primitive du congé. Cette règle, qui a pour conséquence d'établir, entre des hommes absents pendant un même temps, des différences peu justifiées, a dû être modifiée : l'article 43 précité fixe à six mois le temps pendant lequel la solde de congé pourra être allouée.

Vous remarquerez que les marins renvoyés en France pour cause de santé devront être visités au port de débarquement. Lorsqu'ils auront été reconnus susceptibles de recevoir un congé de convalescence, l'article 46 autorise, dans les ports du commerce, le commissaire de l'inscription maritime à les diriger immédiatement sur leurs foyers. Les certificats seront ensuite envoyés au préfet maritime de l'arrondissement, pour qu'il soit statué par lui sur la durée du congé à accorder.

Cette mesure aura pour effet d'économiser des frais de route et de transport, et d'épargner aux marins des fatigues sans utilité pour le service.

Les raisons qui viennent d'être indiquées expliquent encore la disposition contenue en l'article 54, par suite de laquelle les marins en congé doivent, à moins d'ordres contraires, rejoindre la division du port le plus voisin du lieu où ils ont été autorisés à résider.

Le régime des délégations sur leur solde, que les marins au service de l'État ont la faculté de consentir en faveur de leurs parents, a été étudié avec soin. Le caractère de ces sortes de concessions a dû être précisé en vue des titres à faire valoir par les ayants droit des délégataires décédés. Des mesures ont, en outre, été arrêtées à l'effet d'assurer, avec toute la régularité possible, le payement constant de ces secours, si profitables aux familles des gens de mer.

Délégations.
(Art. 74 et suivants,
tarif n° 4.)

Le décret consacre de nouveau le droit d'imposer d'office des délégations dans les cas prévus par les articles 203, 205 et 214 du Code civil; mais, s'il était utile de maintenir ce droit, l'usage à en faire devait être environné de garanties propres à prévenir toute application abusive. A l'avenir, les préfets maritimes auront seuls la faculté de prescrire des délégations de cette nature, d'après les résultats d'une enquête dirigée par les commissaires de l'inscription maritime en ce qui concerne les marins inscrits, et par les commissaires aux armements s'il s'agit de marins provenant du recrutement.

Aux termes de l'article 80 du nouveau règlement, le payement des délégations consenties en faveur de personnes autres que les femmes, ascendants ou descendants, est subordonné à la constatation de la retenue opérée sur la solde des marins délégants. Mais cette constatation ne doit pas faire l'objet d'un état spécial; elle résultera suffisamment des indications consignées sur les états adressés aux détails des armements en ce qui concerne les mutations et les payements. La même observation s'applique au payement des délégations souscrites par les domestiques.

1.

Vous remarquerez que l'usage d'un livret pour les délégataires a été étendu, par l'article 188, au personnel des quartiers.

Le tarif n° 4 détermine d'une manière uniforme la quotité journalière de la délégation que les officiers-mariniers et marins peuvent consentir à terre et à la mer. L'administration trouvera dans cette uniformité même une plus grande facilité pour la prompte expédition du travail des remises, au sujet duquel je rappelle ici les recommandations contenues dans ma circulaire du 27 mai dernier.

Masse d'entretien.
(Art. 137 et suivants.)

Aux termes de l'article 138, l'espèce et l'importance des dépenses à la charge de la masse d'entretien sont réglées par décision ministérielle.

Vous trouverez annexé à la présente dépêche un tableau indicatif de ces dépenses. (Annexe n° 1.)

Toute infraction aux fixations de ce tableau engagerait de droit la responsabilité du fonctionnaire qui l'aurait commise ou autorisée. J'appelle particulièrement votre attention sur ce point.

Ainsi que vous le remarquerez, il ne doit être fait emploi que de sommes brutes dans la comptabilité des divisions et des bâtiments (art. 392). Par suite, les pièces de dépenses concernant la masse d'entretien et le fonds de musique devront, bien qu'établies pour le chiffre réel de la dépense, faire mention de l'abondement des 3 p. 0/0 à l'infini et être employées pour le brut dans les éléments de la comptabilité intérieure.

Enfin, toute dépense imputée à cette masse devra être justifiée par factures s'il s'agit d'achats, et par états émargés en ce qui concerne le payement des allocations ou abonnements.

Avis des débets.
(Art. 229 et 321.)

L'article 229 traite des avis de débets et de la destination à leur donner. L'exécution ponctuelle des prescriptions de cet article est d'une grande importance pour l'établissement prompt et régulier des décomptes.

Un intérêt de premier ordre appelle, d'une manière toute spéciale, l'attention de l'Administration sur la nécessité de rapprocher le plus possible la régularisation de la solde acquise par les marins débarqués, du moment de leur débarquement. L'exécution soutenue des dispositions prescrites en l'article 321, améliorera sensiblement l'état de choses actuel.

Les marins en débet au moment de leur congédiement ont la faculté d'atténuer le chiffre de leur dette par la remise de ceux de leurs effets qui ne leur sont pas indispensables. Il n'échappera pas à votre attention que cette disposition est applicable aux marins en débet directement congédiés d'un bâtiment. L'administration devra, à ce sujet, se bien pénétrer des dispositions combinées des articles 232 et 581.

Effets
remis par les marins
en débet
au moment
de
leur congédiement.
(Art. 232 et 581.)

La liquidation annuelle de la solde substituée, dans les divisions à terre, à la liquidation trimestrielle, rendra le service plus facile. Mais, pour que cette facilité ne soit pas préjudiciable au bon ordre, il importe que les hommes quittant une division soient intégralement payés des sommes qui leur sont dues au moment de leur départ, et que le compte courant de leur solde soit arrêté.

Feuilles de journées.
(Art. 340 et suivants.)

Les commissaires aux armements, dans leurs vérifications trimestrielles, devront porter sur ce point leurs investigations, et s'assurer, en même temps, que les feuilles de journées ouvertes au commencement de l'année, ainsi que le prescrit l'article 343, sont maintenues en concordance avec les rôles d'équipage. De cette façon, le travail des feuilles de journées s'accomplira graduellement, et leur vérification, en fin d'exercice, se trouvera considérablement simplifiée.

Par suite des dispositions qui font l'objet du titre 6, concernant la tenue des rôles d'équipage, il se présentera des cas dans lesquels les marins devront être rappelés de la solde à la mer, sur le rôle d'équipage d'une division, ou de la solde à terre, sur le rôle d'un bâtiment armé.

Rôles d'équipage.
(Art. 253 et suivants.)

Cette circonstance, bien entendu, ne peut avoir d'influence sur le caractère même des services. Elle exigera donc que les mutations soient libellées avec la plus grande netteté, et qu'il soit toujours fait une distinction parfaite des périodes, au point de vue des services à terre et à la mer.

Bâtiments changeant de position (Art. 281 et 617.)

Il n'y aura plus désormais clôture du rôle d'équipage pour un bâtiment passant d'une position à une autre, sans désarmement effectif ou administratif.

Cette mesure simplifiera beaucoup les obligations des détails des armements, et mettra un terme aux nombreux inconvénients de l'état de choses actuel. Elle obviera notamment aux embarras qui résultent d'un changement apporté, en cours d'exercice, dans le port d'attache d'un bâtiment. Mais, afin d'empêcher le désordre de se produire dans la comptabilité intérieure des bâtiments qui auraient pu ainsi passer indéfiniment et sans coupure sous l'action d'administrations différentes, il importait de déterminer des époques régulières d'apurement de comptes; l'article 617 y a pourvu : aux termes du 2ᵉ paragraphe de cet article, tout bâtiment qui n'aura pas eu ses comptes apurés depuis plus de quatre ans devra être désarmé administrativement, dès que le moment opportun se présentera de le faire. Vous remarquerez cependant qu'il convient, pour éviter des coupures inutiles dans la tenue de la comptabilité, de fixer cette date au 31 décembre, autant que les circonstances le permettront.

Revues d'effectif. (Art. 333.)

Les commissaires aux armements peuvent, pour les revues des détachements de marins, ainsi que pour celle des hommes à l'hôpital, se faire suppléer par les officiers du commissariat placés sous leurs ordres, mais sous la condition que leurs suppléants auront au moins un grade égal à celui du commandant du détachement à passer en revue.

Je n'ai pas besoin de vous faire remarquer que cette disposition, déjà en vigueur en ce qui concerne le service des troupes, ne peut porter atteinte, dans aucun cas, au droit personnel attribué au commissaire aux armements, titulaire ou intérimaire, quel que soit son grade.

Suppression du compte habillement.

Il ne vous échappera pas que l'une des conséquences du nouveau règlement sur l'administration des équipages de la flotte consiste dans la suppression du compte habillement, *dont la forme avait été déterminée par la circulaire du 11 août 1847 (nº 159 du recueil imprimé).*

La suppression de ce document en ce qui concerne les divisions à terre rend, en même temps, sans objet le compte habillement des bâtiments, qui, par suite, ne devra plus être établi.

La production du bordereau récapitulatif des rappels de solde et d'accessoires de solde ordonnancés pendant l'année (art. 360) exclura, à l'avenir, toute production de revues supplémentaires de comptabilité.

Suppression
des revues
supplémentaires
de comptabilité.
(Art. 360.)

L'administration des ports se trouvera, à cet égard, déchargée d'un travail assez considérable, et dont la suppression lui permettra de reporter ses efforts vers les parties essentielles de son service.

Un semblable bordereau par article pourra être également dressé à l'avenir, pour la justification des rappels effectués au titre de la solde à terre, pour les officiers et employés des corps de la marine autres que les corps de troupe. A l'égard de ces derniers, on continuera, bien entendu, à opérer conformément aux prescriptions de l'ordonnance du 22 juin 1847.

La partie du décret relative à la dette flottante fera l'objet d'instructions de détail plus particulièrement adressées aux commissaires de l'inscription maritime.

Dette flottante.

Cependant, je dois dès à présent appeler votre attention sur une modification essentielle apportée par le règlement dans la tenue de la comptabilité de la dette-flottante; je veux parler du grand livre journal.

La création de ce grand livre fournira les moyens de rendre un compte exact de la situation particulière de chaque quartier. Le grand livre présentera, en outré, par ses résultats généraux, la justification complémentaire des revues de liquidation, justification que la cour des comptes a souvent réclamée avec instance.

Mais, pour obtenir ce double résultat, il importe essentiellement que l'administration apporte le soin le plus scrupuleux dans l'établissement des avis concernant les débets de marins, et la plus grande activité dans la transmission de ces documents.

Indépendamment de la bonne tenue des comptes de la dette flottante, il y a intérêt pour le trésor, et même pour les marins renvoyés dans leurs foyers, à ce que le montant des débets soit signalé dans un délai très-rapproché du moment du congédiement des hommes.

Instructions
à rédiger
pour l'administration
des détachements.
(Art. 406.)

Aux termes de l'article 406, les conseils d'administration des divisions et des bâtiments devront rédiger, d'après les prescriptions réglementaires, pour être remises aux conseils éventuels et aux chefs de détachements, des instructions détaillées sur les formes à suivre pour l'administration des détachements, pendant le temps de leur séparation de la division ou du bâtiment.

Des instructions de cette nature seront immédiatement préparées dans les divisions, avec le concours des commissaires aux armements, au point de vue des obligations qui incombent aux chefs des détachements qui doivent voyager à l'intérieur. Ces instructions rappelleront les obligations des chefs de détachement, non-seulement en ce qui concerne l'administration directe des hommes, mais encore en ce qui concerne le visa des feuilles de route, les revues d'effectif dans les lieux de passage, la fourniture des convois et du pain, la concession du logement chez l'habitant, les dispositions relatives au transport des hommes par les chemins de fer, les relations pendant la route avec les autorités civiles et militaires, etc. Un exemplaire de ces instructions sera remis, avant le départ, à chaque chef de détachement.

J'appelle, en outre, l'attention de l'autorité supérieure locale sur la nécessité de ne confier la conduite des détachements qui ne comportent pas un officier qu'à des officiers-mariniers parfaitement en état de s'acquitter, pendant la route, des obligations inhérentes à la mission qui leur serait donnée. Des faits récents et regrettables rendent cette recommandation particulièrement opportune.

Registre matricule.
(Art. 485 et suivants.)

Les nouvelles dispositions concernant la tenue des registres matricules seront mises à exécution à compter du 1ᵉʳ janvier 1857. A cette époque, de nouvelles matricules seront ouvertes pour recevoir l'inscription des marins du recrutement qui arriveront au service, et, dans chaque division, la série des numéros sera renouvelée.

Comme disposition transitoire, les marins du recrutement présents sous les drapeaux au 31 décembre de cette année, continueront à figurer sur les matricules de la division à laquelle ils auront appartenu en dernier lieu : ils conserveront le numéro qui leur est affecté sur la matricule de cette division ; mais, pour distinguer le lieu d'immatriculation le chiffre caractéristique désigné en l'article 488 sera ajouté à la droite du numéro actuel.

Les conseils d'administration des divisions ayant à faire parvenir des effets d'habillement, soit à des bâtiments en cours de campagne, soit à d'autres divisions, devront se conformer, pour les opérations de l'envoi, aux dispositions arrêtées, en ce qui concerne les corps de troupes, par le titre 5 de l'instruction du 8 novembre 1847 (n° 209 du recueil imprimé, § 6 et suivants).

Envois d'effets aux bâtiments en cours de campagne ou d'une division à une autre. (Art. 563 et 564.)

Les frais d'emballage et de transport par terre dans l'intérieur de l'empire seront imputés, à partir du 1er janvier 1857, à l'article 9 de la 3e section du chapitre III, où figurent déjà les dépenses de l'espèce concernant les troupes. Il sera tenu compte de ce changement dans l'établissement des prochains budgets.

Les effets qui, par leur forme ou leur nature, peuvent recevoir une empreinte, sont marqués du numéro matriculaire des hommes.

En ce qui concerne les marins de l'inscription maritime, cette marque consistera dans le numéro de la matricule du quartier, suivi du nom même de ce quartier.

Marques à apposer sur les effets. (Art. 589.)

D'après les dispositions de l'article 599 et les fixations du tarif n° 19, l'intégralité des frais payés pour capture ou arrestation sera imputée, désormais, au compte des marins qui auront motivé le payement de ces frais.

Cette disposition est commandée par l'intérêt de la discipline et par la nécessité de maintenir fortement les équipages dans la ligne de leurs devoirs, particulièrement pendant la présence des bâtiments à l'étranger.

Frais de capture. (Art. 599 et tarif n° 19.)

Aux termes de l'article 608, le chauffage des chambres dans la saison d'hiver, pour les marins casernés à terre, est fourni d'après le mode et les instructions arrêtées par le ministre.

Chauffage des chambres à terre. (Art. 608.)

L'administration se conformera, pour les fournitures de l'espèce, aux dispositions qui font l'objet du titre II de l'instruction du 8 novembre 1847 précitée, dont l'application a déjà été prescrite par la circulaire du 27 décembre 1851.

Solde
des mécaniciens.
(Tarif n° 2.)

Le tarif n° 2 détermine la quotité de la solde à allouer aux mécaniciens et chauffeurs; mais, par suite des dispositions qui font l'objet de l'article 223 du décret du 5 juin dernier, il me reste à vous indiquer comment il devra être fait application des fixations du tarif aux maîtres et aux contre-maîtres mécaniciens, dont les dénominations sont maintenues transitoirement.

Les maîtres mécaniciens recevront la solde attribuée par le nouveau tarif aux seconds maîtres mécaniciens;

Les contre-maîtres recevront la solde attribuée aux quartiers-maîtres. L'allocation en sera faite d'après le rapport ci-après indiqué, savoir:

Maîtres de 1re classe: 2 maîtres mécaniciens de 1re classe;

Maîtres mécaniciens de 2e et 3e classe: 2es maîtres mécaniciens de 2e classe;

Contre-maîtres mécaniciens de 1re classe: quartiers-maîtres mécaniciens de 1re classe.

Contre-maîtres mécaniciens de 2e et 3e classe: quartiers-maîtres mécaniciens de 2e classe.

Tableau
des
pièces périodiques
à transmettre
par les bâtiments.

En vue de faciliter aux commandants d'escadre, de division et de bâtiments armés, ainsi qu'aux commissaires d'escadre et de division, les moyens de surveiller et de hâter la transmission en France des pièces périodiques que les conseils de bord ont à faire parvenir conformément aux diverses dispositions du règlement, j'ai fait établir et annexer à la présente circulaire un tableau présentant l'indication des pièces à produire et l'époque à laquelle l'envoi en devra être effectué. (Annexe n° 2.)

Casernement
des
équipages de la flotte
à terre.

La mise à exécution des nouveaux règlements sur l'organisation et l'administration des équipages de la flotte m'a paru un moment convenable

*pour apporter, dans le service du casernement de ces équipages, les amé-
liorations réclamées par l'expérience.*

*D'un autre côté, la création d'un fonds de masse d'entretien destiné à
subvenir aux dépenses intérieures des divisions, à l'objet desquelles il était
précédemment pourvu à l'aide des ressources affectées au service du couchage, permet de faire application aux équipages à terre des dispositions
arrêtées le 21 novembre 1854 pour le casernement des troupes de la
marine.*

Le service du casernement des équipages comprend :

1° L'ameublement des bureaux ;

2° Le mobilier d'attache des casernes ;

*3° L'ameublement des chambres d'officiers et d'adjudants, et le couchage
des marins.*

<table>
<tr><td>

*Désormais, il sera pourvu à l'ameublement des bureaux sur les fonds et
par les soins de la direction des travaux hydrauliques, qui se conformera,
pour cet objet, au règlement en vigueur sur l'ameublement des bureaux
des ports. La comptabilité de cette partie du matériel sera suivie sur inven-
taire, conformément aux dispositions du règlement sur la comptabilité du
mobilier en service dans les hôtels, bureaux, etc.*

</td><td>

Ameublement
des bureaux.

</td></tr>
<tr><td>

*Le mobilier des casernes sera fourni également par la direction des tra-
vaux hydrauliques, et par analogie avec les règles tracées par le règle-
ment du 21 novembre 1854. En conséquence, dès qu'il aura été procédé à
l'assiette du logement, il sera établi un état de lieux inventaire, et tous les
objets non réglementaires devront être immédiatement réintégrés dans les
magasins du port, pour être utilisés selon les besoins du service ou vendus
par l'administration des domaines au profit du Trésor.*

</td><td>

Assiette
du casernement.

</td></tr>
<tr><td>

*Quant aux ameublements de chambres d'officiers et d'adjudants, ainsi
qu'aux objets de couchage, ils seront fournis conformément aux dispositions
du règlement du 21 novembre 1854 sur les lits militaires, et d'après les bases
suivantes.*

</td><td>

Couchage
et ameublement
des chambres
d'officiers
et d'adjudants.

</td></tr>
</table>

2.

Les officiers logés dans les casernes recevront la fourniture de la literie et l'ameublement de chambre, d'après le devis annexé au règlement précité.

Les premiers maîtres et maîtres attachés à la partie sédentaire du petit état-major dans chaque division, et logés à la caserne, auront droit au couchage et à l'ameublement sur le même pied que les adjudants sous-officiers des corps de troupe. Lorsque les circonstances ou la disposition des lieux s'opposeront à ce qu'ils reçoivent un lit complet, ils recevront seulement une fourniture-hamac.

Tous les autres officiers-mariniers, ainsi que les quartiers-maîtres et marins, n'auront droit qu'au couchage, consistant en un hamac garni, ainsi qu'il est spécifié dans le tarif n° 5 annexé au règlement du 21 novembre 1854.

Un nombre de fournitures complètes proportionné aux besoins dans chaque port sera mis à la disposition de la division, pour le service de l'infirmerie du corps et de la salle des convalescents.

Pour l'exécution des dispositions dont la mention précède, il sera constitué au magasin général, au titre du service des lits militaires, un approvisionnement de fournitures-hamacs en rapport avec les besoins courants de la division. Cet approvisionnement sera cédé par la direction des mouvements du port. Il figurera sur les situations semestrielles à transmettre au ministre.

Quant aux délivrances, distributions, réintégrations, etc., elles seront faites dans la forme et sous les conditions déterminées par le règlement précité, d'après lequel seront également établies les écritures à tenir, au détail des approvisionnements et à la division, pour le service du couchage des équipages de la flotte.

Telles sont, Messieurs, les dispositions dont j'avais à vous entretenir spécialement. J'appelle votre attention la plus sérieuse sur l'étude des règles nouvelles, et je me réfère à ce sujet aux recommandations que je vous ai déjà adressées dans ma circulaire du 20 juin dernier, faisant envoi du décret sur l'organisation du personnel des équipages de la flotte.

Recevez, Messieurs, l'assurance de ma considération distinguée.

Signé HAMELIN.

ANNEXE N° 1.

*NOMENCLATURE des dépenses à la charge des masses d'entretien
dans les divisions.*

1re PORTION (MUSIQUE).

§ 1er. Musique des divisions à terre.

1° Les gages et primes accordés aux musiciens.
2° Les achats de cartons, cahiers, papiers de musique, etc.
3° L'achat, l'entretien et le renouvellement des instruments.

§ 2. Musiques de bâtiments.

1° Les gages et primes accordés aux musiciens.
2° Les achats de cartons, cahiers, papiers de musique, etc.
3° L'entretien des instruments délivrés au compte du matériel naval et au titre
de l'armement des bâtiments.

2e PORTION.

1° Allocation au commandant de la division pour dépenses éventuelles, savoir :
Brest et Toulon, 5oo francs par an ; Lorient, 4oo francs ; Cherbourg et
Rochefort, 2oo francs. Sont, entre autres dépenses, à la charge de ce fonds
les frais de sépulture des hommes morts à la caserne. (Le compte d'emploi
de cet abonnement est soumis directement à l'inspecteur général par le
commandant de la division.)
2° Éclairage des corridors, escaliers, chambres et écoles dans les locaux à la
disposition du corps.
3° Paille nécessaire aux cachots, prisons, salles de police, etc.
4° Les frais de l'infirmerie régimentaire et de la salle des convalescents.
5° Les réparations à faire aux effets d'habillement appartenant à l'État, ainsi

qu'à ceux des marins présents à la division, lorsque les détériorations sont le résultat d'accidents de force majeure pendant le service.

6° La fourniture et l'entretien des effets à l'usage du corps (sacs à distribution, effets de cuisine, effets de convalescents, etc.)

7° Dépenses accessoires pour la conservation des matières et effets en magasin.

8° Achat, reliure et entretien des règlements et théories en usage dans les corps, pour le service des instructeurs.

9° Reliure du Bulletin de la marine et des autres publications officielles.

10° Achat et entretien des planchettes qui, d'après le règlement sur le service intérieur, doivent être placées dans les chambres.

11° Registre, feuilles et livrets de tir pour l'usage de la carabine à tige.

12° Instruments et objets nécessaires au plombage des caisses et colis.

13° Achat des timbres de magasin, chiffres en métal, encre et brosses pour le marquage des effets appartenant aux hommes et à l'État.

14° Blanchissage, s'il y a lieu, des effets et objets appartenant au corps.

15° Achat et entretien du double mètre pour le mesurage des hommes.

16° Achat et entretien des fanions d'alignement pour le service des guides dans l'école de bataillon.

17° Dépenses accessoires d'entretien et de propreté pour le service de la caserne (balais, éponges, etc.).

18° Abonnement aux commandants de compagnie, pour les frais de même nature dans les compagnies (achat de cire à giberne, terre de pipe, cirage, etc). Cet abonnement est réglé par le conseil avec le concours du commissaire aux armements.

19° Entretien des caisses et clairons à l'usage des élèves, savoir : Brest et Toulon, 160 francs par an ; Lorient, 130 francs ; Rochefort et Cherbourg, 100 francs.

20° Gratifications aux maîtres et aux meilleurs élèves de l'école de natation ; divisions de 1ʳᵉ classe, 100 francs ; divisions de 2ᵉ classe, 50 francs.

21° Fournitures de bureaux pour les élèves fourriers, 1 fr. 50 cent. par mois et par élève.

22° Primes d'encouragement aux moniteurs et élèves des écoles de la division, achats des prix de fin d'année, savoir : Brest et Toulon, 200 francs ; Lorient, 150 francs ; Cherbourg et Rochefort, 100 francs.

23° Achat et remplacement du matériel relatif à l'enseignement dans les écoles, du papier, des plumes, crayons, etc.

24° Achat et entretien du matériel de la salle d'escrime ; gratification aux maîtres d'escrime.

25° Gratification annuelle à accorder aux gardiens des magasins.

26° Allocations aux secrétaires militaires employés dans les bureaux des divisions, savoir :

Secrétaires de 1re classe............ 0^f 80^c par jour ;
Secrétaires de 2e classe............ 0 60
Secrétaires de 3e classe............ 0 50

Et enfin toutes les dépenses de même sorte dont l'imputation sur la masse serait spécialement autorisée par le ministre de la marine et des colonies.

———

OBSERVATION GÉNÉRALE. — Les fixations indiquées dans la présente nomenclature constituent des *maxima* que les conseils d'administration des divisions ne doivent atteindre qu'autant que l'intérêt du service le comporte.

ANNEXE

Tableau indicatif des documents à transmettre par les conseils d'administration

NUMÉROS des MODÈLES.	DÉSIGNATION DES DOCUMENTS.	ARTICLES du DÉCRET.	DESTINATAIRES.
"	Déclarations de délégation faites à bord..........................	75	Commissaire aux armements du port qui compte de la dépense du bâtiment.
13	États récapitulatifs des délivrances d'effets d'habillement, tabac et savon....	227	Idem.................
"	Expédition des états des payements faits à l'extérieur, comme pièces justificatives des traites émises.	223	Ministre de la marine............
17	États des mutations..	314	Commissaire aux armements du port qui compte de la dépense du bâtiment.
24	État récapitulatif des payements faits à bord pendant le mois écoulé........	318	Idem.................
25	États des marins admis à la haute paye d'ancienneté....................	319	Idem.................
28	Feuille de journées pour l'année expirée............................	345	Idem.................
29	Relevé sommaire de la feuille de journées faisant connaître les éléments du débit.	346	Idem.................
52	États des mutations matriculaires................................	490	Idem.................
64	Relevé sommaire récapitulant les recettes et consommations en effets d'habillement, tabac et savon.	500	Idem.................
76	Demandes d'effets d'habillemet faites par les bâtiments en cours de campagne.	563	Ministre de la marine............
76	États des cessions d'effets d'habillement, tabac et savon faites par les bâtiments en cours de campagne.	565	Commissaire aux armements du port qui compte de la dépense du bâtiment.
82	Procès-verbaux de vente des effets des marins morts, désertés, etc., etc.....	585	Idem.................

N° 2.

capitaines comptables des bâtiments, en exécution du décret du 11 août 1856.

ÉPOQUES DES TRANSMISSIONS				NOMBRE D'EXPÉDITIONS À TRANSMETTRE	
ANNUELLES.	TRIMESTRIELLES.	MENSUELLES.	DIVERSES.	en France et en Algérie.	en cours de campagne.
....	....	....	A comprendre sur le premier état de mutations qui suit la déclaration.	"	"
....	A l'expiration de chaque trimestre.	....	....	1	2 (par voies différentes.)
....	....	....	Par la plus prochaine occasion après le payement.	"	Idem.
....	....	....	Tous les 10 jours en France et en Algérie. Par toutes les occasions favorables en cours de campagne.	1	Idem.
....	....	Du 1er au 5 de chaque mois.	....	1	Idem.
....	....	À la fin de chaque mois.	....	1	Idem.
10 jours après la clôture du rôle d'équipage.	....	....	....	2	Idem.
En même temps que la feuille de journée.	....	....	....	2	Idem.
....	Dans les premiers jours de chaque trimestre.	....	....	1	1
En même temps que la feuille de journée.	....	....	....	2	2 (par voies différentes.)
....	....	....	Lorsqu'il y a lieu........	"	1
....	....	....	Aussitôt la cession faite..	2	2
....	....	....	Aussitôt la vente effectuée.	1	1

SOLDE, REVUES, ETC.

Paris, le 11 août 1856.

RAPPORT A L'EMPEREUR.

Sire,

Le 5 juin dernier, Votre Majesté a revêtu de sa signature le décret sur l'organisation du personnel des équipages de la flotte.

J'ai l'honneur de soumettre aujourd'hui à la haute sanction de l'Empereur le décret qui a pour objet de régler, dans toutes ses parties, l'administration de ce personnel.

Le projet ci-joint forme le complément du travail de réorganisation dont j'ai entrenu Votre Majesté dans mon précédent rapport.

Si l'ordonnance du 11 octobre 1836, que les deux actes indiqués ci-dessus ont pour objet de remplacer, ne répondait plus aux nouveaux besoins en ce qui concerne la composition et la formation des équipages, elle était devenue encore plus

3.

insuffisante au point de vue administratif, par suite des modifications nombreuses qu'elle avait subies depuis vingt ans. Très-imparfaitement conçue, d'ailleurs, sous le rapport réglementaire, l'ordonnance précitée s'était bornée à présenter quelques principes généraux d'administration et de comptabilité, laissant aux agents d'exécution le soin de développer les conséquences de ces principes dans la marche courante du service.

Toute organisation militaire trouvant son point d'appui le plus ferme dans une administration régulière et appropriée à sa nature, il convenait, par une prévision plus complète des besoins et par une description plus précise des procédés de comptabilité, de remédier à l'insuffisance des règles actuellement en vigueur.

Le projet de décret que je soumets à l'Empereur comprend deux grandes divisions.

La première, embrassant la solde et les revues, traite des règles d'allocation et de payement et du règlement des dépenses; elle forme la comptabilité de la marine envers l'État. Soumise aux règlements d'administration publique dont le département subit la loi commune, cette partie du règlement servira de base à l'action des contrôles extérieurs.

La seconde partie règle l'administration et la comptabilité intérieure des divisions à terre et des bâtiments; elle a plus particulièrement pour objet ce qui a rapport au maniement des fonds et des matières et à la gestion directe des intérêts individuels.

Toutes les dispositions éparses intervenues depuis vingt ans, toutes celles que la pratique avait introduites dans les faits et que l'usage avait consacrées, toutes celles enfin dont l'adoption avait été demandée, ont été recherchées, revisées et coordonnées dans la première partie du travail.

De nombreuses modifications ont été la conséquence de cette révision. Ce sont, pour la plupart, des dispositions de détail, dont la nomenclature ne saurait trouver place dans le présent rapport. Je me bornerai donc à signaler à l'attention de Votre Majesté celles de ces dispositions qui paraissent devoir être le sujet d'une mention spéciale, en raison de leur importance.

L'époque de l'entrée en jouissance de la solde pour les marins de toute provenance a été fixée, en principe, à la date de l'arrivée au corps. Une seule exception est faite à cette règle en faveur des marins de l'inscription maritime levés d'office pour le service. Comme compensation de la mesure qui les enlève brusquement à leur famille et à leurs moyens ordinaires d'existence, ces marins entreront en solde, à l'avenir, à partir du jour de leur mise en route.

La fixation de la solde à la mer pour les officiers-mariniers et marins de toutes professions, les mécaniciens et chauffeurs exceptés, remonte à l'ordonnance du 15 août 1838. Bien que depuis cette époque le prix des choses de la vie ait considérablement augmenté, je n'ai pas cru devoir proposer de changement au fond du tarif actuellement en vigueur. J'ai pensé qu'une sage réserve était commandée à ce sujet, dans un moment où des nécessités impérieuses, tenant aux intérêts vitaux de la flotte, conduisaient à développer certaines dépenses en vue d'une meilleure composition des équipages. La situation générale du personnel se trouvera d'ailleurs sensiblement améliorée par la création du système des primes et hautes payes résultant, pour les hommes provenant du recrutement, de la loi du 26 avril 1855, et, pour les marins inscrits, des dispositions analogues introduites dans le projet de décret ci-joint.

Mais si les considérations exprimées ci-dessus étaient de nature à faire différer une amélioration générale des salaires, elles ne pouvaient m'arrêter dans une voie de réparation, tant à l'égard de certaines catégories du personnel qu'à l'égard du traitement applicable à certaines situations déterminées.

Dans cet ordre d'idées, la position des officiers-mariniers et des quartiers-maîtres appartenant aux professions dites maritimes (charpentage, calfatage et voilerie) devait tout d'abord appeler mon attention. Depuis un temps immémorial, les tarifs de la solde consacrent, à l'égard de ces hommes utiles, une infériorité de salaires qui a pu avoir sa raison d'être à l'origine des choses, mais qui n'est plus, depuis longtemps, en harmonie avec les principes d'une rigoureuse justice distributive, ni même avec les intérêts d'un recrutement facile et convenable pour ces spécialités importantes du personnel des équipages.

Le moment d'une réorganisation a dû être saisi pour opérer une modification réclamée par le sentiment général, et commandée par un intérêt bien entendu du service. Toute infériorité dans la solde a donc été effacée du tarif à l'égard des seconds maîtres et quartiers-maîtres des professions maritimes.

J'aurais désiré pouvoir étendre le bénéfice de cette mesure jusqu'aux maîtres de ces mêmes professions, en les assimilant, quant à la solde, aux officiers-mariniers pourvus du grade de premier maître ; mais une différence dans la position hiérarchique, commandée par les termes de la loi sur l'avancement dans l'armée navale, exige également dans les salaires une différence que je me suis efforcé de rendre aussi peu sensible que possible. Il n'y aura donc plus à l'avenir, entre la solde des maîtres et celle des premiers maîtres, à égalité de classe, qu'une différence de 20 centimes par jour.

La solde de présence à terre des officiers-mariniers attachés au service des divisions, était, avant 1851, pour la plus grande majorité des emplois, égale à la solde d'embarquement; à cette époque, elle fut diminuée de o^f,5o par jour. Sans rétablir complétement l'égalité qui existait avant 1851, il a paru nécessaire de revenir en partie sur les conséquences d'une réduction beaucoup trop forte. Dans le tarif annexé au décret ci-joint, la solde à terre des officiers-mariniers ne présente plus, par rapport à la solde à la mer, qu'une infériorité de o^f,2o, en ce qui concerne les premiers maîtres et les maîtres, et qu'une infériorité de o^f,1o, en ce qui concerne les seconds maîtres.

. Ces deux mesures réparatrices, qui affectent seulement la solde d'un petit nombre d'officiers-mariniers, n'exerceront qu'une très-minime action sur le chiffre général de la dépense. '

Le tarif actuellement en vigueur pour le personnel des mécaniciens chauffeurs comprend trois espèces de solde :

La solde à la mer,

La solde de travail à terre,

La solde à la caserne.

Le tarif nouveau reproduit ces trois espèces de solde, en les affectant, en raison de leur quotité journalière, aux trois positions nouvellement créées d'embarquement, de présence à terre dans les divisions, et de résidence en disponibilité.

Les marins voyageant en détachement reçoivent, en route, avec le pain, une solde spéciale, dont l'accroissement est destiné à compenser les vivres complémentaires de la ration, qui ne peuvent être délivrés dans cette position. L'expérience a fait reconnaître que cette même solde doit être accordée aux détachements éloignés d'un bâtiment ou d'une division, toutes les fois qu'ils ne peuvent pas recevoir les vivres en nature des magasins de l'État.

Les règles relatives à la délivrance des permissions et des

congés ont été coordonnées, en vue de concilier les exigences du service, avec les facilités que comporte dans certains cas le pénible métier du marin.

Le désir que les marins éprouvent de revoir leur famille, après l'accomplissement d'une période obligatoire de service, a été fréquemment représenté comme une des causes qui enlèvent à la flotte un grand nombre d'hommes d'élite. L'article 47 du projet de décret donne satisfaction à cette opinion fondée, en disposant que les marins admis à se rengager ou à continuer leurs services recevront de plein droit, lorsqu'ils en feront la demande, un congé temporaire de quatre mois.

Dans les ordonnances antérieures, aucune disposition ne réglait le mode d'allocation et de payement de la solde de captivité, prévue dans les tarifs en faveur des officiers-mariniers et marins tombés au pouvoir de l'ennemi. Cette lacune a été remplie par une série de prescriptions dont il a déjà été fait une application provisoire dans les ports.

Le service de la marine comporte pour les officiers-mariniers et marins un assez grand nombre d'allocations supplémentaires. D'après la règle actuellement en vigueur, toutes celles de ces allocations qui sont attachées à l'exercice de fonctions spéciales à bord des bâtiments ne sont payées aux hommes qu'à partir du jour de la mise en rade. Ce principe, dans son application générale, présente quelque chose de peu rationnel ; il a donné matière à des réclamations dont il a dû être tenu compte dans la rédaction des règles de concession. Désormais, les suppléments attribués aux maîtres chargés d'une feuille, aux marins exerçant les fonctions d'un grade supérieur, aux secrétaires, vaguemestres, etc. seront concédés, pour la durée effective des fonctions, à partir du jour de l'embarquement, jusqu'à celui du débarquement, quelle que soit la position des bâtiments.

L'institution des matelots-fusiliers, qui vient d'être créée par le décret du 5 juin dernier portant organisation du personnel, a besoin d'être soutenue pour pénétrer dans les habitudes de la marine. Un des meilleurs moyens à employer à cet effet est d'encourager sur la flotte les exercices d'infanterie et l'école des manœuvres de bataillon. Dans ce but, l'article 121 du projet dispose qu'une gratification annuelle sera partagée entre les instructeurs qui auront fait preuve de zèle et d'aptitude. La répartition de cette gratification sera arrêtée, suivant le cas, par le commandant en chef ou par le major général de la marine, à la suite de son inspection et d'une revue passée par lui sur le terrain.

Le décret précité du 5 juin 1856 a admis en principe la réadmission au service, avec concession d'une prime, des quartiers-maîtres de l'inscription maritime et des matelots d'élite de la même provenance.

Cette mesure, éminemment équitable, aura pour effet, en assurant un recrutement meilleur pour les équipages de la flotte, de placer les marins de l'inscription maritime, qui forment le principal élément de ce recrutement, dans des conditions analogues à celles qui ont été faites par la loi du 26 avril 1855 aux marins provenant des appels. La prime de réadmission, d'après le projet, sera accordée, sous des conditions d'aptitude déterminées, à chaque réadmission successive pour une période de trois années; mais seulement jusqu'à concurrence de quatorze années effectives de service à l'État, depuis l'âge de seize ans. La première concession de la prime sera faite à l'expiration du temps de service imposé à l'inscrit maritime admis pour la première fois sur les bâtiments de l'État.

Aux termes de la loi du 26 avril 1855, les hommes rengagés provenant des appels touchent, sur les fonds de la dotation de l'armée, indépendamment de la prime, et en accroissement à la haute paye ordinaire d'ancienneté, une haute paye spéciale fixée à 10 centimes après sept ans de services, et à 20 centimes après quatorze ans. La même concession a dû être faite aux inscrits maritimes, pour lesquels le tarif des allocations pour chevrons a été augmenté dans les proportions qui viennent d'être indiquées.

L'article 137 crée, pour chacune des divisions des équipages de la flotte, sous la dénomination de masse d'entretien, un fonds commun destiné à subvenir à leurs dépenses intérieures. Cette création, empruntée à l'organisation administrative des régiments de l'armée, présentera des avantages de plusieurs sortes. Elle aura d'abord pour effet de dégager le service de la solde de certains frais accessoires qui, à raison de leur nature, comportent des justifications spéciales ; elle rendra plus facile le service des divisions ; elle sera favorable à l'économie générale, en retirant à l'administration de ces divisions tout prétexte pour puiser dans les magasins des ports les menus objets et ustensiles nécessaires aux détails des infirmeries, du casernement, etc. ; elle fera disparaître toute cause de retenue plus ou moins justifiée sur la solde des hommes, en permettant de satisfaire directement aux minimes dépenses d'entretien et de propreté ; elle substituera, enfin, à des dépenses sans caractère officiel, des dépenses réglementaires susceptibles d'être contrôlées.

Le supplément dit de maître chargé, accordé par les tarifs en vigueur aux officiers-mariniers et marins placés à la tête d'une des spécialités du service du matériel à bord des bâtiments de la flotte, est considéré, dans les règlements qu'il s'agit de modifier, tantôt comme une indemnité allouée en raison de la fonction, tantôt comme une allocation destinée à améliorer le régime alimentaire des maîtres. Ce double caractère, attribué à une même indemnité, a donné naissance à beaucoup de décisions contradictoires. D'un autre côté, le décret du 15 août 1851, sur le service à la mer, place au nombre des institutions régulières du bâtiment, la table des maîtres, dont il règle le service dans des conditions identiques à celles qui sont établies pour les autres tables du bord.

Dans ce nouvel état de choses, il a paru convenable de consacrer explicitement en droit, une situation qui existe en fait, et d'accorder aux maîtres chargés une allocation spéciale pour traitement de table. Cette allocation, fixée uniformément par le tarif pour les bâtiments de tout rang, sera régie d'après les dispositions applicables au traitement accordé pour les tables des officiers et des aspirants. La classe si utile de la maistrance trouvera dans cette mesure une amélioration de position et un stimulant propre à l'attirer davantage vers les emplois à la mer.

Telles sont les dispositions nouvelles qui ont été introduites dans le décret relativement à la solde. Elles seront accueillies avec reconnaissance par les équipages, comme une nouvelle preuve de la haute sollicitude de Votre Majesté pour les intérêts des gens de mer.

Dans la partie du décret relative aux payements, de nombreuses améliorations ont été apportées, en vue de concilier tout à la fois la simplicité des formes avec les garanties qu'exige impérieusement la gestion des deniers publics.

Dans la fixation des bases à adopter pour asseoir le mode même d'administration des équipages de la flotte, il n'y avait pas lieu de changer les principes sur lesquels repose le système qui a été établi par les ordonnances du 1ᵉʳ mars 1832 et du 11 octobre 1836. Ces principes, éprouvés par le temps, sont

4.

parfaitement appropriés à la nature du service de la marine, et particulièrement à l'extrême mobilité de son personnel naviguant. Le projet conserve donc entre la solde et l'habillement le rapport qui existe aujourd'hui, et qui fait, en réalité, de chaque délivrance d'effets un à-compte ou une avance de solde. Tout autre mode tendant à séparer ces deux sortes de prestations a dû être formellement écarté, comme ne pouvant être avantageusement employé qu'à l'égard de troupes destinées à se mouvoir par groupes et maintenues systématiquement dans des cadres permanents. Il convenait de ne pas perdre de vue que le marin, passant individuellement et fréquemment d'un milieu administratif dans un autre, devait être, en quelque sorte, pris pour unité dans le système général d'administration. Mais, tout en conservant au mode édicté par les règlements antérieurs son caractère essentiel, il importait d'en améliorer les détails et de préparer, par des indications précises, le jeu facile et régulier de toutes les parties du mécanisme.

La comptabilité des divisions, c'est-à-dire celle des marins à terre, est aujourd'hui tout à fait distincte de celle des bâtiments; sa forme est essentiellement différente. Cependant il existe une telle connexité entre la comptabilité à terre et la comptabilité à la mer, pour la reprise des dettes des marins qui passent d'un service à l'autre, qu'il ne peut y avoir qu'avantage à rendre uniformes les écritures des deux services.

Il est tenu parallèlement dans les divisions deux comptes séparés, un pour la solde proprement dite, c'est-à-dire pour la partie de la solde qui reste après prélèvement de la retenue pour habillement; l'autre, pour cette même retenue.

A bord des bâtiments, il n'est fait aucune distinction de cette nature, attendu qu'elle serait sans objet, puisque le payement de la solde n'y est pas fait, comme à terre, constamment et à époques fixes.

Or, aucune séparation n'existant dans la comptabilité à la mer entre le compte solde et le compte habillement, il suit de là que ce dernier compte dans les divisions est journellement faussé par la reprise des débets signalés par les bâtiments, et que dès lors il ne peut être considéré que comme une superfétation sans objet, compliquant inutilement les écritures. La suppression de ce compte se trouvait ainsi indiquée; et j'ai d'autant moins hésité à la consacrer dans le décret, qu'il ne peut en résulter aucun inconvénient pour la régularité des opérations, toute délivrance d'effets entrant pour sa valeur, dans le décompte d'un marin, de la même manière qu'un à-compte de solde.

Il y aura désormais unité parfaite dans l'administration générale du personnel des équipages de la flotte, et complète similitude dans les formes et les procédés de comptabilité. Entre autres avantages, l'adoption de cette mesure produira une notable diminution dans le travail des divisions à terre.

Le principe qui vient d'être indiqué domine dans la rédaction des titres 6, 7, 8 et 9 du projet. Minutieusement étudiées, les dispositions que ces titres renferment sont de nature à assurer la constatation régulière des droits acquis par le personnel des équipages, en conciliant tout à la fois les nécessités de l'action avec les garanties d'une bonne surveillance administrative; elles réalisent dans la forme toutes les améliorations qui ont été demandées, en vue de faciliter l'exercice du contrôle attribué à la cour des comptes sur cette partie des dépenses de la marine.

La seconde partie du projet embrasse l'ensemble des intérêts soumis à l'action directe des conseils d'administration des divisions et des bâtiments. En ce qui concerne cette branche de l'administration et de la comptabilité des équipages de ligne, l'ordonnance du 11 octobre 1836 s'était particulièrement montrée sobre de prévisions et de détails. Cette partie du décret, considérée comme description des procédés de comptabilité, est donc presque entièrement nouvelle.

Le titre préliminaire définit la nature et l'étendue de l'action administrative dans les divers groupes destinés à agir séparément. Il détermine par qui et sous quelles conditions cette action administrative sera pratiquée.

La direction sera exercée collectivement dans les divisions et à bord des bâtiments par des conseils pris parmi les officiers et placés sous la présidence des commandants. Il n'est apporté d'exception à ce principe qu'à l'égard des bâtiments et des détachements dont la composition ne comporte pas le nombre d'officiers indispensables pour la formation régulière d'un conseil.

Les règlements en vigueur ne contiennent aucune disposition applicable à l'administration temporaire des fractions du personnel momentanément séparées d'une division ou d'un bâtiment. La même situation se remarque à l'égard des bâtiments légers armés fortuitement dans les stations lointaines, sous la dénomination d'annexes, et destinés à naviguer fort souvent loin du bâtiment à l'équipage duquel leur armement a été emprunté. Le projet de décret attribue à ces détachements, pendant leur séparation, une administration distincte, qui, sans les isoler complétement du centre d'où ils émanent, leur donnera les moyens de pourvoir directement à leurs besoins dans des conditions normales, et avec toutes les garanties qui sont la conséquence des formes réglementaires. Cette disposition permettra d'ailleurs d'appeler au besoin des détache·

ments de marins à participer à des opérations militaires con-
curremment avec l'armée, sans qu'il soit nécessaire de sortir
des règles propres à leur organisation, et sans perturbation
dans le mode d'administration qui leur est particulier.

La composition des conseils, leurs attributions, la forme
de leurs délibérations ont été nettement déterminées. Quant à
leur responsabilité, l'ordonnance du 11 octobre 1836 l'avait
étendue d'une manière générale à tous les faits de la gestion,
quelles qu'en fussent la nature et l'origine. Cette ordonnance ne
semble même pas admettre la possibilité d'un recours administrativement exercé contre les auteurs directs des opérations
entachées d'irrégularité ou de fraude.

Le projet n'a pas dû maintenir cette disposition, contraire
aux règles d'une rigoureuse équité. Ainsi, chacun des membres du conseil d'administration ne sera à l'avenir pécuniairement responsable que pour sa quote-part dans le résultat des
actes à l'exécution desquels il aura personnellement concouru.
Il importait aussi de tracer au major et aux officiers comptables, agents immédiats des conseils d'administration, les
devoirs qui leur sont imposés, et de préciser la part de responsabilité qui leur incombe. Le règlement contient à cet
égard des dispositions spéciales.

En définissant la participation des commandants de compagnie dans l'administration des hommes, le projet de décret
a voulu continuer à placer sous l'action du commandement
tout ce qui intéresse le bien-être du marin, et appeler ainsi la
vigilance incessante du chef direct sur les opérations qui ont
pour objet la distribution des allocations de toute nature
accordées aux hommes par les tarifs.

Les marins provenant du recrutement et de l'engagement
volontaire sont aujourd'hui immatriculés dans la division qui

les reçoit au moment de leur arrivée au service; mais, toutes les fois que les circonstances les conduisent dans une autre division, ils y sont immatriculés de nouveau : de telle sorte que le même homme, dans le cours des sept années de service qui lui sont imposées par la loi, peut avoir été successivement porté sur les matricules dans les cinq ports militaires. Un tel état de choses n'est évidemment pas satisfaisant; il a paru convenable d'adopter un seul point d'immatriculation. En effet, le personnel de la flotte, considéré dans son ensemble, ne forme qu'un seul et même corps dont les divisions à terre et les bâtiments, relativement à l'individu, peuvent être regardées comme des fractions temporaires. Il y avait donc avantage à créer, pour le marin du recrutement comme pour le marin de l'inscription maritime, un point fixe dans lequel vinssent se résumer et se décrire toutes les phases de sa mobile existence. Désormais les marins du recrutement ne seront plus immatriculés que dans la division qui les aura reçus au moment de leur admission au service.

La perception des fonds dans les caisses du Trésor et leur distribution aux hommes, le service de l'habillement, celui des vivres, etc., ont été l'objet de nombreuses dispositions, propres à donner à cet égard toute la sécurité qu'exige l'importance des intérêts qui s'y rattachent.

Enfin, le règlement traite de l'arrêté des comptes, et précise l'action de contrôle à exercer en vertu des règlements généraux, dans le double intérêt du Trésor et des parties prenantes. Il détermine, d'après les principes qui découlent de ces règlements généraux, l'étendue de la surveillance administrative dévolue aux fonctionnaires supérieurs du commissariat de la marine, sur tout ce qui est relatif au payement de la solde, à la distribution des deniers et des matières, ainsi qu'à l'emploi réglementaire des fonds spéciaux mis à la disposition des divisions et des bâtiments.

Les considérations générales dont l'exposé précède ont prévalu dans la rédaction du projet de décret ci-joint.

Après avoir été préparé par une commission dans laquelle l'élément militaire et l'élément administratif étaient fortement représentés, cet important travail, qui embrasse la révision de toute l'organisation administrative des équipages la flotte, a été l'objet d'un examen approfondi dans le sein du conseil d'amirauté. J'y ai donné moi-même une attention toute particulière, et j'ai la conviction qu'il est destiné à introduire de notables améliorations dans cette partie du service de la marine.

C'est avec confiance que je prie Votre Majesté de revêtir ce projet de sa signature, ainsi que les tarifs qui y sont annexés.

Je suis avec un profond respect,

Sire,

De Votre Majesté,

Le très-humble et très-obéissant serviteur.

L'Amiral Ministre Secrétaire d'État de la marine et des colonies,

Signé HAMELIN.

DÉCRET

PORTANT

RÈGLEMENT SUR LA SOLDE, LES REVUES,

L'ADMINISTRATION ET LA COMPTABILITÉ

DES ÉQUIPAGES DE LA FLOTTE.

5.

TABLEAU ANALYTIQUE

DU DÉCRET

PORTANT RÈGLEMENT SUR LA SOLDE, LES REVUES,

L'ADMINISTRATION ET LA COMPTABILITÉ

DES ÉQUIPAGES DE LA FLOTTE.

PREMIÈRE PARTIE.

DE LA SOLDE ET DES REVUES.

Articles

TITRE PRÉLIMINAIRE. — Définition générale de la solde.............. 1er à 3

——— PREMIER. — Des positions. .... 4 à 8

DES RÈGLES D'ALLOCATION.

TITRE II. — DES PRESTATIONS EN DENIERS.

Chapitre Ier. De la solde. Dispositions générales............. 9 à 23

Chapitre II. De la solde d'activité.

Section Ire. Solde de présence.
§ 1er. Solde à la mer................. 24 et 25
§ 2. Solde à terre................. 26
§ 3. Dispositions communes à la solde à la mer et à la solde à terre..... 27 à 32
§ 4. Solde en route. .... 33 à 37

Section IIe. Solde d'absence.
§ 1er. Solde de congé................. 38 à 58
§ 2. Solde d'hôpital................ 59 à 65
§ 3. Solde d'hôpital en congé........ 66 et 67
§ 4. Solde des marins en jugement ou détenus correctionnellement... 68 et 69
§ 5. Solde de captivité............... 70 à 73

Section IIIe. Des délégations............. 74 à 84

Articles

CHAPITRE III. De la solde de disponibilité. . . . . 85 à 93

SECTION Ire. Des hautes payes journalières d'ancienneté . . . . 94 à 100

SECTION IIe. Des suppléments.

§ 1er. Suppléments aux marins remplissant les fonctions d'un grade supérieur 107

§ 2. Suppléments à raison de fonctions spéciales . . . . 108 à 110

§ 3. Supplément aux marins réunissant les fonctions de charpentier et de calfat. 111

§ 4. Supplément de solde le jour de la fête de l'Empereur 112

SECTION IIIe. Des indemnités.

§ 1er. Des indemnités de fonctions accordées aux maîtres chargés d'une feuille à bord des bâtiments . . . 113 et 114

§ 2. De l'indemnité accordée aux tambours et aux clairons 115

§ 3. De l'indemnité accordée aux vaguemestres. 116

§ 4. De l'indemnité de frais de bureau. 117

§ 5. De l'indemnité pour perte d'effets. 118

SECTION IVe. Des gratifications.

§ 1er. De la première mise d'équipement aux premiers maîtres promus officiers. 119

§ 2. Des gratifications aux instructeurs. 120 et 121

§ 3. Des gratifications accordées pour les exercices de tir 122

SECTION V. Des primes de réadmission aux inscrits maritimes. . . . . 123 à 130

CHAPITRE V. Des positions ou cas particuliers entraînant privation de solde . . . . 131 à 136

——— VI. Des masses générales d'entretien . . . . 137 à 140

——— VII. Du traitement de table . . . . 141 à 143

CHAPITRE Ier. { SECTION Ire. Des vivres. . . . . 144 à 147
Des subsistances. { ——— IIe. Des liquides . . . . 148 à 153

CHAPITRE II. Du chauffage. 154

——— III. Disposition commune aux fournitures de subsistance et de chauffage 155

——— IV. Du logement. . . . . 156 et 157

TITRE II.

DES PRESTATIONS EN DENIERS.
(Suite.)

CHAPITRE IV.
Des accessoires de solde.

TITRE III.

DES PRESTATIONS EN NATURE.

DES RÈGLES DE PAYEMENT.

Articles

TITRE IV.
—
DISPOSITIONS GÉNÉRALES RELATIVES AUX PAYEMENTS.

CHAPITRE Ier. Des époques de payement.
SECTION Ire. Solde des officiers........... 158 à 162
— IIe. Solde des officiers - mariniers, marins et autres......... 163 à 176

CHAPITRE II. Du décompte des allocations.
SECTION Ire. Officiers.................. 177
— IIe. Officiers-mariniers, marins et autres................ 178

CHAPITRE III. Du mode des payements.
SECTION Ire. De l'ordonnancement........ 179 à 186
— IIe. Des livrets de payement.
§ 1er. De l'usage des livrets.......... 187 à 192
§ 2. Du renouvellement des livrets.... 193
§ 3. Du cas de perte d'un livret......... 194
SECTION IIIe. De la formation des états de payement............... 195 à 203
— IVe. Payement de la masse générale d'entretien et du fonds de musique............... 204 et 205
— V^e. Dispositions relatives à l'établissement des mandats de payement............... 206 à 216
— VIe. Des rappels................ 217 à 220
— VIIe. Des avis à donner pour les payements faits hors du port comptable.............. 221 à 223

TITRE V.
—
DES PRÉCOMPTES ET DES RETENUES SUR LA SOLDE DES OFFICIERS-MARINIERS ET MARINS.

CHAPITRE Ier. Des retenues au profit de l'État.
SECTION Ire. Du remboursement des avances en effets d'habillement, tabac, savon, etc.......... 224 à 241
— IIe. Des autres retenues au profit de l'État................. 242 et 243
— IIIe. Des retenues au profit de la caisse des invalides de la marine.................... 244 à 249
CHAPITRE II. Des retenues au profit de tiers................. 250 à 252

DU RÈGLEMENT DES DÉPENSES.

TITRE VI.
—
DES RÔLES D'ÉQUIPAGE.

CHAPITRE Ier. Des rôles d'équipage à tenir dans les divisions à terre 253 à 278
— II. Des rôles d'équipage à tenir à bord des bâtiments. 279 à 296
CHAPITRE III. Des rôles d'équipage à tenir par les officiers du commissariat.
SECTION Ire. Des rôles pour les divisions à terre.................. 297 à 307
— IIe. Des rôles pour les bâtiments... 308 à 322
— IIIe. Du rôle pour les marins en captivité à l'ennemi......... 323

— 6 —

Articles

TITRE VII.

DES REVUES.

CHAPITRE Ier. Des revues d'effectif.

SECTION Ire. Revues des commissaires aux armements............. 328 à 333
—— IIe. Revues des commissaires d'escadre ou de division...... 334
—— IIIe. Revues des commissaires généraux................. 335
—— IVe. Dispositions communes à toutes les revues d'effectif....... 336 à 339

CHAPITRE II. Des revues générales de liquidation.

SECTION Ire. Des feuilles de journées...... 340 à 351
—— IIe. Des revues de liquidation annuelles................. 352 à 359
—— IIIe. De la réimputation des payements faits pour rappels sur exercices clos........... 360 à 362

TITRE VIII. — DE LA DETTE FLOTTANTE DES MARINS........................ 363 à 382

—— IX. — DISPOSITIONS PARTICULIÈRES................................ 383 à 385

IIe PARTIE.

DE L'ADMINISTRATION ET DE LA COMPTABILITÉ INTÉRIEURE DES DIVISIONS ET DES BÂTIMENTS.

TITRE PRÉLIMINAIRE.. 386 à 392

TITRE Ier. DES CONSEILS D'ADMINISTRATION.

CHAPITRE Ier. De la composition des conseils............... 393 à 397
—— II. De l'installation des conseils................. 398 et 399
—— III. Des attributions des conseils................. 400 à 407
—— IV. Des séances des conseils .... 408 à 423
—— V. De la responsabilité des conseils............... 424 à 427

TITRE II. DES AGENTS DES CONSEILS D'ADMINISTRATION.

CHAPITRE Ier. Du major.............................. 428 à 439
—— II. Du trésorier........................... 440 à 450
—— III. De l'officier d'habillement.................. 451 à 459
—— IV. Des officiers d'administration des bâtiments et des officiers comptables des détachements........ 460

TITRE III. — DES CAPITAINES COMPTABLES ET DES CHEFS DE DÉTACHEMENTS N'AYANT PAS DE CONSEIL... 461

—— IV. — DES COMMANDANTS DE COMPAGNIE......................... 462 à 466

TITRE V. DES FONDS.

CHAPITRE Ier. Des valeurs en caisse....................... 467 à 477
—— II. Des pertes ou déficits de fonds............... 478 et 479
—— III. Des dépôts de fonds ou valeurs privées......... 480 à 482

Articles.

TITRE VI.
—
DES REGISTRES
ET DES DOCUMENTS
QUI
S'Y RATTACHENT.

CHAPITRE Ier. De la nature des registres à tenir, dans chaque division, bâtiment et détachement, pour les services de la solde et de l'habillement............... 483 et 484

CHAPITRE II. De l'objet des registres et de la nature des documents qui s'y rattachent.

SECTION Ire. De la matricule des hommes du recrutement et des mutations matriculaires........ 485 à 491

—— IIe. Des registres tenus par le trésorier.................... 492 à 494

—— IIIe. Des registres tenus pour le service de l'habillement...... 495 à 500

—— IVe. Des livres tenus par les commandants de compagnie.... 501 et 502

TITRE VII.
—
DES LIVRETS
INDIVIDUELS.

CHAPITRE Ier. Du livret des officiers...................... 503 à 508

—— II. Du livret des officiers-mariniers et marins...... 509 à 516

TITRE VIII.
—
DE LA DISTRIBUTION
DE LA SOLDE
ET
DES ACCESSOIRES
DE LA SOLDE.

CHAPITRE Ier. Du traitement des officiers................... 517 à 524

—— II. De la solde des équipages.................... 525 à 535

—— III. Dispositions particulières aux détachements...... 536

TITRE IX.
—
DU SERVICE
DE
L'HABILLEMENT.

CHAPITRE Ier. Mode d'exécution du service................. 537 à 544

—— II. Des confections........................... 545 à 556

—— III. Des délivrances aux bâtiments et des remises en magasins............................ 557 à 570

—— IV. Des distributions aux marins et des réintégrations faites par eux........................... 571 à 586

—— V. Des effets délivrés à titre gratuit, des armes, etc.. 587 à 594

TITRE X. — DES RÉPARATIONS ET IMPUTATIONS AU COMPTE DES HOMMES....... 595 à 599

—— XI. — DES PIÈCES ET RENSEIGNEMENTS À FOURNIR PAR LES DÉTACHEMENTS. 600 à 602

—— XII. — DES VIVRES, DES LIQUIDES ET DU CHAUFFAGE DANS LES DIVISIONS À TERRE... 603 à 608

—— XIII. — DU CONTRÔLE ADMINISTRATIF ET DE L'ARRÊTÉ DES COMPTES....... 609 à 617

—— XIV. — DISPOSITIONS GÉNÉRALES............................... 618 à 621

TABLE DES MATIÈRES.

NUMÉROS des ARTICLES.	DÉTAIL DES ARTICLES.
	PREMIÈRE PARTIE.
	DE LA SOLDE ET DES REVUES.
	TITRE PRÉLIMINAIRE.
	DÉFINITION GÉNÉRALE DE LA SOLDE.
1	Définition générale du service de la solde.
2	Les droits à la solde résultent des positions dûment constatées.
3	La quotité des allocations est fixée par les tarifs.
	TITRE PREMIER.
	DES POSITIONS.
4	Positions individuelles.
5	Disponibilité.
6	Positions de présence et d'absence.
7	Position de présence.
8	Position d'absence.

6.

NUMÉROS des ARTICLES.	DÉTAIL DES ARTICLES.

DES RÈGLES D'ALLOCATION.

TITRE II.

DES PRESTATIONS EN DENIERS.

CHAPITRE PREMIER.

DE LA SOLDE.

DISPOSITIONS GÉNÉRALES.

9	Désignation des différentes espèces de solde.
10	Division de la solde d'activité.
11	Division de la solde de présence.
12	Division de la solde d'absence.
13	Solde de disponibilité.
14	Droits à la solde d'activité.
15	Entrée en jouissance de la solde d'activité.
16	Cessation des droits à la solde.
17	Passage de l'activité à la disponibilité.
18	Marins rentrant des prisons de l'ennemi.
19	Marins proposés pour la retraite.
20	Droits à la solde pour les surnuméraires.
21	Marins promus à un grade ou à une classe supérieure.
22	Solde due aux marins décédés ou disparus.

CHAPITRE II.

DE LA SOLDE D'ACTIVITÉ.

SECTION PREMIÈRE.

SOLDE DE PRÉSENCE.

23	Positions générales donnant droit à la solde de présence.

NUMÉROS des ARTICLES.	DÉTAIL DES ARTICLES.
	§ 1er. Solde à la mer.
24	Positions donnant droit à la solde à la mer.
25	Disparition d'un bâtiment en mer.
	§ 2. Solde à terre.
26	Positions donnant droit à la solde à terre.
	§ 3. Dispositions communes à la solde à la mer et à la solde à terre.
27	Marins passant dans une autre arme.
28	Marins en congé recevant l'ordre de rejoindre.
29	Marins appelés en témoignage.
30	Marins en congé cités devant un tribunal.
31	Marins se déplaçant pour souscrire un acte ou subir un examen.
32	Marins rappelés à l'activité à leur retour de captivité à l'ennemi.
	§ 4. Solde en route.
33	Détachements ayant droit à la solde en route.
34	Temps pendant lequel la solde de route est due.
35	Marins voyageant en détachement pour rejoindre une première destination.
36	Détachements stationnant hors d'un port militaire.
37	Les marins voyageant isolément n'ont pas droit à la solde de route.

SECTION II.

SOLDE D'ABSENCE.

NUMÉROS des ARTICLES.	DÉTAIL DES ARTICLES.
	§ 1er. Solde de congé.
38	Nul ne peut s'absenter qu'en vertu d'une permission ou d'un congé.
39	Durée des permissions.
40	Concession des permissions.
41	Différentes espèces de congés.
42	Droits résultant des permissions et congés.
43	Congés pour affaires personnelles.
44	Congés de convalescence.
45	Certificats de visite.
46	Marins renvoyés en France pour cause de santé.

NUMÉROS des ARTICLES.	DÉTAIL DES ARTICLES.
47	Congés à l'expiration du service obligé.
48	Congés illimités.
49	Les marins en congé sont débarqués.
50	Visa des permissions et congés avant le départ.
51	Payement de la solde des marins en congé.
52	Marins en congé passant dans une autre arme.
53	Durée des permissions et congés.
54	A l'expiration du congé, les marins rejoignent le port le plus voisin.
55	Marins rentrant avant l'expiration de leur congé.
56	Marins dépassant les limites de leur congé.
57	Droits des marins qui ont dépassé les limites de leur congé par des circonstances de force majeure.
58	Visa des congés au retour.

§ 2. Solde d'hôpital.

59	Droits à la solde d'hôpital.
60	Marins à l'hôpital au départ de leur bâtiment.
61	Cas dans lequel la solde d'hôpital n'est pas rappelée.
62	Décompte de la solde d'hôpital.
63	Jeunes marins entrant à l'hôpital avant l'incorporation.
64	Marins autorisés à aller aux eaux.
65	Marins traités à bord et dans les divisions.

§ 3. Solde d'hôpital en congé.

66	Droits à la solde d'hôpital en congé.
67	Marins en congé sans solde.

§ 4. Solde des marins en jugement ou détenus correctionnellement.

68	Marins en jugement ou en détention.
69	Marin décédé avant jugement.

§ 5. Solde de captivité.

70	Droits à la solde de captivité.
71	Payements à faire aux marins rentrant de captivité.
72	Pièces à produire par es prisonniers rentrés.
73	Avances aux familles sur la solde de captivité.

NUMÉROS des ARTICLES.	DÉTAIL DES ARTICLES.

SECTION III.

DES DÉLÉGATIONS.

74	Cas dans lesquels les délégations sont autorisées.
75	Déclarations de délégation. — A qui faites.
76	Mentions à faire des délégations.
77	Les délégations à des tiers doivent être autorisées.
78	Délégations imposées d'office.
79	Durée des délégations. — Révocations.
80	Payement des délégations. — Exception pour les domestiques.
81	Droits des délégataires, femmes, ascendants ou descendants.
82	Droits des autres délégataires.
83	Délégations aux père et mère, à la femme et aux enfants.
84	Époque de la cessation des délégations dans le cas de présomption de perte d'un bâtiment.

CHAPITRE III.

DE LA SOLDE DE DISPONIBILITÉ.

85	Solde de disponibilité. — A qui due.
86	Officier-marinier promu étant en disponibilité.
87	Solde payable au lieu de la résidence.
88	Changement de résidence.
89	Absence irrégulière.
90	Officier-marinier rappelé à l'activité.
91	Interruption du droit à la solde.
92	Solde d'hôpital en disponibilité.
93	Officiers-mariniers en jugement ou détenus.

CHAPITRE IV.

DES ACCESSOIRES DE SOLDE.

SECTION Ire.

DES HAUTES PAYES JOURNALIÈRES D'ANCIENNETÉ.

94	Désignation de la haute paye.
95	Calcul des services donnant droit à la haute paye.

NUMÉROS des ARTICLES.	DÉTAIL DES ARTICLES.
96	Marins en congé illimité.
97	Dispensés du service militaire.
98	Déduction du temps d'absences illégales.
99	Services antérieurs à l'admission pour les appelés, les engagés et les remplaçants.
100	Services dans les corps étrangers.
101	Services dans les chantiers et arsenaux de l'État.
102	Maîtres ouvriers et musiciens liés au service.
103	Ages à partir desquels les services sont comptés.
104	Marins et militaires passant d'une arme dans une autre.
105	Mode de décompte de la haute paye.
106	Marins rentrant des prisons de l'ennemi.

SECTION II.

DES SUPPLÉMENTS.

§ 1er. Suppléments aux marins remplissant les fonctions d'un grade supérieur.

107	Ces suppléments sont attachés à l'exercice effectif des fonctions.

§ 2. Suppléments à raison de fonctions spéciales.

108	Conditions d'allocation.
109	Fonctions réservées aux canonniers brevetés.
110	Dispositions spéciales aux marins secrétaires, aux barbiers et aux instituteurs.

§ 3. Supplément aux marins réunissant les professions de charpentier et de calfat.

111	Justification à produire.

§ 4. Supplément de solde le jour de la fête de l'Empereur.

112	En quoi consiste ce supplément.

SECTION III.

DES INDEMNITÉS.

§ 1er. Des indemnités de fonctions accordées aux maîtres chargés d'une feuille à bord des bâtiments.

113	Ce supplément est fixé d'après le rang des bâtiments.
114	Mode d'après lequel il est décompté.

§ 2. De l'indemnité accordée aux tambours et aux clairons.

115	Conditions d'allocation.

NUMÉROS des ARTICLES.	DÉTAIL DES ARTICLES.
	§ 3. De l'indemnité accordée aux vaguemestres.
116	Fixation de l'indemnité.
	§ 4. De l'indemnité de frais de bureaux.
117	Position y donnant droit.
	§ 5. De l'indemnité pour perte d'effets.
118	Mode d'allocation et justification des pertes.

SECTION IV.

DES GRATIFICATIONS.

§ 1er. De la première mise d'équipement aux premiers maîtres promus officiers.

119	Fixation de la gratification.
	§ 2. Des gratifications aux instructeurs.
120	Instructeurs dans les divisions et à l'école des mousses.
121	Instructeurs d'infanterie à bord des bâtiments.
	§ 3. Des gratifications accordées pour les exercices du tir.
122	Conditions d'allocation.

SECTION V.

DES PRIMES DE RÉADMISSION AUX INSCRITS MARITIMES.

123	Marins restant au service à l'expiration du temps obligatoire.
124	Marins réadmis après congédiement.
125	Marins appelés ou maintenus par mesure générale.
126	Conditions pour la réadmission avec prime.
127	Actes de réadmission.
128	Époque à laquelle les marins au service peuvent souscrire un acte de réadmission.
129	Réadmissions successives.
130	Mode de payement des primes.

NUMÉROS des ARTICLES.	DÉTAIL DES ARTICLES.
	CHAPITRE V.
	DISPOSITIONS OU CAS PARTICULIERS ENTRAÎNANT PRIVATION DE SOLDE.
131	Absence irrégulière.
132	Désertion.
133	Marins congédiés ou réformés en position d'absence.
134	Marins rentrant après les délais fixés par leurs feuilles de route.
135	Marin ne rapportant pas sa feuille de route et son congé.
136	Autres cas emportant privation de solde.
	CHAPITRE VI.
	DES MASSES GÉNÉRALES D'ENTRETIEN.
137	Allocation et objet de la masse.
138	Fixation.
139	Fonds de musique pour les bâtiments.
140	A qui payés.
	CHAPITRE VII.
	DU TRAITEMENT DE TABLE.
141	Maîtres chargés.
142	Passagers à la table des maîtres.
143	Application des règles concernant le traitement de table des officiers.
	TITRE III.
	DES PRESTATIONS EN NATURE.
	CHAPITRE Iʳ.
	DES SUBSISTANCES.
	SECTION Iʳ.
	DES VIVRES.
144	Rations complètes. — A qui dues.
145	Le pain seulement est dû en route.

— 17 —

NUMÉROS des ARTICLES.	DÉTAIL DES ARTICLES.
146	Il n'est dû aucune prestation en position d'absence.
147	Composition de la ration.

SECTION II.
DES LIQUIDES.

148	Distributions pour travaux de force.
149	Distributions aux revues d'inspection.
150	Distribution pendant les chaleurs.
151	Distribution pendant les chaleurs. Comment autorisées.
152	Acidulage à bord.
153	Distributions extraordinaires.

CHAPITRE II.
DU CHAUFFAGE.

154	Comment il y est pourvu.

CHAPITRE III.
DISPOSITION COMMUNE AUX FOURNITURES DE SUBSISTANCE ET DE CHAUFFAGE.

155	Moins perçu.

CHAPITRE IV.
DU LOGEMENT.

156	Il est dû dans toutes les positions de présence.
157	Marins en route.

DES RÈGLES DE PAYEMENT.

TITRE IV.
DISPOSITIONS GÉNÉRALES RELATIVES AUX PAYEMENTS.

CHAPITRE Ier.
DES ÉPOQUES DES PAYEMENTS.

SECTION Ire.
SOLDE DES OFFICIERS.

158	Payements en France et en Algérie.

NUMÉROS des ARTICLES.	DÉTAIL DES ARTICLES.
159	Payements en cours de campagne.
160	Payements des accessoires de solde.
161	Avances autorisées.
162	Payements après débarquement.

SECTION II.

SOLDE DES OFFICIERS-MARINIERS, MARINS ET AUTRES.

163	Payements en France et en Algérie.
164	Payement de la solde de route.
165	Payements en cours de campagne.
166	Précompte des délégations et de la retenue pour habillement.
167	Marins quittant une division.
168	Marins en subsistance.
169	Marins débarqués dans le port d'armement.
170	Marins débarqués dans un port autre que le port d'armement.
171	Marins débarqués dans les colonies ou à l'étranger.
172	Payements en fin d'exercice ou après débarquement.
173	Avances interdites.
174	Avances aux surnuméraires.
175	Délégations et avances sur la solde de captivité.
176	Solde de disponibilité.

CHAPITRE II.

DU DÉCOMPTE DES ALLOCATIONS.

SECTION Iʳᵉ.

OFFICIERS.

177	Allocations décomptées par mois.

SECTION II.

OFFICIERS-MARINIERS, MARINS ET AUTRES.

178	Allocations décomptées par jour.

CHAPITRE III.

DU MODE DES PAYEMENTS.

Iʳᵉ SECTION.

DE L'ORDONNANCEMENT.

179	Ordonnancement. — A qui attribué.

NUMÉROS des ARTICLES.	DÉTAIL DES ARTICLES.
180	États collectifs pour les officiers.
181	États d'effectifs pour les équipages.
182	Allocations diverses à comprendre sur les états.
183	Gratifications pour le tir.
184	Mandats individuels pour les isolés.
185	Mandats et états concernant les délégataires.
186	États de parfait payement.

SECTION II.

DES LIVRETS DE PAYEMENT.

§ 1er. De l'usage des livrets.

187	Livrets de payement des divisisions et des bâtiments.
188	Livrets des délégataires.
189	Fourniture et délivrance des livrets.
190	Indication à porter sur les livrets.
191	Conditions pour la validité des livrets.
192	Unité du livret des divisions et bâtiments.

§ 2. Du renouvellement des livrets.

193	Époque du renouvellement des livrets.

§ 3. Du cas de perte d'un livret.

194	Perte du livret d'une division ou d'un bâtiment.

SECTION III.

DE LA FORMATION DES ÉTATS DE PAYEMENTS.

195	États de payement par division et par bâtiment.
196	Indications générales à porter sur les états.
197	Cas dans lesquels les états sont faits en double expédition.
198	États pour les détachements de recrues et de marins levés.
199	Mandats concernant les isolés et les délégataires des officiers.
200	Établissement des états collectifs pour les délégataires des marins.
201	États de parfait payement. — Par qui établis.
202	États concernant la solde de captivité.
203	Corps provisoires.

NUMÉROS des ARTICLES.	DÉTAIL DES ARTICLES.
	SECTION IV.
	PAYEMENT DE LA MASSE GÉNÉRALE D'ENTRETIEN ET DU FONDS DE MUSIQUE.
204	Décompte et payement de la masse générale d'entretien.
205	Décompte et payement du fonds de musique.
	SECTION V.
	DISPOSITIONS RELATIVES À L'ÉTABLISSEMENT DES MANDATS DE PAYEMENT.
206	Délivrance des mandats pour les payements aux divisions.
207	Délivrance des mandats pour les bâtiments en France et dans les colonies.
208	Payements faits à l'étranger.
209	Présentation des rôles d'équipage, livrets de payement et situations financières.
210	Payements interdits hors du port comptable après l'envoi des feuilles de journées.
211	Délivrance des mandats pour les payements aux délégataires ainsi que pour les parfaits payements.
212	Les payements à faire aux officiers et marins présents sont ordonnancés au nom du conseil d'administration.
213	Mandats collectifs. — Par qui quittancés.
214	Mandats individuels quittancés par les titulaires.
215	Les trésoriers des invalides donnent quittance pour les absents.
216	Forme des quittances.
	SECTION VI.
	DES RAPPELS.
217	Rappels sur l'exercice courant.
218	Rappels portant sur un exercice clos.
219	États pour l'ordonnancement des rappels sur exercices clos.
220	Les ordonnances pour rappels sont payables aux caissiers des gens de mer.
	SECTION VII.
	DES AVIS À DONNER POUR LES PAYEMENTS FAITS HORS DU PORT COMPTABLE.
221	Bordereaux et relevés des payements faits.
222	Destination à donner en France aux bordereaux et relevés.
223	États des payements faits à l'extérieur.

NUMÉROS des ARTICLES.	DÉTAIL DES ARTICLES.

TITRE V.

DES PRÉCOMPTES ET DES RETENUES SUR LA SOLDE DES OFFICIERS MARINIERS ET MARINS.

CHAPITRE Ier.

DES RETENUES AU PROFIT DE L'ÉTAT.

SECTION Ire.

DU REMBOURSEMENT DES AVANCES EN EFFETS D'HABILLEMENT, TABAC ET SAVON, ETC.

224	Avances en nature faites des magasins de l'État.
225	Mode de recouvrement des avances en nature.
226	Remboursement des délivrances faites par anticipation.
227	État récapitulatif des délivrances faites pendant le trimestre.
228	Arrêté des comptes individuels.
229	Avis des débets. Destination à leur donner.
230	Les avis de dettes sont transmis sans retard.
231	Débets de marins qui ne quittent pas la division ou le bâtiment.
232	Effets remis par les marins en débet au moment de leur congédiement.
233	Constatation des effets remis.
234	Débets dont le montant est versé au Trésor.
235	Dégrèvement pour les marins congédiés par anticipation.
236	Dégrèvement pour les marins morts au service.
237	Dégrèvement pour les marins réformés.
238	Effets de marins déserteurs ou condamnés.
239	Marins en débet passant à un autre corps.
240	Destination à donner aux procès-verbaux.
241	Perte d'effets dans les circonstances de force majeure.

SECTION II.

DES AUTRES RETENUES AU PROFIT DE L'ÉTAT.

242	Dettes antérieures à l'admission, etc.
243	Défense d'opérer des retenues illicites.

NUMÉROS des ARTICLES.	DÉTAIL DES ARTICLES.

SECTION III.

DES RETENUES AU PROFIT DE LA CAISSE DES INVALIDES DE LA MARINE.

244	Allocations passibles de la retenue pour les Invalides.
245	États de payement établis pour la somme brute.
246	Mention de la retenue sur les mandats.
247	Réductions temporaires attribuées à la caisse des invalides.
248	Mode de payement à la caisse des invalides des retenues faites pour réductions temporaires.
249	Solde des déserteurs versée à la caisse des invalides.

CHAPITRE II.

DES RETENUES AU PROFIT DE TIERS.

250	La solde des marins est insaisissable.
251	Retenues pour aliments.
252	Avances faites aux marins de l'inscription avec le concours du commissaire de leur quartier.

DU RÈGLEMENT DES DÉPENSES.

TITRE VI.

DES RÔLES D'ÉQUIPAGE.

CHAPITRE Ier.

DES RÔLES D'ÉQUIPAGE À TENIR DANS LES DIVISIONS À TERRE.

253	Rôle d'équipage dans les divisions. Sa tenue.
254	Comptes individuels suivis sur le rôle.
255	Forme des rôles.
256	Renouvellement annuel des rôles.
257	Double des rôles remis aux commissaires aux armements.
258	Marins passant d'une compagnie dans une autre.
259	Marins changeant de grade.
260	Marins levés ou rentrant de captivité. — Recrues.

NUMÉROS des ARTICLES.	DÉTAIL DES ARTICLES.
261	Officiers-mariniers rentrant de captivité.
262	Marins en congé ou à l'hôpital débarqués des bâtiments de la flotte.
263	Marins présents passant d'une division dans une autre.
264	Marins présents dirigés d'une division sur un bâtiment.
265	Marins quittant une division en position d'absence.
266	Marins congédiés étant dans leurs foyers.
267	Marins absents illégalement ou prévenus de désertion.
268	Marins en congé illimité ou libérés par anticipation.
269	Livres de compagnie.
270	Livre des détachements.
271	Inscription des mutations sur les rôles et livres de compagnie.
272	Remise des états de mutations par les capitaines de compagnie.
273	Mutations des détachements éloignés de la division.
274	Mutations des officiers-mariniers en disponibilité dans les quartiers d'inscription.
275	Certificats de présence pour les officiers-mariniers dans l'intérieur.
276	Payements et fournitures portés aux comptes individuels.
277	Arrêté des comptes individuels.
278	Comparaison des livres de compagnie avec les rôles.

CHAPITRE II.

DES RÔLES D'ÉQUIPAGE À TENIR À BORD DES BÂTIMENTS.

279	Rôles d'équipage des bâtiments. — Leur tenue.
280	Ouverture et clôture du rôle.
281	Bâtiments changeant de position.
282	Dispositions communes aux rôles des divisions et des bâtiments.
283	Inscription des passagers.
284	Marins présents passant sur un autre bâtiment ou dirigés par terre sur une division.
285	Marin débarqué en cours de campagne.
286	Rôle spécial des marins passagers avec solde.
287	Marins absents au départ de leur bâtiment.
288	Marins prisonniers de guerre.
289	Marins débarqués pour être congédiés.
290	Extrait du rôle concernant les détachements éloignés de leur bâtiment.
291	Livre de route des détachements débarqués.
292	Inscription des mutations sur les rôles.
293	Mutations des détachements.

NUMÉROS des ARTICLES.	DÉTAIL DES ARTICLES.
294	Payements et fournitures portés aux comptes individuels.
295	Arrêté des comptes individuels. — Extrait du rôle délivré aux hommes qui débarquent.
296	Comparaison des livrets et livres de compagnie avec les rôles d'équipage.

CHAPITRE III.

DES RÔLES D'ÉQUIPAGE À TENIR PAR LES FONCTIONNAIRES DU COMMISSARIAT.

SECTION Ire.

DES RÔLES POUR LES DIVISIONS À TERRE.

297	Double du rôle de la division du port.
298	Remise des états des mutations aux commissaires aux armements.
299	Remise des états de mutation pour les détachements en marche.
300	Visa des ordres et pièces dont les officiers sont porteurs.
301	Présentation des marins arrivant à la division.
302	Détachement de recrues et marins levés.
303	Inscription sommaire sur le rôle des mandats de payement délivrés.
304	Remise d'un état mensuel des payements faits.
305	État des marins nouvellement admis à la haute paye.
306	Inscription au rôle des débets et autres dettes signalées.
307	Arrêté des comptes individuels en fin d'exercice.

SECTION II.

DES RÔLES POUR LES BÂTIMENTS.

308	Doubles des rôles des bâtiments armés dans le port.
309	Affectation de chaque bâtiment au port d'armement.
310	Passage du compte d'un port à celui d'un autre port.
311	Ouverture du rôle d'équipage pour les bâtiments entrant en armement.
312	Renouvellement annuel des rôles.
313	Remise ou renvoi des états de mutations aux commissaires aux armements.
314	Époques de la remise ou de l'envoi des états de mutations.
315	Enregistrement des mutations.
316	Présentation des ordres de mouvements aux commissaires aux armements.
317	Inscription sommaire sur le rôle des mandats de payement délivrés pour les bâtiments.

NUMÉROS des ARTICLES.	DÉTAIL DES ARTICLES.
318	Remise d'un état mensuel des payements faits à bord.
319	État des marins admis à la haute paye.
320	Imputation aux comptes individuels des fournitures en nature.
321	Arrêté du compte de chaque marin au moment de son débarquement.
322	Liquidation générale des rôles en fin d'exercice ou de campagne.

SECTION III.

DU RÔLE POUR LES MARINS EN CAPTIVITÉ À L'ENNEMI.

323	Rôle spécial des marins en captivité à l'ennemi.
324	Indications à porter au rôle des marins en captivité.
325	Renouvellement annuel du rôle.
326	Inscription à faire au rôle des indications concernant la position des marins en captivité.
327	Liquidation de la solde de captivité des prisonniers dont l'existence est constatée.

TITRE VII.

DES REVUES.

CHAPITRE PREMIER.

DES REVUES D'EFFECTIF.

SECTION PREMIÈRE.

REVUES DES COMMISSAIRES AUX ARMEMENTS.

328	Revues périodiques.
329	Revues inopinées.
330	Revues de départ, de passage et d'arrivée.
331	Avis des mouvements donnés aux commissaires généraux.
332	Revues des hommes aux hôpitaux.
333	Cas dans lesquels les commissaires aux armements peuvent se faire suppléer.

SECTION II.

REVUES DES COMMISSAIRES D'ESCADRE ET DE DIVISION.

334	Revues d'effectif dans les escadres et divisions.

NUMÉROS des ARTICLES.	DÉTAIL DES ARTICLES.
	SECTION III. REVUES DES COMMISSAIRES GÉNÉRAUX.
335	Cas dans lesquels ces revues sont faites.
	SECTION IV. DISPOSITIONS COMMUNES À TOUTES LES REVUES D'EFFECTIF.
336	Forme des revues.
337	Feuilles d'appel.
338	États de mutations indépendants des feuilles d'appel.
339	Réclamations individuelles pendant les revues.
	CHAPITRE II. DES REVUES GÉNÉRALES DE LIQUIDATION.
	SECTION PREMIÈRE. DES FEUILLES DE JOURNÉES.
340	Forme des feuilles de journées.
341	Établissement des feuilles de journées.
342	Par qui les feuilles de journées sont établies.
343	Les feuilles de journées sont ouvertes au 1er janvier.
344	Époque de la remise des feuilles de journées des divisions.
345	Époque de l'envoi des feuilles de journées de bâtiment.
346	États à joindre aux feuilles de journées.
347	Responsabilité relative à l'envoi des feuilles de journées.
348	Liste des bâtiments dont les feuilles de journées sont en retard.
349	Interdiction de tout payement postérieurement à l'envoi des feuilles de journées.
350	Vérification des commissaires aux armements.
351	Objets principaux à vérifier.
	SECTION II. DES REVUES ANNUELLES DE LIQUIDATION.
352	Revues établies par division et par bâtiment.
353	Leur forme.
354	Leur objet.

NUMÉROS des ARTICLES.	DÉTAIL DES ARTICLES.
355	Décompte de libération porté sur la revue.
356	État à joindre aux revues.
357	Époque de l'établissement des revues.
358	Envoi des revues au ministre.
359	Contre-vérification des revues au ministère de la marine.

SECTION III.

DE LA RÉIMPUTATION DES PAYEMENTS FAITS POUR RAPPELS SUR EXERCICES CLOS.

360	Bordereau récapitulatif des rappels ordonnancés pendant l'année.
361	Division du bordereau.
362	Le ministre pourvoit à la réimputation des rappels.

TITRE VIII.

DE LA DETTE FLOTTANTE DES MARINS.

363	Débets composant la dette flottante des marins.
364	Comptabilité de la dette flottante.
305	Contrôle des marins débiteurs.
366	Inscriptions à faire au contrôle.
367	Grand livre journal.
368	Les opérations sont suivies par gestion sur le grand livre.
369	Avis des débets à la dette flottante.
370	Débets au-dessous d'un franc.
371	Prise en charge des débets dans les quartiers.
372	Recouvrement des débets.
373	Reprise des débets. — Comment opérée.
374	Précompte des débets pour les marins réadmis au service.
375	Les débets des marins réadmis au service sont rayés de la dette flottante.
376	Le produit des retenues est versé au Trésor.
377	Inscription des débets sur les rôles au commerce.
378	Débets à signaler à l'agence judiciaire du Trésor public.
379	Suspension des recouvrements des débets.
380	Dégrèvements à prononcer par le ministre.
381	Marins passant d'un quartier dans un autre.
382	Relevé trimestriel à adresser au ministre.

NUMÉROS des ARTICLES.	DÉTAIL DES ARTICLES.

TITRE IX.

DISPOSITIONS PARTICULIÈRES.

383	Inspections administratives des commissaires généraux.
384	Responsabilité des fonctionnaires du commissariat.
385	Réclamations particulières.

DEUXIÈME PARTIE.

DE L'ADMINISTRATION ET DE LA COMPTABILITÉ INTÉRIEURES DES DIVISIONS ET DES BÂTIMENTS.

TITRE PRÉLIMINAIRE.

386	Administration dans les divisions et à bord des bâtiments. — Par qui exercée.
387	Obligations des conseils. — Détachements.
388	Administration des détachements. — Par qui exercée.
389	Cas dans lequel un détachement n'a pas d'administration distincte.
390	Cas dans lequel l'officier commandant a seul l'administration.
391	Agents des conseils. — Leur responsabilité.
392	Formes générales de la comptabilité.

TITRE PREMIER.

DES CONSEILS D'ADMINISTRATION.

CHAPITRE PREMIER.

DE LA COMPOSITION DES CONSEILS.

393	Composition des conseils d'administration.
394	Renouvellement des commandants de compagnies membres des conseils.
395	Les membres absents ne peuvent exercer. — Leur remplacement.
396	Remplacement du commandant titulaire.
397	Les fonctions de membre des conseils sont obligatoires.

NUMÉROS des ARTICLES.	DÉTAIL DES ARTICLES.

CHAPITRE II.

DE L'INSTALLATION DES CONSEILS.

398	Installation des conseils.
399	Modification dans la composition des conseils. — Comment constatée.

CHAPITRE III.

DES ATTRIBUTIONS DES CONSEILS.

400	Direction et surveillance attribuées aux conseils.
401	Acquits à mettre sur les ordonnances et mandats.
402	Remise de fonds au trésorier.
403	Passation des marchés et abonnements.
404	Réception des matières. Autorisations de sorties du magasin.
405	Arrêté des registres de comptabilité.
406	Instructions à rédiger pour l'administration des détachements. — Fonds à leur remettre.
407	Devoirs du président.

CHAPITRE IV.

DES SÉANCES DES CONSEILS.

408	Mode de délibération.
409	Convocation des conseils.
410	Les officiers du commissariat peuvent assister au conseil.
411	Le droit d'assister au conseil ne peut être délégué.
412	Ordre dans lequel les membres prennent place au conseil.
413	Place des officiers du commissariat dans les conseils.
414	Place attribuée aux officiers généraux.
415	Mode de prononcer des conseils.
416	Le président met les affaires en délibération.
417	Rapport par écrit.
418	Proposition à mettre en délibération.
419	Constatation des séances.
420	Droit des membres opposants.
421	Cas dans lequel certains membres ont voix consultative seulement.
422	Exécution des délibérations.
423	Correspondance du conseil. — Par qui signée.

NUMÉROS des ARTICLES.	DÉTAIL DES ARTICLES.
	CHAPITRE V.
	DE LA RESPONSABILITÉ DES CONSEILS.
424	Responsabilité pécuniaire des conseils.
425	Cas particuliers de responsabilité.
426	Répartition des sommes dont les conseils sont débiteurs.
427	Responsabilité du président.
	TITRE II.
	DES AGENTS DES CONSEILS D'ADMINISTRATION.
	CHAPITRE Iᵉʳ.
	DU MAJOR.
428	Exécution des délibérations.
429	Surveillance sur tous les détails d'administration.
430	Surveillance sur les recettes du trésorier.
431	Vérification des dépenses faites par le trésorier.
432	Vérification de la caisse du trésorier.
433	Surveillance particulière sur le service des confections.
434	Mouvements du magasin.
435	Notification des extraits de délibération.
436	Vérification des pièces et registres.
437	Il tient la matricule des marins du recrutement.
438	Responsabilité personnelle.
439	Attributions du major communes à l'officier en second des bâtiments.
	CHAPITRE II.
	DU TRÉSORIER.
440	Il est chargé des écritures de la comptabilité en deniers.
441	Il rédige la correspondance du conseil.
442	Archiviste du corps.
443	Extraits établis et certifiés par le trésorier.
444	Dépositaire du livret et du timbre du conseil.
445	Recette des fonds. — Versement dans la caisse du conseil.

NUMÉROS des ARTICLES.	DÉTAIL DES ARTICLES.
446	Quittances données par le trésorier.
447	Sommes reçues du conseil.
448	Acquittement des dépenses.
449	Validité des dépenses.
450	Responsabilité personnelle.

CHAPITRE III.

DE L'OFFICIER D'HABILLEMENT.

451	Il est chargé des détails du service de l'habillement.
452	Officiers et agents sous ses ordres.
453	Entretien des objets en magasin.
454	Il rédige la correspondance de son service.
455	Dépositaire des livrets de l'habillement.
456	Vérification des bons de distribution.
457	États des besoins de la division.
458	Établissement des pièces comptables.
459	Responsabilité personnelle.

CHAPITRE IV.

DES OFFICIERS D'ADMINISTRATION DES BÂTIMENTS ET DES OFFICIERS COMPTABLES DES DÉTACHEMENTS.

460	Fonctions et responsabilité.

TITRE III.

DES CAPITAINES COMPTABLES ET DES CHEFS DE DÉTACHEMENT N'AYANT PAS DE CONSEIL.

461	Attributions, obligations et responsabilité.

TITRE IV.

DES COMMANDANTS DE COMPAGNIE.

462	Obligations générales.
463	Ils veillent aux intérêts des marins.
464	Appréciation des imputations à faire aux hommes.

NUMÉROS des ARTICLES.	DÉTAIL DES ARTICLES.

| 465 | Responsabilité. |
| 466 | Commandants de fractions de compagnie. |

TITRE V.

DES FONDS.

CHAPITRE Iᵉʳ.

DES VALEURS EN CAISSE.

467	Caisses dont les divisions et les bâtiments sont pourvus.
468	Dépositaires des clefs.
469	Responsabilité des dépositaires des clefs.
470	Responsabilité du trésorier.
471	Dépôt des fonds dans les caisses.
472	Carnet de caisse.
473	Il n'est pas tenu de carnet à bord des bâtiments.
474	Fonds de prévoyance dans les escadres ou les divisions.
475	Fonds de prévoyance à bord des bâtiments isolés.
476	Vérification des caisses.
477	Mesures à prendre pour le transport des fonds par mer.

CHAPITRE II.

DES PERTES OU DES DÉFICITS DE FONDS.

| 478 | Le montant de la perte ou du déficit est porté en dépense. |
| 479 | Réintégration du montant de la perte ou du déficit. |

CHAPITRE III.

DES DÉPÔTS DE FONDS ET VALEURS PRIVÉS.

480	Les valeurs appartenant aux marins décédés, absents, etc. sont déposées dans la caisse.
481	Les dépôts sont remis dans la caisse des gens de mer à l'arrivée en France.
482	Fonds appartenant aux troupes passagères.

NUMÉROS des ARTICLES.	DÉTAIL DES ARTICLES.

TITRE VI.

DES REGISTRES ET DES DOCUMENTS QUI S'Y RATTACHENT.

CHAPITRE Ier.

DE LA NATURE DES REGISTRES À TENIR DANS CHAQUE DIVISION, BÂTIMENT OU DÉTACHEMENT POUR LES SERVICES DE LA SOLDE ET DE L'HABILLEMENT.

483 — Nature des registres.
484 — Registres cotés et parafés.

CHAPITRE II.

DE L'OBJET DES REGISTRES ET DE LA NATURE DES DOCUMENTS QUI S'Y RATTACHENT.

SECTION Ire.

DE LA MATRICULE DES HOMMES DU RECRUTEMENT ET DES MUTATIONS MATRICULAIRES.

485 — Destination du registre matricule.
486 — Division du registre matricule.
487 — Immatriculation des marins du recrutement.
488 — Numéros d'immatriculation.
489 — Il n'est pas fait de radiation sur les matricules.
490 — États des mutations matriculaires.
491 — Registre des hommes libérés par anticipation.

SECTION II.

DES REGISTRES TENUS PAR LE TRÉSORIER.

492 — Registre des délibérations.
493 — Registre journal.
494 — Registre de classification.

SECTION III.

DES REGISTRES TENUS POUR LE SERVICE DE L'HABILLEMENT.

495 — Registre des recettes et consommations.
496 — Registre des comptes ouverts avec le maître tailleur.

NUMÉROS des ARTICLES.	DÉTAIL DES ARTICLES.
497	Registre des comptes ouverts avec les compagnies.
498	Livret des échantillons.
499	Livret d'habillement.
500	Compte courant de l'habillement, etc.

SECTION IV.

DES LIVRES TENUS PAR LES COMMANDANTS DE COMPAGNIE.

501	Livre de compagnie.
502	Livre de détail.

TITRE VII.

DES LIVRETS INDIVIDUELS.

CHAPITRE I".

DU LIVRET DES OFFICIERS.

503	Livret des officiers.
504	Tenue des livrets.
505	Payements faits aux officiers absents.
506	Renouvellement des livrets.
507	Perte du livret.
508	Conséquence de la perte du livret.

CHAPITRE II.

DU LIVRET DES OFFICIERS-MARINIERS ET MARINS.

509	Délivrance du livret.
510	Inscriptions à faire au livret.
511	Le livret est la propriété du marin.
512	Tenue des livrets.
513	Inscription des payements et délivrances.
514	Arrêté des livrets.
515	Payement de solde arriérée.
516	Remplacement des livrets perdus.

<table>
<tr><td>NUMÉROS
des
ARTICLES.</td><td>DÉTAIL DES ARTICLES.</td></tr>
</table>

TITRE VIII.

DE LA DISTRIBUTION DE LA SOLDE ET ACCESSOIRES DE SOLDE.

CHAPITRE 1er.

DU TRAITEMENT DES OFFICIERS.

517	Époques des payements.
518	Feuille d'émargement portant décompte.
519	Officier quittant une division.
520	Officier quittant un bâtiment ou un détachement.
521	Officiers décédés appartenant à une division.
522	Officiers décédés appartenant à un bâtiment.
523	Officiers décédés faisant partie d'un détachement.
524	Inscription des payements sur les rôles.

CHAPITRE II.

DE LA SOLDE DES ÉQUIPAGES.

525	Perception de la solde par les commandants de compagnie.
526	Époques de la perception de la solde.
527	Feuilles mensuelles de payement.
528	Feuilles spéciales de payement.
529	Les sergents-majors et fourriers peuvent recevoir la solde.
530	Responsabilité des commandants de compagnie.
531	Solde des marins décédés et des déserteurs.
532	Payements faits directement par le trésorier.
533	Bordereau récapitulatif des feuilles de payement.
534	Distribution de la solde aux hommes.
535	Inscription des payements sur les rôles.

CHAPITRE III.

DISPOSITIONS PARTICULIÈRES AUX DÉTACHEMENTS.

536	Payements aux officiers et marins détachés.

<table>
<tr><td>NUMÉROS
des
ARTICLES.</td><td>DÉTAIL DES ARTICLES.</td></tr>
</table>

TITRE IX.

DU SERVICE DE L'HABILLEMENT.

CHAPITRE Ier.

MODE D'EXÉCUTION DU SERVICE.

537	Effets à confectionner dans les divisions.
538	Fournitures des étoffes et matières.
539	État des besoins.
540	Livraison et réception des matières et objets.
541	Marque apposée sur les objets reçus.
542	Délivrances aux divisions.
543	Contestations sur la qualité au moment de la délivrance.
544	État trimestriel des délivrances.

CHAPITRE II.

DES CONFECTIONS.

545	Les confections sont exécutées par le maître tailleur. — Obligations de cet agent.
546	Conditions administratives de l'engagement du maître tailleur.
547	Les modèles, devis et tarifs sont arrêtés par le ministre.
548	Remise des matières au maître tailleur.
549	Économies de coupe.
550	Conditions pour la coupe et la confection des effets.
551	Prix de confection. — Payement des ouvriers.
552	Confections faites à l'extérieur de la division.
553	Examen des effets confectionnés.
554	Payement des frais de confection au maître tailleur.
555	Remboursement des sommes avancées par la division pour les frais de confection.
556	État trimestriel des confections.

CHAPITRE III.

DES DÉLIVRANCES AUX BÂTIMENTS ET DES REMISES EN MAGASIN.

557	Approvisionnement de prévoyance des bâtiments.
558	Époque à laquelle l'approvisionnement est constitué.

NUMÉROS des ARTICLES.	DÉTAIL DES ARTICLES.
559	Délivrances à titre de remplacement.
560	Demandes d'effets. — Leur forme.
561	Livraison des effets demandés.
562	Évaluation des demandes.
563	Demande des bâtiments en cours de campagne.
564	Envoi d'effets d'une division à une autre.
565	Cessions faites par les bâtiments en cours de campagne.
566	Soins à donner aux approvisionnements de prévoyance.
567	Remise des approvisionnements au désarmement.
568	Remise fortuite d'effets avariés.
569	Approvisionnements en tabac et savon.
570	Approvisionnement dans les détachements.

CHAPITRE IV.

DES DISTRIBUTIONS AUX MARINS ET DES RÉINTÉGRATIONS FAITES PAR EUX.

571	Les hommes sont habillés après leur admission.
572	Effets dont les hommes sont pourvus à leur admission.
573	Mode de distribution des effets neufs et des effets réduits de durée.
574	Les sacs doivent être tenus au complet.
575	Cas dans lesquels les délivrances aux hommes sont interdites.
576	Bons de distribution.
577	États trimestriels des distributions faites aux hommes.
578	Destination à donner aux états trimestriels.
579	Effets essayés aux hommes. — Cas de contestation.
580	Marques à apposer sur les effets.
581	Effets réintégrés par les hommes.
582	Sacs des marins morts, déserteurs, etc.
583	Sacs des marins absents au départ du bâtiment.
584	Vente des sacs des marins absents.
585	Procès-verbaux de vente.
586	Sacs des hommes envoyés à l'hôpital ou en congé.

CHAPITRE V.

DES EFFETS DÉLIVRÉS À TITRE GRATUIT, DES ARMES, ETC.

587	Effets de délivrance extraordinaire.
588	Marques à apposer sur ces effets au moment de la mise en service.

NUMÉROS des ARTICLES.	DÉTAIL DES ARTICLES.
589	Armes, objets d'équipement, etc., en service dans les divisions.
590	Bons de délivrance et bulletins de versement des effets, armes, etc.
591	Distribution des effets de délivrance extraordinaire.
592	Effets, etc., réformés.
593	Destination à donner aux effets, armes, etc., hors de service.
594	Pertes et détériorations à la charge de l'État.

TITRE X.

DES RÉPARATIONS ET IMPUTATIONS AU COMPTE DES HOMMES.

595	Réparations à l'armement dans les divisions.
596	Imputations diverses à terre et à la mer.
597	Inscription des imputations aux comptes individuels.
598	Évaluation des pertes et dégradations.
599	Frais de capture et d'arrestation.

TITRE XI.

DES PIÈCES ET RENSEIGNEMENTS À FOURNIR PAR LES DÉTACHEMENTS.

600	Pièces à fournir au conseil d'administration de la division ou du bâtiment.
601	Documents et renseignements particuliers à remettre par les détachements.
602	Rentrée à la division ou à bord du bâtiment.

TITRE XII.

DES VIVRES, DES LIQUIDES ET DU CHAUFFAGE DANS LES DIVISIONS À TERRE.

603	Mode d'exécution du service des vivres.
604	Bons de délivrance.
605	Rôle individuel des rationnaires.
606	Rôle de rations et casernet de cambuse.
607	Distribution de liquides.
608	Chauffage des chambres à terre.

TITRE XIII.

DU CONTRÔLE ADMINISTRATIF ET DE L'ARRÊTÉ DES COMPTES.

609	Contrôle des officiers du commissariat.
610	Vérification trimestrielle par le commissaire aux armements des écritures des divisions.

NUMÉROS des ARTICLES.	DÉTAIL DES ARTICLES.
611	Vérification par les officiers du commissariat des écritures des bâtiments et détachements.
612	Vérification annuelle des commissaires généraux.
613	Constatation des vérifications.
614	Inspections administratives. — Arrêté des comptes.
615	Timbre d'annulation sur les pièces de comptabilité.
616	Pièces et registres conformes aux modèles.
617	Apurement des comptes des bâtiments après désarmement.

TITRE XIV.

DISPOSITIONS GÉNÉRALES.

NUMÉROS des ARTICLES.	DÉTAIL DES ARTICLES.
618	Dépôt aux archives des registres et pièces.
619	Conservation des matricules et rôles d'équipage.
620	Abrogation des dispositions antérieures.
621	Exécution du décret.

DÉCRET

PORTANT

RÈGLEMENT SUR LA SOLDE, LES REVUES,

L'ADMINISTRATION ET LA COMPTABILITÉ

DES ÉQUIPAGES DE LA FLOTTE.

Au palais de Saint-Cloud, le 11 août 1856.

NAPOLÉON III, par la grâce de Dieu et la volonté nationale, EMPEREUR DES FRANÇAIS,

A tous présents et à venir, SALUT.

Vu le décret du 5 juin 1856, sur l'organisation du personnel des équipages de la flotte;

Sur le rapport de notre Ministre Secrétaire d'État au département de la marine et des colonies,

Le Conseil d'amirauté entendu,

AVONS DÉCRÉTÉ et DÉCRÉTONS ce qui suit :

PREMIÈRE PARTIE.

DE LA SOLDE ET DES REVUES.

TITRE PRÉLIMINAIRE.

DÉFINITION GÉNÉRALE DE LA SOLDE.

ART. 1er.

Le service de la solde comprend toutes les allocations qui entrent dans la composition du traitement en deniers des marins faisant partie des équipages de la flotte.

> Définition générale du service de la solde.

Les allocations qui ressortissent au service de la solde sont :

La solde proprement dite,

Les accessoires de la solde,

Le traitement de table,

Les masses générales d'entretien.

ART. 2.

Les droits à la solde résultent des positions dûment constatées.

Les droits aux allocations de solde et accessoires varient en raison des positions dans lesquelles peuvent se trouver les officiers, les officiers-mariniers et les marins de tous grades et de toutes professions.

Les positions et les droits qui en dérivent sont constatés par les officiers du commissariat de la marine chargés de la liquidation définitive de toutes les dépenses de la solde.

ART. 3.

La quotité des allocations est fixée par les tarifs.

Les allocations qui composent le traitement de chaque grade sont fixées par les tarifs annexés au présent décret.

Elles sont accordées :

En ce qui concerne les officiers, conformément aux dispositions du décret en date du 19 octobre 1851;

En ce qui concerne les officiers-mariniers, les marins et les autres agents faisant partie du corps des équipages de la flotte, suivant les dispositions ci-après déterminées.

TITRE Ier.

DES POSITIONS.

ART. 4.

Positions individuelles.

Les positions dans lesquelles les officiers-mariniers et les marins peuvent être individuellement placés, sont :

L'activité, pour les marins de tous grades et de toutes professions;

La disponibilité, pour les officiers-mariniers du cadre seulement.

ART. 5.

La disponibilité est la position des officiers-mariniers non pourvus d'emplois actifs, et maintenus dans leurs foyers aux ordres de l'autorité maritime.

Disponibilité.

ART. 6.

Pour les marins en activité, les positions individuelles se divisent en position de présence et en position d'absence.

Positions
de
présence et d'absence

ART. 7.

La position de présence est celle de tout marin présent à son poste, ou faisant route pour s'y rendre; en mission; momentanément détaché par ordre; embarqué, soit pour suivre une destination active, soit pour rentrer en France.

Position
de présence.

ART. 8.

La position d'absence est celle du marin
En congé;
A l'hôpital ;
A l'hôpital étant en congé;
En jugement ou détenu;
En captivité à l'ennemi.

Position d'absence.

DES RÈGLES D'ALLOCATION.

TITRE II.

DES PRESTATIONS EN DENIERS.

CHAPITRE Iᵉʳ.

De la solde.

DISPOSITIONS GÉNÉRALES.

ART. 9.

Désignation
des
différentes espèces
de solde.

On distingue deux espèces principales de solde :
La solde d'activité et la solde de disponibilité.

ART. 10.

Division
de
la solde d'activité.

La solde d'activité se divise en solde de présence et en solde d'absence.

ART. 11.

Division
de
la solde de présence.

La solde de présence comprend :
La solde à la mer,
La solde à terre,
La solde de route.

ART. 12.

Division
de
la solde d'absence.

La solde d'absence se modifie dans les positions suivantes :
En congé;
A l'hôpital;
A l'hôpital étant en congé;
En jugement ou en détention;
En captivité.

ART. 13.

La solde de disponibilité, spéciale aux officiers-mariniers du cadre, ne se modifie que dans le cas d'emprisonnement ou de séjour à l'hôpital.

Solde
de disponibilité.

ART. 14.

Aucun marin ne peut jouir d'une des différentes espèces de solde mentionnées dans les articles ci-dessus, s'il n'est pas en activité de service ou en disponibilité.

Droits
à la solde d'activité.

ART. 15.

Les marins du recrutement appelés à l'activité entrent en solde du jour où, étant formés en détachement, ils sont mis en route pour rejoindre la division à laquelle ils sont destinés.

Entrée en jouissance
de
la solde d'activité.

Les jeunes marins isolés, les engagés volontaires, ainsi que les marins de l'inscription maritime levés à leur demande, entrent en solde du jour même de leur incorporation, s'ils n'ont point eu droit à l'indemnité de route, ou du lendemain de leur arrivée au corps, quand ils ont eu droit à cette indemnité.

Les novices et les mousses sont toujours considérés comme étant levés volontairement.

Les marins de l'inscription maritime, levés d'office pour le service entrent en solde du jour de leur mise en route, s'ils arrivent à destination dans les délais fixés par leurs feuilles de route.

Le remplaçant d'un marin au service entre en solde à partir du jour de la radiation du remplacé.

ART. 16.

Les droits à la solde d'activité cessent, pour les marins de toute provenance, le jour où ils sont mis en route pour rentrer dans leurs foyers.

Cessation
des
droits à la solde.

ART. 17.

Les officiers-mariniers passant de l'activité à la disponibilité, cessent d'avoir droit à la solde d'activité, le jour où ils sont mis en route pour le lieu où ils ont obtenu de résider.

Lorsqu'ils sont rappelés au service, ils recouvrent leurs droits à la solde d'activité, à partir du lendemain du jour de leur arrivée à la destination qui leur avait été assignée, ou à partir du jour de leur présentation au corps, s'ils n'ont pas eu droit à l'indemnité de frais de route.

ART. 18.

Les officiers-mariniers et marins prisonniers de guerre ne cessent point d'être en activité de service au jour de leur rentrée, à moins qu'ils ne soient renvoyés dans leurs foyers par libération, pour toute autre cause emportant radiation des rôles, ou pour être placés dans la position de disponibilité.

ART. 19.

Les marins admis à la retraite, étant en activité de service, ont droit, jusqu'au jour de la remise du brevet, lorsqu'ils sont renvoyés dans leurs foyers pour y attendre le règlement de leur pension, savoir :

Les officiers-mariniers du cadre, à la solde de disponibilité;

Les autres officiers-mariniers et marins, à la solde de congé.

ART. 20.

Les agents compris sous la dénomination de surnuméraires n'ont droit à la solde que pour la durée effective de leurs fonctions. Toutefois, ceux de ces agents qui remplissaient des fonctions de comptables continuent à recevoir leur solde pendant le temps employé à la red-

dition de leurs comptes. La durée de cette concession ne peut excéder un mois après le débarquement.

Les surnuméraires suspendus de leurs fonctions, ou renvoyés en
France par mesure de discipline, n'ont droit qu'à la moitié de leur
solde, depuis le jour de la suspension jusqu'à celui de la réintégration ou du débarquement en France.

ART. 21.

Les officiers-mariniers et marins qui obtiennent de l'avancement
ont droit à la solde attachée à leur nouveau grade ou à leur nouvelle
classe, à partir du jour où ils prennent rang dans ce grade ou dans
cette classe.

Marins promus à un grade ou à une classe supérieure.

Les rappels de différence de solde qui seraient à effectuer en vertu
de la disposition contenue dans le paragraphe précédent sont établis
à raison des positions dans lesquelles les officiers-mariniers et marins ont pu être successivement placés, depuis le jour où ils ont pris
rang dans leur nouveau grade ou leur nouvelle classe.

ART. 22.

La solde due par l'État aux officiers-mariniers, marins ou autres,
décédés ou disparus, est acquise, jusqu'au jour inclus de leur décès
ou de leur disparition constatée, à leurs héritiers ou ayants droit,
sous la déduction des reprises dont cette solde peut être passible en
vertu des règlements.

Solde due aux marins décédés ou disparus.

CHAPITRE II.

De la solde d'activité.

SECTION PREMIÈRE.

SOLDE DE PRÉSENCE.

ART. 23.

Positions générales
donnant droit
à
la solde de présence.

La solde de présence est due à tout officier-marinier ou marin placé dans une des positions de présence définies à l'article 7 ci-dessus, sous les conditions générales déterminées dans le chapitre 1ᵉʳ du présent titre, et conformément aux règles ci-après.

§ I. Solde à la mer.

ART. 24.

Positions
donnant droit
à
la solde à la mer.

La solde de présence à la mer est allouée aux officiers-mariniers et marins faisant partie de l'équipage d'un bâtiment de l'État, quelle que soit la position de ce bâtiment; aux officiers-mariniers et marins détachés des bâtiments de l'État pour remplir une mission ou un service hors du bord; aux officiers-mariniers et marins embarqués comme passagers à bord d'un bâtiment de l'État ou d'un navire du commerce.

ART. 25.

Disparition
d'un bâtiment
en mer.

En cas de disparition d'un bâtiment en mer, le droit à l'allocation de la solde de présence à la mer, pour les officiers-mariniers, marins et autres agents présents à bord à la date des dernières nouvelles, est arrêté au terme de deux mois à compter de cette date, sans préjudice des dispositions de l'article 84, concernant les délégations.

La présomption de perte est établie par décision du ministre de la marine, rendue, à raison de la nature des voyages, au terme des délais ci-après déterminés, à compter de la date des dernières nouvelles,

Savoir :

Six mois pour les bâtiments destinés à naviguer dans les mers d'Europe ou dans la Méditerranée;

Un an pour les bâtiments destinés à naviguer dans l'Océan Atlantique,

Et deux ans pour les bâtiments destinés à naviguer au delà du cap Horn ou du cap de Bonne-Espérance, et dans les mers polaires du Nord ou du Sud.

§ II. Solde à terre.

ART. 26.

La solde de présence à terre est allouée aux officiers-mariniers et marins qui sont employés dans les divisions des équipages de la flotte, ou qui se trouvent placés dans une position de présence non déterminée par l'article 24 ci-dessus.

Positions donnant droit à la solde à terre.

§ III. Dispositions communes à la solde à la mer et à la solde à terre.

ART. 27.

Les marins et les militaires passant d'une arme dans une autre ont droit à la solde de l'arme et de la classe dans laquelle ils entrent, à compter du jour de leur départ pour rejoindre leur nouveau corps.

Marins passant dans une autre arme.

Les hommes de recrue et les engagés volontaires destinés pour les équipages de la flotte reçoivent, pendant le temps de la route, lorsqu'ils forment détachement, et jusqu'au jour exclu de leur admission, la solde spéciale fixée par le tarif.

11.

ART. 28.

Marins en congé
recevant
l'ordre de rejoindre

Les officiers-mariniers et marins qui, étant en congé, reçoivent l'ordre de rejoindre leur poste, de se rendre à une nouvelle destination, ou de remplir un service quelconque avant l'expiration de leur congé, recouvrent leurs droits à la solde de présence à compter du jour de leur départ.

Ce rappel est effectué sur le pied de la solde de présence à terre, à moins que l'officier-marinier ou le marin n'ait été embarqué par ordre pour effectuer son retour sur un bâtiment de l'État ou sur un navire du commerce. Dans ce cas, il a droit, pour la durée de son embarquement, à la solde de présence à la mer.

Ces dispositions sont applicables aux marins en congé illimité qui reçoivent l'ordre de rejoindre.

ART. 29.

Marins appelés
en
témoignage.

A droit, par continuation, à la solde de présence affectée à la position dans laquelle il se trouvait en dernier lieu, tout officier-marinier ou marin absent de son poste, pour déposer devant un tribunal civil, maritime ou militaire, siégeant hors du lieu de sa résidence.

Le rappel de solde est effectué au retour, sur la production d'un certificat du président constatant le jour où sa présence a cessé d'être nécessaire, sous la condition toutefois que l'officier-marinier ou le marin aura rejoint son poste dans les délais fixés.

ART. 30.

Marins cités
devant un tribunal,
étant en congé.

Tout officier-marinier ou marin qui, étant en congé, est cité en témoignage devant un tribunal civil, maritime ou militaire, siégeant hors du lieu de sa résidence, est rappelé de la solde de présence à terre depuis le jour de son départ dudit lieu jusqu'à celui de sa rentrée dans ses foyers ou à son corps. Si, étant cité dans le lieu de son domicile, il y est retenu au delà du terme de son congé, il a droit au rappel de la solde de présence à dater du lendemain de l'expiration dudit congé.

Ces rappels sont effectués sur la production du certificat exigé par l'article ci-dessus.

ART. 31.

Les officiers-mariniers et marins présents au service, qui ont à se déplacer soit pour subir un examen, soit pour faire constater leur aptitude ou l'état de leur santé, ont droit, pendant la durée de leur absence, à la solde de présence à terre.

ART. 32.

Les marins qui reçoivent une destination active à leur retour de captivité à l'ennemi sont rappelés de la solde de présence, à compter du jour de leur rembarquement sur un bâtiment de l'État ou de leur rentrée en France. Ils n'ont droit à aucune solde, à partir de leur rentrée en France, lorsqu'ils sont renvoyés dans leurs foyers.

Les officiers-mariniers qui n'ont pas été rayés des cadres recouvrent leurs droits à la solde de disponibilité, à partir du jour de leur rentrée en France, lorsqu'ils ne sont pas immédiatement rappelés au service.

§ IV. Solde en route.

ART. 33.

Les officiers et les marins réunis en détachement, sous le commandement d'un chef, ont seuls droit à la solde de route.

Il faut au moins six hommes pour former un détachement. Cependant, le détachement qui est réduit en route au-dessous de six hommes continue à recevoir la solde de route jusqu'à destination.

ART. 34.

Temps
pendant lequel
la solde de route
est due.

La solde de route est allouée pour toutes les journées de marche et de séjour en route indistinctement, y compris le jour du départ et celui de l'arrivée à destination.

ART. 35.

Marins
voyageant
en détachement
pour rejoindre
une première
destination.

Les marins rentrant de captivité, ainsi que les marins de l'inscription maritime levés d'office pour le service, peuvent être formés en détachement, sous le commandement de l'un d'eux, pour rejoindre la destination qui leur est assignée.

Ils ont droit dans ce cas à la solde de route, ainsi qu'il est dit à l'article 33 ci-dessus.

ART. 36.

Détachements
stationnant
hors
d'un port militaire.

Ont droit également à la solde dite de route, pour toute la durée de leur éloignement d'un port ou d'un bâtiment de l'État, les détachements de marins appelés à servir sur un point où ils ne peuvent pas recevoir la ration de vivres en nature des magasins de l'État.

ART. 37.

Les marins
voyageant isolément
n'ont pas droit
à
la solde de route.

Lorsque des hommes mis en route ne sont pas en nombre suffisant pour former détachement, ils sont rappelés, à l'arrivée à destination, de la solde de présence à terre. Ils ont droit cumulativement, pendant le trajet, à l'indemnité de route ou de séjour.

La même disposition est applicable à tout marin voyageant isolément pour le service.

SECTION II.

SOLDE D'ABSENCE.

§ I. Solde de congé.

ART. 38.

Hors les cas de maladie constatée, d'entrée à l'hôpital ou de mission, les officiers-mariniers et marins ne peuvent s'absenter de leur poste qu'en vertu de permission ou de congé.

Nul ne peut s'absenter qu'en vertu d'une permission ou d'un congé.

ART. 39.

Les permissions ne peuvent excéder, pour les marins embarqués, le terme de quinze jours, et pour les marins à terre, le terme de trente jours.

Lorsque l'absence doit être de plus de quinze jours ou de trente jours, selon le cas, elle est autorisée par un congé.

Durée des permissions.

ART. 40.

Les permissions sont accordées conformément aux dispositions des décrets et réglements concernant le service intérieur à bord des bâtiments armés et dans les divisions à terre.

Toute permission dont la durée doit dépasser quarante-huit heures est approuvée par le commandant en chef ou par le major général de la marine.

Concession des permissions.

ART. 41.

On distingue trois espèces de congés :
Les congés pour affaires personnelles ;
Les congés de convalescence ;
Les congés illimités.

Différentes espèces de congés.

ART. 42.

Droits résultant des permissions et congés.

Les marins en permission, en congé de convalescence ou en congé pour affaires personnelles, ont droit à la solde de congé déterminée par les tarifs. Toutefois, lorsque la durée totale de l'absence n'a pas excédé quinze jours, le marin conserve la totalité de sa solde, d'après la position dans laquelle il se trouvait au moment de son départ.

Le ministre de la marine peut, dans les cas particuliers, accorder des congés de convalescence et des prolongations de congés de convalescence, avec jouissance de la solde de présence à terre.

ART. 43.

Congés pour affaires personnelles.

Les congés pour affaires personnelles ne sont accordés qu'en vertu des ordres généraux ou particuliers du ministre; ils donnent droit à la solde de congé dans la limite de six mois. Les prolongations qui ont pour effet d'étendre au delà de ce terme la durée totale de l'absence, par permissions ou congés pour affaires personnelles, ne donnent droit à aucune solde.

ART. 44.

Congés de convalescence.

Les congés de convalescence peuvent être accordés par les préfets maritimes et par les commandants en chef.

Dans ce cas, la durée du congé ne peut excéder six mois; mais si elle est moindre, les préfets maritimes ont la faculté d'accorder, au même titre, des prolongations avec solde de congé pour compléter ce laps de temps.

Les généraux commandant les divisions militaires peuvent également, et dans la même limite, accorder aux marins déjà en congé de convalescence, dans l'intérieur de la France, des prolongations, après avoir pris à cet effet les ordres du ministre de la marine.

L'absence par congé, quelle qu'en soit la nature, ne peut jamais se prolonger au delà de six mois, sans une autorisation spéciale du ministre, sauf le cas prévu par l'article 57 ci-après.

ART 45.

Les demandes de congés de convalescence et de prolongations sont appuyées de certificats de visite et de contre-visite.

Dans les ports militaires, ces certificats sont délivrés par le chirurgien-major de la division ou du bâtiment et par le conseil de santé de la marine.

Hors des ports militaires, ces certificats sont délivrés par les officiers de santé en chef de l'hôpital militaire, et, à leur défaut, par ceux de l'hospice civil du lieu.

Les certificats de visite et de contre-visite sont visés par le commissaire aux armements, par le commissaire de l'inscription maritime ou par le sous-intendant militaire.

Certificats de visite.

ART 46.

Hors des ports de France, aucun congé ne peut être délivré aux marins embarqués.

Les marins renvoyés en France pour cause de santé sont visités et contre-visités, au port de débarquement, ainsi qu'il est prescrit dans l'article précédent.

Si l'arrivée a lieu dans un port du commerce, ils sont immédiatement dirigés sur leurs foyers, par les soins du commissaire de l'inscription maritime, aussitôt qu'ils ont été reconnus susceptibles d'obtenir un congé de convalescence. Les certificats de visite et de contre-visite sont transmis au préfet de l'arrondissement que le marin doit rejoindre, afin qu'il soit statué sur la durée du congé.

Marins
renvoyés en France
pour
cause de santé.

ART. 47.

Les quartiers-maîtres et marins qui, après avoir accompli le temps de service exigé d'eux, sont admis à se rengager ou à continuer leurs

Congés
à l'expiration
du
service obligé.

services pour une nouvelle période, reçoivent de plein droit, lorsqu'ils en font la demande, un congé temporaire de quatre mois.

Ces congés, assimilés aux congés pour affaires personnelles, sont, par exception aux dispositions de l'article 43 ci-dessus, directement accordés par les préfets maritimes, qui peuvent encore, suivant les convenances du service, en prolonger la durée jusqu'à la limite de six mois.

ART. 48.

Congés illimités.

Les congés illimités ne peuvent être accordés que par le ministre ; ils ne donnent droit à aucune solde.

ART. 49.

Les marins en congé sont débarqués.

Les marins embarqués qui obtiennent des congés sont débarqués avant d'entrer en jouissance de leur congé.

L'officier-marinier ou marin qui était déjà absent par permission au moment de la concession du congé cesse de compter sur son bâtiment, à partir du jour où il a quitté le bord. La durée de l'absence par permission est comprise dans la durée du congé.

ART. 50.

Visa des permissions et congés avant le départ.

Tout marin qui obtient une permission de s'absenter ou un congé, de quelque espèce qu'il soit, est tenu, avant le départ, de présenter le titre dont il est porteur au visa du commissaire aux armements. Ce fonctionnaire, après inscription sur le rôle d'équipage, lui délivre une feuille de route. En cas d'absence du commissaire aux armements, ces formalités sont remplies par son suppléant.

Les visas sont toujours datés. Les officiers du commissariat doivent refuser de viser les permissions ou congés qui seraient délivrés contrairement aux règles établies.

ART. 51.

Les marins qui obtiennent des congés ne sont rappelés qu'à leur rentrée au corps, de la solde à laquelle ils ont eu droit pour le temps de leur absence.

Toutefois, cette disposition n'est pas applicable aux marins de l'inscription maritime en congé avec solde, lorsque, avant l'expiration de leur congé, ils ont été maintenus dans leurs quartiers par une cause indépendante de leur volonté. Ils sont rappelés de la solde d'absence attachée à leur position jusqu'au jour où la décision qui les congédie leur a été notifiée. Cette date est constatée par les commissaires de l'inscription maritime.

Payement de la solde des marins en congé.

ART. 52.

Les marins en congé qui passent dans un autre corps sont rappelés de leur solde d'absence, au titre des équipages de la flotte, jusqu'au jour de leur départ pour rejoindre leurs nouveaux corps.

Marins en congé passant dans une autre arme.

ART. 53.

La durée des permissions et congés comprend le temps de l'aller et du retour.

En conséquence, les officiers-mariniers et marins en permission ou en congé, avec ou sans solde, ne rentrent en jouissance de la solde de présence que le lendemain du jour de leur arrivée au poste qu'ils doivent rejoindre à l'expiration de leur congé, sauf les cas prévus par les articles 28 et 30 ci-dessus.

Durée des permissions et congés.

ART. 54.

A moins d'ordres contraires, les marins en congé doivent rejoindre la division du port le plus voisin du lieu où ils ont été autorisés à résider pendant leur absence.

A l'expiration du congé. les marins rejoignent le port le plus voisin.

12.

ART. 55.

Marins rentrant
avant l'expiration
de leur congé.

Tout marin en congé ou en permission, qui use de la faculté qui lui est acquise de rejoindre son poste avant l'expiration de son congé ou de sa permission, recouvre ses droits à la solde de présence, à partir du jour déterminé par l'article 53 ci-dessus.

ART. 56.

Marins
dépassant les limites
de leur congé.

Les marins qui, étant en congé avec solde, rentrent après l'expiration de leur congé, ne reçoivent point le rappel de la solde qui peut leur être due, à moins que le retard n'ait été causé soit par des circonstances de force majeure dûment constatée, soit par maladie. Dans ce dernier cas, ils doivent représenter un billet de sortie d'hôpital, ou, s'ils n'ont pu se faire traiter à l'hôpital, un certificat du médecin ou du chirurgien qui les a soignés, indiquant la nature et la durée de la maladie.

Ces certificats doivent être soumis, dans les ports, au visa du commissaire de l'inscription maritime, dans l'intérieur, au visa du sous-intendant ou de l'autorité militaire locale. Ce visa fait mention des causes qui auraient empêché l'admission du retardataire dans les hôpitaux.

ART. 57.

Droits des marins
qui ont dépassé
les limites
de leur congé
par des circonstances
de
force majeure.

Le marin qui, étant en congé avec ou sans solde, n'a pu, pour les causes énoncées en l'article précédent, rejoindre son poste avant l'expiration de son congé est considéré comme étant encore en congé, avec ou sans solde, pour le temps écoulé depuis l'expiration de son congé jusqu'au jour inclus de sa rentrée à son poste.

Toutefois, le marin qui jouit d'un congé de convalescence avec solde de présence cesse d'avoir droit à cette solde dès l'expiration de son congé ou de sa prolongation. Il n'a droit ensuite qu'à la solde de congé.

ART. 58.

Tout officier-marinier ou marin rentrant de congé ou de permission est tenu de se présenter devant le commissaire aux armements, pour faire constater par un visa sur son congé la date de son retour à son poste.

Visa des congés
au retour.

§ II. Solde d'hôpital.

ART. 59.

La solde d'hôpital est allouée aux officiers-mariniers, marins et autres désignés aux tarifs comme ayant droit à cette solde, depuis le jour de leur admission à l'hôpital jusqu'à celui de leur sortie exclusivement. Ils en sont rappelés sur la présentation de leur billet de sortie.

Droits
à la solde d'hôpital.

En cas de décès à l'hôpital, la solde d'hôpital est due jusqu'au jour du décès inclusivement.

Les marins qui rentrent d'un hôpital externe sont en outre rappelés, tant pour l'aller que pour le retour, de la solde de présence à terre.

ART. 60.

Les officiers-mariniers, marins ou autres, appartenant à l'équipage d'un bâtiment de l'État, sont considérés comme débarqués à compter du jour de leur entrée à l'hôpital, lorsqu'à leur sortie ils ne peuvent, par une cause quelconque, rejoindre le bâtiment auquel ils appartenaient.

Marins à l'hôpital
au départ
de leur bâtiment.

En France, ils sont rappelés de la solde à laquelle ils ont eu droit depuis leur entrée à l'hôpital, par les soins de la division sur laquelle ils ont été dirigés.

A l'égard des marins laissés à l'hôpital hors de France, le rappel de la solde est effectué soit au titre du premier bâtiment de l'État sur lequel ils auront été embarqués à leur sortie de l'hôpital, soit au titre du bâtiment sur lequel ils étaient embarqués au moment de leur entrée à l'hôpital lorsqu'ils auront été rapatriés par la voie d'un navire du commerce.

ART. 61.

Cas dans lequel la solde d'hôpital n'est pas rappelée.

Tout marin qui, sans motif légitime, ne rejoint pas son poste immédiatement après sa sortie de l'hôpital, n'a droit à aucun rappel pour le temps de son absence, à compter du jour de son entrée à l'hôpital.

ART. 62.

Décompte de la solde d'hôpital.

Le décompte des journées d'hôpital est fait pour les officiers-mariniers, marins et autres, à raison du nombre effectif de jours dont se compose le mois.

ART. 63.

Jeunes marins entrant à l'hôpital avant l'incorporation.

Les jeunes marins provenant du recrutement, les engagés volontaires et les inscrits maritimes levés à leur demande qui, avant leur arrivée au corps, sont admis dans les hôpitaux, n'ont droit à aucun rappel pour le temps écoulé depuis leur entrée à l'hôpital jusqu'à leur arrivée au corps, si, pour le rejoindre, ils ont voyagé isolément. Cette disposition n'est pas applicable aux inscrits maritimes levés d'office.

ART. 64.

Marins autorisés à aller aux eaux.

Les officiers-mariniers et marins autorisés à aller prendre les eaux, dans les lieux où il existe des établissements militaires, sont traités, sous le rapport de la solde, comme ceux qui se rendent aux hôpitaux externes.

ART. 65.

Marins traités à bord et dans les divisions.

Les marins malades traités à bord des bâtiments de l'État, ou dans les infirmeries des divisions, continuent d'avoir droit, sans interruption, à la solde de présence.

§ III. Solde d'hôpital en congé.

ART. 66.

Les marins qui tombent malades étant en congé avec solde sont admis dans les hôpitaux, sur la présentation de leurs congés. Le jour de l'admission et celui de la sortie sont annotés sur lesdits congés par le commissaire de marine ou le sous-intendant militaire qui a délivré le billet d'entrée.

A leur retour, les marins ayant droit à la solde de congé à l'hôpital en sont rappelés pour tout le temps pendant lequel ils y ont séjourné. Ils sont également rappelés de leur solde de congé pour les journées antérieures à leur entrée et pour celles postérieures à leur sortie.

A l'égard des marins qui entrent à l'hôpital lorsque le nombre de jours restant sur la durée du congé ne leur aurait pas suffi pour rejoindre dans le délai fixé, même en employant la voie la plus prompte, ils sont privés de tout rappel de solde de congé pour le temps antérieur à leur entrée à l'hôpital.

Droits à la solde d'hôpital en congé.

ART. 67.

Les marins qui tombent malades étant en congé sans solde peuvent également être admis à l'hôpital. Leur entrée et leur sortie sont constatées suivant le mode prescrit par l'article précédent.

Il n'est fait ultérieurement aucune retenue, à raison de cette admission, sur la solde des officiers-mariniers, marins et autres agents.

Marins en congé sans solde.

§ IV. Solde des marins en jugement ou détenus correctionnellement.

ART. 68.

Les officiers-mariniers, marins et autres, en jugement, ne reçoivent aucune solde pendant le temps de leur détention. Mais s'ils sont

Marins en jugement ou en détention.

acquittés, ils sont rappelés, à leur retour au corps, de la solde, selon leur position antérieure d'activité, pour tout le temps de leur absence, sauf le cas prévu par l'article 132. S'ils sont condamnés, ils n'ont droit à aucun rappel.

N'ont également droit à aucun rappel pour tout le temps de la route ceux qui rejoignent après avoir subi une détention par suite de jugement ou qui voyagent sous l'escorte de la gendarmerie pour quelque cause que ce soit.

Toutefois, ceux qui, après avoir subi une peine disciplinaire de détention, retournent librement à leurs corps ont droit, pour la route, à la solde de présence à terre, cumulativement avec l'indemnité de route.

ART. 69.

Marin décédé avant jugement.

Les héritiers de tout marin détenu, qui vient à mourir avant son jugement, ont droit au rappel déterminé par l'article ci-dessus pour le cas d'acquittement.

§ V. Solde de captivité.

ART. 70.

Droits à la solde de captivité.

La solde de captivité est allouée à tout officier-marinier, marin ou autre agent faisant partie des équipages de la flotte, lorsqu'il est fait prisonnier de guerre, à dater du lendemain du jour où il est tombé au pouvoir de l'ennemi jusqu'au jour exclu de son rembarquement sur un bâtiment de l'État ou de sa rentrée en France.

ART. 71.

Payements à faire aux marins rentrant de captivité.

Les officiers-mariniers, marins ou autres, rentrant de captivité, sont rappelés, à leur arrivée en France, de la solde de captivité à laquelle ils ont eu droit, sous la déduction des à-compte payés à titre de délégation, en conformité de l'article 73 ci-après.

Ce rappel est effectué par voie de remise à la caisse des gens de mer, à l'égard des marins renvoyés dans leurs foyers ou dans leurs quartiers d'inscription à leur rentrée de captivité.

A dater de leur arrivée en France jusqu'au jour de leur mise en route, soit pour suivre une destination active, soit pour rentrer dans leurs foyers, ils reçoivent l'indemnité de séjour de leur grade, ensuite l'indemnité de route, s'il ne sont pas formés en détachement.

ART. 72.

Pour obtenir le rappel de la solde à laquelle il a droit, tout marin rentrant des prisons de l'ennemi doit produire, à défaut d'un livret ou d'une pièce quelconque établissant positivement son identité, un certificat du commissaire près la puissance chez laquelle il a été détenu, constatant son grade et le temps pendant lequel il est resté en captivité; faute de quoi, le payement est ajourné jusqu'à ce que ses droits aient été reconnus.

Pièces à produire par les prisonniers rentrés.

ART. 73.

Les deux tiers de la solde allouée aux officiers-mariniers, marins ou autres tombés au pouvoir de l'ennemi, sont payés, pendant toute la durée de la captivité, aux personnes de leur famille en faveur desquelles lesdits marins avaient été autorisés à déléguer une portion de leur solde, sauf disposition contraire de la part de ceux-ci.

Avances aux familles sur la solde de captivité.

Cette concession cesse de plein droit un an après la réception des dernières nouvelles à l'égard des prisonniers de guerre sur l'existence desquels il n'a pas été produit de renseignements certains.

Les payements ont lieu à titre d'avance, et la retenue en est opérée sur le décompte ultérieur de la solde de captivité.

En cas de décès du marin prisonnier de guerre, les payements faits à sa famille à titre de délégations sont considérés comme définitifs, et le trop perçu ne donne lieu à aucune reprise.

SECTION III.

DES DÉLÉGATIONS.

ART. 74.

Cas dans lesquels les délégations sont autorisées.

Les officiers-mariniers, quartiers-maîtres, matelots et ouvriers chauffeurs des trois classes en activité de service à l'État ont la faculté de déléguer une portion de leur solde à leur famille ou à des tiers, jusqu'à concurrence de la quotité déterminée par le tarif n° 4, annexé au présent décret. A l'égard des marins sous le coup d'une réduction temporaire de solde légalement prononcée, la quotité de la délégation est réduite à la portion disponible sur cette solde, déduction faite de la retenue pour habillement et des sommes à payer aux marins en vertu de l'article 166 ci-après.

La faculté de déléguer est également accordée aux surnuméraires et autres agents pendant la durée de leur embarquement à bord des bâtiments de l'État.

ART. 75.

Déclarations de délégation. A qui faites.

Les déclarations de délégations sont faites par les marins, soit devant les commissaires de l'inscription maritime, au moment de la levée, soit devant les conseils d'administration des divisions ou des bâtiments armés, pendant la durée de la présence au service. Dans ce dernier cas, le conseil d'administration donne immédiatement avis de la délégation au commissaire aux armements chargé de la liquidation de la dépense de la division ou du bâtiment.

ART. 76.

Mentions à faire des délégations.

Il est fait mention des délégations sur les feuilles de route, rôles de levée, billets de destination et états de mouvements. Il en est fait apostille sur les rôles, livrets et livres de compagnie.

Les mentions de délégation doivent indiquer exactement les nom, prénoms, qualités et domicile de chaque délégataire, ainsi que son degré de parenté avec le déléguant.

ART. 77.

Les délégations faites par les marins en faveur de personnes autres que leurs femmes, ascendants, descendants, frères ou sœurs, ne peuvent avoir leur effet qu'après approbation du ministre de la marine et des colonies. Toutefois, les délégations faites à un tiers pour l'entretien de femme, d'ascendants infirmes ou d'enfants mineurs, sont assimilées aux délégations de famille, et reçoivent leur effet immédiat lorsque cette circonstance est explicitement exprimée dans la déclaration à consigner sur les pièces mentionnées en l'article précédent.

Les délégations à des tiers doivent être autorisées.

ART. 78.

Des délégations d'office, ou retenues pour aliments, peuvent être prescrites par les préfets maritimes sur la solde des officiers-mariniers, marins et autres agents au service, dans les cas déterminés par les articles 203, 205 et 214 du Code civil. Ces délégations ne peuvent dépasser le tiers de la solde.

La décision du préfet maritime est prise d'après le résultat d'une enquête faite par les commissaires de l'inscription maritime, s'il s'agit de marins inscrits, et par les commissaires aux armements, s'il s'agit de marins provenant du recrutement, d'engagés volontaires ou de surnuméraires.

Délégations imposées d'office.

ART. 79.

Les délégations souscrites par les marins sont acquittées dans toutes les positions, celle de congé exceptée; elles continuent d'avoir leur effet pendant toute la durée du service, si elles ne sont pas formellement révoquées.

Durée des délégations. Révocations.

La révocation des délégations consenties au profit des femmes, descendants ou ascendants, n'est admise qu'autant qu'elle a été reconnue légitimement demandée par le déléguant, après enquête faite dans la forme déterminée par l'article précédent.

Le maintien ou la radiation de la délégation est prononcée par le préfet maritime.

ART. 80.

Payement des délégations. Exception pour les domestiques.

Les délégataires ne sont payés des sommes qui leur ont été déléguées qu'après constatation de la retenue opérée sur la solde du déléguant.

La prescription qui fait l'objet du paragraphe précédent n'est pas applicable aux délégations faites au profit des femmes, ascendants ou descendants. Sont applicables à ces dernières délégations les dispositions de l'article 73 (§§ 3 et 4), concernant les payements faits aux familles sur la solde de captivité. Toutefois, le payement des délégations souscrites par les domestiques demeure toujours subordonné à la constatation des retenues opérées sur leur solde.

ART. 81.

Droits des délégataires, femmes, ascendants ou descendants.

Les délégations des officiers-mariniers, marins et autres agents en faveur de leurs femmes, ascendants ou descendants, sont considérées comme un secours alimentaire donné aux parents. En conséquence, en cas de décès du délégataire, les retenues opérées jusqu'au jour de son décès sont acquises à ses héritiers ou ayants droit. Le montant en est versé à la caisse des gens de mer.

Ce principe est applicable aux délégations faites au nom d'un tiers, pour l'entretien de parents infirmes ou d'enfants mineurs.

ART. 82.

Droits des autres délégataires.

Lorsqu'il s'agit de délégations autres que celles qui sont mentionnées en l'article précédent, les arrérages, en cas de décès du délégataire, font retour au déléguant.

ART. 83.

La délégation consentie en faveur des père et mère simultanément est, en cas de décès de l'un des deux, intégralement payée au survivant.

La même disposition est applicable aux délégations consenties en faveur de la femme et des enfants simultanément.

Délégations aux père et mère, à la femme et aux enfants.

ART. 84.

Les délégations consenties par les marins embarqués, au profit de leurs femmes, ascendants ou descendants, cessent d'avoir leur effet aux époques déterminées par l'article 25 ci-dessus, pour l'établissement de la présomption de perte des bâtiments.

Époque de la cessation des délégations dans le cas de présomption de perte d'un bâtiment.

CHAPITRE III.

De la solde de disponibilité.

ART. 85.

La solde de disponibilité est due aux officiers-mariniers du cadre non pourvus d'emplois actifs et maintenus dans leurs foyers aux ordres de l'autorité maritime.

Solde de disponibilité. A qui due.

ART. 86.

L'officier-marinier en disponibilité qui est promu à un grade supérieur sans changer de position reçoit la solde de disponibilité de son nouveau grade, conformément à ce qui est prescrit par l'article 21 ci-dessus.

Officier-marinier promu étant en disponibilité.

ART. 87.

Les officiers-mariniers en disponibilité jouissent de leur solde dans le lieu où ils sont autorisés à résider par le commandant de la division à laquelle ils appartiennent.

Solde payable au lieu de la résidence.

ART. 88.

L'officier-marinier qui jouit de la solde de disponibilité ne peut changer de domicile ni s'absenter, pour plus de quarante-huit heures, du lieu où il a été autorisé à résider, qu'après en avoir obtenu la permission du commandant de la division.

ART. 89.

L'officier-marinier en disponibilité qui s'absente de son domicile sans autorisation, ou qui dépasse la durée de sa permission, n'a droit à aucun rappel pour tout le temps de son absence.

ART. 90.

Sauf le cas de maladie dûment constatée, l'officier-marinier en disponibilité qui reçoit l'ordre de suivre une destination active et qui n'exécute pas cet ordre dans les quarante-huit heures, perd ses droits à tout payement de la portion de solde de disponibilité qui lui revient, sans préjudice des peines plus fortes qui peuvent lui être appliquées.

ART. 91.

Le droit à la solde de disponibilité est interrompu pour la durée de l'absence à l'égard de l'officier-marinier en disponibilité autorisé à naviguer, soit au cabotage, soit au long cours.

ART. 92.

La solde d'hôpital déterminée par le tarif est allouée aux officiers-mariniers en disponibilité admis dans les hôpitaux, conformément aux dispositions des articles 59, 61 et 62 ci-dessus. Toutefois, lorsqu'ils se déplacent pour entrer à l'hôpital, ils n'ont droit qu'à la solde de disponibilité, tant pour l'aller que pour le retour.

ART. 93.

Sont applicables aux officiers-mariniers en disponibilité, les dispositions des articles 68 et 69 ci-dessus, concernant les marins en jugement ou détenus correctionnellement.

En cas d'acquittement, ils ont droit au rappel de la solde de disponibilité.

Officiers-mariniers en jugement ou détenus.

CHAPITRE IV.

Des accessoires de solde.

SECTION PREMIÈRE.

DES HAUTES PAYES JOURNALIÈRES D'ANCIÉNNETÉ.

ART. 94.

Une haute paye journalière d'ancienneté, désignée sous le titre de haute paye de premier, deuxième ou troisième chevron, est due, lorsqu'ils sont en activité de service, aux officiers-mariniers et marins du personnel des équipages de la flotte de toute classe et de toute profession, liés au service comme appelés, engagés volontaires ou comme inscrits maritimes : elle est également due aux officiers-mariniers du cadre placés dans la position de disponibilité.

Désignation de la haute paye.

La quotité de cette haute paye est fixée, pour chaque degré d'ancienneté, par le tarif n° 5 annexé au présent décret.

Le premier chevron est acquis à sept ans révolus de service,

Le deuxième chevron à onze ans,

Le troisième chevron à quatorze ans.

ART. 95.

Lorsqu'il s'agit de déterminer les droits des officiers-mariniers et marins à la haute paye, les services doivent être comptés de la manière suivante :

Pour les engagés volontaires, à partir du jour où ils ont souscrit leur acte d'engagement ;

Pour les appelés ou les substituants, à compter du 1er janvier de l'année de leur inscription sur les registres matricules des officiers du recrutement ;

Pour les remplaçants admis, à compter de la date de l'acte de remplacement ;

Pour les marins inscrits, à compter du jour de leur première admission au service, ou à partir de l'âge de seize ans, lorsque l'admission a été faite antérieurement à cet âge.

ART. 96.

Les officier-smariniers et marins qui obtiennent des congés illimités sont admis à compter, pour la haute paye, le temps passé dans cette position.

ART. 97.

Le jeune soldat dispensé du service militaire en vertu des paragraphes 3, 4 et 5 de l'article 14 de la loi du 21 mars 1832, sur le recrutement, et qui a perdu ses droits à la dispense, ne peut se prévaloir, pour l'admission à la haute paye, du temps écoulé depuis la cessation des services, fonctions ou études qui lui avaient fait accorder la dispense, jusqu'à celui de la déclaration à laquelle il est obligé par l'article précité, ou, à défaut de ladite déclaration, jusqu'au jour où il aura reçu une feuille de route pour se rendre à son corps.

ART. 98.

Le temps pendant lequel un marin a subi une peine correctionnelle quelconque, en vertu d'un jugement d'un tribunal civil ou militaire, ne peut être compté pour le droit à la haute paye d'ancienneté. Ce temps est déduit à partir du jour où la condamnation est devenue définitive. Toutefois, si la condamnation d'un jeune soldat était antérieure au 1er janvier de l'année où il a été immatriculé, la déduction ne serait faite qu'à partir de cette dernière époque.

Déduction du temps d'absences illégales.

Les déserteurs et les insoumis condamnés ne peuvent compter le temps qui s'est écoulé jusqu'au moment où ils ont subi leur peine ou ont été graciés, savoir :

Les déserteurs, depuis le jour de leur désertion;

Les insoumis, depuis l'époque à laquelle ils ont été déclarés insoumis.

ART. 99.

Il est tenu compte aux appelés et aux engagés volontaires servant en personne du service actif qu'ils peuvent avoir fait antérieurement à leur appel ou à leur engagement.

Services antérieurs à l'admission pour les appelés, les engagés et les remplaçants.

Le même bénéfice est accordé aux remplaçants, mais seulement pour les services antérieurs qu'ils peuvent avoir rendus comme marins ou comme ouvriers inscrits. Toutefois, ils peuvent compter leurs services antérieurs à quelque titre que ce soit, lorsqu'après avoir accompli le temps stipulé dans l'acte de remplacement, ils contractent un rengagement ou se font inscrire définitivement sur les matricules de l'inscription maritime.

Dans aucun cas, les remplaçants ne peuvent faire valoir, pour établir leurs droits à la haute paye, les services déjà faits par les marins dont ils ont pris la place au service.

ART. 100.

Les hommes ayant servi dans des corps étrangers soldés par la France sont admis à compter pour la haute paye leurs services dans ces corps.

Services dans les corps étrangers.

ART. 101.

Sont comptés pour le droit à la haute paye les services faits dans les chantiers et arsenaux de l'État par les marins et par les ouvriers inscrits pendant la durée de leur inscription.

ART. 102.

Les engagés et les inscrits maritimes qui, antérieurement à leur engagement ou à leur inscription, ont servi comme musiciens ou comme maîtres ouvriers gagistes, dans quelque corps que ce soit, ont droit à la haute paye journalière attribuée à la classe à laquelle les porte la durée de leurs services; mais la jouissance de cette haute paye ne date que du jour de l'engagement ou de l'inscription, sans qu'il y ait lieu à aucun rappel pour le temps antérieur.

ART. 103.

Les services antérieurs à l'admission dans les équipages de la flotte sont comptés, pour le droit à la haute paye, savoir :

A partir de l'âge de 18 ans, pour les hommes provenant des corps de l'armée de terre ou des corps de troupe de la marine ;

A partir de l'âge de 16 ans, pour les hommes ayant servi à l'État comme marins ou comme ouvriers inscrits.

ART. 104.

Les marins et les militaires en jouissance d'une haute paye ont droit, lorsqu'ils passent d'une arme dans une autre, à la haute paye attribuée à l'arme dans laquelle ils entrent, à compter du jour où ils en reçoivent la solde.

ART. 105.

La haute paye journalière est décomptée pour chacun des jours dont se compose le mois; elle est allouée dans toutes les positions

qui donnent droit à une solde d'activité ou de disponibilité. Elle est
due même dans le cas de prolongation de congé sans solde.

ART. 106.

Les officiers-mariniers et marins jouissant de la haute paye journalière et qui sont faits prisonniers de guerre sont, à leur retour en
France, rappelés de cette haute paye sans progression de classe pour
tout le temps de leur captivité.

Marins rentrant des prisons de l'ennemi.

SECTION II.

DES SUPPLÉMENTS.

§ 1er. Suppléments aux marins remplissant les fonctions d'un grade supérieur.

ART. 107.

Les matelots, les quartiers-maîtres et les seconds maîtres appelés,
dans les cas déterminés par le décret sur l'organisation des équipages
de la flotte, à remplir provisoirement, à bord des bâtiments armés,
quelle que soit la nature de l'armement de ces bâtiments, les fonctions
d'un grade supérieur au leur, reçoivent, avec la solde du grade dont
ils sont pourvus, le supplément de solde déterminé par le tarif n° 6.

Ces suppléments sont attachés à l'exercice effectif des fonctions.

Ce supplément est alloué pour la durée effective des fonctions,
dans toutes les positions de présence, pendant la durée de l'embarquement. Il peut se cumuler avec l'indemnité spéciale accordée par
l'article 113 ci-après aux officiers-mariniers remplissant les fonctions
de maîtres chargés.

§ II. Suppléments à raison de fonctions spéciales.

ART. 108.

Les marins remplissant, à bord des bâtiments armés, les fonctions

Condition d'allocation.

14.

spéciales désignées dans le tarif n° 7, reçoivent le supplément attribué par le même tarif à chacune de ces fonctions.

Ces divers suppléments ne peuvent se cumuler entre eux. Ils sont alloués pour la durée effective des fonctions, dans toutes les positions de présence, depuis le jour de la mise en rade du bâtiment jusqu'au jour du désarmement ou de la mise en commission.

Le supplément de matelot chauffeur et celui de matelot soutier, attribués à ces emplois à bord des bâtiments en préparation d'armement, ne sont alloués que pour le nombre de jours passés hors du port, dans le cours des essais.

ART. 109.

Les matelots canonniers brevetés exercent à bord, de préférence à tous autres, les fonctions spéciales attribuées à la classe du brevet dont ils sont titulaires. Néanmoins ils conservent la jouissance du supplément attaché à la classe de leur brevet, lorsqu'à raison du nombre des marins porteurs de brevets de même valeur, ils sont appelés à n'exercer que les fonctions d'une classe inférieure à la leur.

Lorsqu'ils remplissent les fonctions d'une classe supérieure, ils reçoivent le supplément attaché à cette fonction.

ART. 110.

Par exception à la disposition qui fait l'objet du 2ᵉ paragraphe de l'article 108 ci-dessus, les marins remplissant, à défaut de fourriers, les fonctions de secrétaires des chefs d'état-major dans les escadres, des officiers en second et des officiers d'administration à bord des vaisseaux et des frégates, reçoivent le supplément attaché à cette fonction, depuis le jour de l'entrée en armement jusqu'au jour du désarmement.

La même disposition est applicable aux marins remplissant les fonctions de barbier à bord des différents bâtiments de la flotte.

Ce dernier supplément, ainsi que le supplément d'instituteur, peuvent, en outre, se cumuler avec toute autre allocation supplémentaire.

§ III. Supplément aux marins réunissant les professions de charpentier et de calfat.

ART. 111.

Les quartiers-maîtres et seconds maîtres de charpentage et de calfatage, réunissant les deux professions, jouissent à terre et à la mer du supplément déterminé par le tarif n° 8, dans toutes les positions donnant droit à une solde quelconque d'activité.

Ce supplément est concédé sur la production d'un certificat du directeur des constructions navales. Il peut se cumuler avec tout autre supplément ou indemnité de fonctions.

§ IV. Supplément de solde le jour de la fête de l'Empereur.

ART. 112.

Les officiers-mariniers, marins et autres ayant droit à une solde de présence reçoivent, le jour de la fête de l'Empereur, un supplément de solde, lequel consiste dans une demi-journée de solde dégagée de tous accessoires, suivant la position dans laquelle les marins se trouvent le jour même, soit à la mer, soit en station à terre, ou soit en route.

SECTION III.

DES INDEMNITÉS.

§ 1er. Des indemnités de fonctions accordées aux maîtres chargés d'une feuille à bord des bâtiments.

ART. 113.

Les officiers-mariniers, marins et autres chargés du matériel porté sur une ou plusieurs feuilles à bord des bâtiments reçoivent, à raison du rang du bâtiment sur lequel ils sont embarqués, et quelle que soit la nature de l'armement de ce bâtiment, une indemnité spéciale de fonctions dont la quotité est déterminée par le tarif n° 9.

Les officiers-mariniers réglementairement ou accidentellement chargés de plusieurs feuilles ne peuvent cumuler plusieurs indemnités.

ART. 114.

Mode d'après lequel
il est décompté.

L'indemnité mentionnée en l'article précédent est décomptée comme la solde, à raison du nombre de jours composant le mois. Elle est allouée dans toutes les positions de présence à bord, à partir du jour de l'embarquement jusqu'à celui du débarquement.

§ II. De l'indemnité accordée aux tambours et aux clairons.

ART. 115.

Conditions
d'allocation.

Un accroissement de solde déterminé par le tarif est accordé, à terre et à la mer, dans toutes les positions autres que celles de congé et de captivité, aux maîtres tambours et clairons, ainsi qu'aux marins tambours et clairons, à charge par eux d'entretenir leurs instruments lorsqu'ils sont en service à terre.

§ III. De l'indemnité accordée aux vaguemestres.

ART. 116.

Fixation
de l'indemnité.

Les officiers-mariniers et marins remplissant les fonctions de vaguemestres, dans les divisions à terre ou à bord des bâtiments, reçoivent, suivant la position, une indemnité journalière fixée par le tarif n° 10.

L'indemnité attribuée aux vaguemestres ou à leurs suppléants leur est allouée pour toutes les journées de présence à terre ou à la mer. Elle peut se cumuler avec tout autre supplément ou indemnité de fonctions.

§ IV. De l'indemnité de frais de bureau.

ART. 117.

Une indemnité journalière pour achat de menues fournitures de bureau est allouée aux officiers-mariniers, marins et autres qui occupent les emplois déterminés au tarif n° 11.

Cette indemnité est payée dans toutes les positions, celle de congé exceptée.

Position y donnant droit.

§ V. De l'indemnité pour perte d'effets.

ART. 118.

Les pertes d'effets éprouvées par les surnuméraires embarqués sur des bâtiments de l'État, dans les naufrages ou échouements et dans d'autres circonstances dérivant d'un service obligatoire, ouvrent des droits, à raison des circonstances, à l'une des indemnités fixées par le tarif n° 12.

Mode d'allocation et justification des pertes.

Le procès-verbal de l'événement dressé par le conseil d'administration du bâtiment est adressé au commissaire aux armements et soumis avec les observations de ce fonctionnaire à la décision du ministre de la marine et des colonies.

Les dispositions des paragraphes précédents sont applicables aux officiers-mariniers pour ceux de leurs effets qui ne leur sont pas délivrés des magasins de l'État.

Les pertes d'effets réglementaires éprouvées par les officiers-mariniers et marins sont régies par les dispositions du titre V ci-après, concernant le service de l'habillement.

SECTION IV.

DES GRATIFICATIONS.

§ Ier. De la première mise d'équipement aux premiers maîtres promus officiers.

ART. 119.

Les premiers maîtres promus officiers reçoivent une gratification de première mise dont la quotité est fixée par le tarif n° 13.

Fixation de la gratification.

Cette gratification est allouée, quelle que soit la position du premier maître au moment de sa promotion. Elle est payée avec augmentation de moitié aux premiers maîtres embarqués qui reçoivent, hors des ports de France, l'avis officiel de leur nomination.

§ II. Des gratifications aux instructeurs.

ART. 120.

Instructeurs dans les divisions et à l'école des mousses.

Des gratifications sont accordées aux officiers-mariniers chargés de l'instruction militaire et maritime dans les divisions et à bord du bâtiment-école des mousses, ainsi qu'aux marins et mousses remplissant les fonctions de moniteurs à l'école élémentaire instituée à bord de ce bâtiment.

Ces gratifications sont fixées par le tarif n° 14, annexé au présent décret. Leur répartition entre les instructeurs les plus méritants est arrêtée trimestriellement par le major général de la marine, à la suite de son inspection de la division et du bâtiment-école des mousses.

ART. 121.

Instructeurs d'infanterie à bord des bâtiments.

Des gratifications sont accordées aux officiers-mariniers, quartiers-maîtres et fusiliers brevetés de 1re classe, ayant rempli, à bord des bâtiments armés, les fonctions d'instructeurs près des compagnies de débarquement.

La quotité de ces gratifications est fixée par le tarif n° 14.

Dans les escadres et divisions navales, la répartition des gratifications entre les instructeurs de chaque bâtiment est arrêtée par le commandant en chef, au moment de l'inspection générale, lorsqu'il a pu constater, par une revue à terre, que l'instruction des compagnies de débarquement est complète, et que ces compagnies sont en état d'exécuter les manœuvres de l'école de bataillon. Pour les bâtiments isolés, la répartition et la constatation indiquées ci-dessus sont effectuées par le major général de la marine.

La quotité des gratifications est réduite de moitié lorsque, l'instruction des hommes ayant été jugée satisfaisante sous le rapport du tir, il n'a pu être procédé aux manœuvres de l'école de bataillon.

§ III. Des gratifications accordées pour les exercices du tir.

ART. 122.

Les officiers-mariniers et marins reçoivent les gratifications déterminées au tarif n° 15, lorsqu'ils ont atteint le but dans les exercices de tir exécutés au polygone ou à la mer. *Conditions d'allocation.*

Ces gratifications sont déterminées à raison de la distance et du degré de justesse du tir.

SECTION V.

DES PRIMES DE RÉADMISSION AUX INSCRITS MARITIMES.

ART. 123.

Les quartiers-maîtres et matelots de l'inscription maritime, appartenant aux catégories mentionnées dans l'article 91 du décret d'organisation des équipages de la flotte, reçoivent la prime dite de réadmission, déterminée par le tarif n° 16, lorsqu'à l'expiration de la période obligatoire ils sont admis, sur leur demande, à rester au service pendant trois années de plus. *Marins restant au service à l'expiration du temps obligatoire.*

ART. 124.

Les quartiers-maîtres et les matelots mentionnés en l'article précédent, réadmis au service, à leur demande, après une interruption qui ne doit pas excéder douze mois, ont également droit, sous la condition de servir pendant trois années, à la prime dite de réadmission. *Marins réadmis après congédiement.*

ART. 125.

Marins appelés
ou maintenus
par mesure générale.

Les dispositions des articles 123 et 124 ci-dessus ne sont pas applicables aux quartiers-maîtres et matelots qui sont maintenus ou rappelés au service par suite d'une mesure générale atteignant la catégorie du personnel maritime dans laquelle ils se trouvent placés.

ART. 126.

Conditions pour
la réadmission
avec prime.

Pour être conservés ou réadmis au service avec concession de la prime, les quartiers-maîtres ou matelots des professions indiquées en l'article 123 ont à produire un certificat d'aptitude et de bonne conduite délivré à bord du dernier bâtiment, dans la forme déterminée par le décret sur le service à la mer, et énonçant explicitement que le titulaire du certificat est susceptible d'être réadmis au service.

Les gabiers, les timoniers sondeurs, les matelots chauffeurs et les matelots qui ont rempli les fonctions de quartiers-maîtres doivent, en outre, justifier qu'ils ont été maintenus en jouissance du supplément attaché à ces fonctions, pendant leur dernière année d'embarquement.

ART. 127.

Actes
de réadmission.

Les actes constatant les réadmissions avec prime sont conformes au modèle n° 1.

Ces actes sont reçus, sur la production des justifications énoncées en l'article précédent, par les commissaires aux armements pour tous les hommes au service, et par les commissaires de l'inscription maritime pour les marins présents dans leurs quartiers.

Les actes sont inscrits sur un registre coté et parafé par le commissaire général de la marine; ils sont signés, après lecture, par le comparant et par le commissaire, qui en fait parvenir une ampliation au conseil d'administration de la division ou du bâtiment.

Mention de la réadmission avec prime est faite sur les rôles, livrets et livres de compagnie.

ART. 128.

Les réadmissions avec prime pour les marins au service ont lieu seulement à l'époque du congédiement. En conséquence, les quartiers-maîtres et matelots en cours de campagne, qui sont retenus hors d'un port de France au delà de la période obligatoire, ne sont admis qu'après leur retour à faire constater leur maintien au service; mais, dans ce cas, les effets de la réadmission remontent au jour de l'expiration de la période obligatoire.

Époque à laquelle les marins au service peuvent souscrire un acte de réadmission.

ART. 129.

Les réadmissions successives, par périodes de trois années, donnent droit, pour chacune, au payement de la prime, mais seulement jusqu'à concurrence de quatorze années effectives de service à l'État, à partir de l'âge de seize ans. Au delà de ce terme, les quartiers-maîtres et marins maintenus au service n'ont droit qu'à la haute paye d'ancienneté fixée par le tarif.

Réadmissions successives.

ART. 130.

La prime de réadmission se divise en trois annuités :

La première annuité est payée, par avance, au moment de la réadmission, aux quartiers-maîtres et matelots qui ne reçoivent pas de congé; elle est payée aux autres, de la même manière, à leur rentrée au corps. Dans l'un et l'autre cas, ce payement ne peut donner lieu à reprise en cas de radiation des rôles.

Les deux autres annuités sont payées comme la solde et aux mêmes époques. Elles sont décomptées à raison de la fixation journalière.

En cas de décès ou de radiation des rôles, l'annuité non encore payée n'est due que proportionnellement au temps écoulé jusqu'au jour du décès ou de la radiation. Cette dernière disposition est applicable aux marins qui, pendant une période de réadmission,

Mode de payement des primes.

15.

atteignent les quatorze années de service mentionnées en l'article précédent, ou sont portés au grade de second maître.

CHAPITRE V.

Des positions ou cas particuliers entraînant privation de solde.

ART. 131.

Absence irrégulière. L'officier-marinier ou marin qui s'absente de son corps ou de son poste sans autorisation régulière ne reçoit aucune solde pour le temps de son absence.

Les hommes manquant à l'appel cessent d'avoir droit à leur solde à compter du lendemain de leur disparition. Ils ne rentrent en solde que le lendemain de leur retour au corps.

ART. 132.

Désertion. N'ont droit à aucun rappel pour le temps de leur absence les officiers-mariniers et marins qui, déclarés déserteurs, seraient acquittés par le tribunal maritime ou militaire devant lequel ils auraient été traduits.

ART. 133.

Marins congédiés ou réformés en position d'absence. Sauf les cas prévus dans l'article 19 à l'égard des marins de toute origine, et dans l'article 51 ci-dessus à l'égard des marins de l'inscription maritime, il n'est dû aucun rappel de solde et accessoires, depuis le jour de leur départ du corps, aux officiers-mariniers et marins définitivement rayés des rôles étant en congé.

ART. 134.

Marins rentrant après les délais fixés par leurs feuilles de route. Sont privés de tout rappel pour le temps de leur absence, sauf le cas d'empêchement légitime dûment constaté, les officiers-mariniers et marins qui rentrent à leur poste après l'expiration des délais déterminés par leur feuille de route.

Toutefois, lorsqu'il s'agit d'un marin rentrant d'un hôpital externe, et qui a été forcé, par le mauvais état de sa santé, de s'arrêter en route, le commissaire aux armements peut, sur la proposition du commandant de la division, lui allouer le rappel de sa solde, pourvu que le retard ne dépasse pas le terme d'un à quatre jours, selon le plus ou moins d'étendue de la distance parcourue. En dehors de cette limite, le préfet maritime a seul le droit d'autoriser de semblables rappels.

ART. 135.

L'officier-marinier ou marin qui ne rapporte pas sa feuille de route et son congé ne peut prétendre à aucun rappel avant l'expiration d'un délai de six mois à partir de sa rentrée au corps.

Marin
ne rapportant pas
sa
feuille de route
et son congé.

ART. 136.

La privation de solde est étendue aux marins qui se trouvent dans une des positions spécifiées dans les articles 43, 48, 55, 61, 66 (§ 3), 68, 89, 90 et 91.

Autres cas
emportant privation
de solde.

CHAPITRE VI.

Des masses générales d'entretien.

ART. 137.

Il est alloué à chacune des cinq divisions des équipages de la flotte, sous la dénomination de masse générale d'entretien, un fonds commun destiné à subvenir leurs dépenses intérieures.

Allocation
et
objet de la masse

Cette masse se divise en deux portions distinctes : la première est exclusivement destinée aux dépenses de la musique ; la seconde aux dépenses diverses d'entretien, y compris les frais de culte, lorsqu'il y a lieu.

ART. 138.

Fixation.

La masse générale d'entretien est réglée pour chaque division par le tarif n° 17.

L'espèce et l'importance des dépenses à la charge de la masse d'entretien sont réglées par le ministre de la marine et des colonies.

ART. 139.

Fonds de musique pour les bâtiments.

Il est alloué à chaque bâtiment monté par un officier général un fonds spécial exclusivement destiné à l'entretien de la musique.

La quotité de cette allocation est également déterminée par le tarif mentionné en l'article précédent.

ART. 140.

A qui payés.

La masse d'entretien et le fonds de musique sont payés aux conseils d'administration des divisions et des bâtiments.

CHAPITRE VII.

Du traitement de table.

ART. 141.

Maîtres chargés.

Il est alloué à bord des bâtiments de la flotte, pour la table des maîtres, à chacun des officiers-mariniers et marins chargés d'une feuille à bord et mentionnés en l'article 495 du décret du 15 août 1851 sur le service à la mer, au pilote côtier, au chef de musique, au commis aux vivres et au magasinier, un traitement de table dont la quotité est uniformément déterminée par le tarif n° 18 pour les bâtiments de tous rangs.

ART. 142.

La table des maîtres reçoit également, pour chacun des premiers maîtres et maîtres passagers, une indemnité journalière égale au traitement de table fixé par le tarif.

Passagers
à
la table des maîtres.

ART. 143.

Sont applicables au traitement de table des maîtres chargés toutes les dispositions réglementaires concernant le traitement alloué aux tables des officiers et des aspirants embarqués, et notamment celles qui sont contenues dans le décret du 19 octobre 1851.

Application
des règles
concernant
le traitement de table
des officiers.

TITRE III.

DES PRESTATIONS EN NATURE.

CHAPITRE Ier.

Des subsistances.

SECTION Ire.

DES VIVRES.

ART. 144.

Indépendamment de leur solde, les officiers-mariniers, marins et autres reçoivent par jour, des magasins de l'État, une ration de vivres en nature, lorsqu'ils sont présents à bord d'un bâtiment ou dans une division.

Rations complètes.
A qui dues.

Cette ration est sans liquides pour les hommes à terre, ainsi que pour les mousses dans toutes les positions.

ART. 145.

Les officiers-mariniers, marins et mousses formés en détachement reçoivent, dans toutes les positions donnant droit à la solde en route, le pain de munition seulement, à raison d'une ration par homme et par jour.

ART. 146.

Il n'est dû aucune prestation de vivres en nature aux officiers-mariniers en disponibilité, ainsi qu'aux officiers mariniers et marins en congé, en permission, à l'hôpital ou marchant isolément.

ART. 147.

La composition de la ration de vivres dans les diverses positions est déterminée par les règlements sur le service des subsistances.

SECTION II.

DES LIQUIDES.

ART. 148.

Les officiers-mariniers et marins présents à terre dans les divisions peuvent, lorsqu'ils sont employés à des travaux de force non rémunérés, recevoir, par journée de travail, une ration de liquides égale à celle qui est allouée aux équipages des bâtiments armés.

Cette concession est réduite de moitié pour les hommes qui n'ont pas été employés aux travaux pendant toute la journée.

Une ration entière de liquides est également accordée aux officiers mariniers et marins instructeurs de canonnage, ainsi qu'aux canonniers ayant pris part aux exercices pratiques, pour les journées pendant lesquelles ces exercices ont lieu.

ART. 149.

A l'époque de la revue d'inspection d'une division ou d'un bâti-
ment, l'inspecteur général autorise la distribution extraordinaire
d'une ration de liquides par homme aux officiers-mariniers et ma-
rins présents à la revue d'honneur. Cette allocation ne peut avoir
lieu qu'une seule fois pour la même inspection.

Distributions aux revues d'inspection.

ART. 150.

Chaque année, pendant la saison des chaleurs, les marins dans les
divisions reçoivent des distributions journalières d'eau-de-vie pour
assainir l'eau qu'ils boivent.

Cette prestation est due pour chaque officier-marinier, marin ou
mousse présent à la division.

Les marins détenus y ont également droit.

Distributions pendant les chaleurs.

ART. 151.

Les distributions de liquides mentionnées en l'article précédent
sont autorisées par les préfets maritimes, qui convoquent préalable-
ment le commissaire général et le directeur du service de santé, afin
de prendre leur avis sur la nécessité actuelle de ces distributions et
sur le terme à leur assigner. Le résultat de la conférence est constaté
par un procès-verbal dont une expédition doit être immédiatement
adressée au ministre de la marine.

Dans aucun cas, les préfets maritimes ne peuvent, sans une déci-
sion spéciale du ministre, autoriser des distributions de cette nature
en dehors des limites fixées par le tarif n° 20 ; mais ils doivent ou
les différer, ou en abréger la durée, lorsque l'état de la température
ne les rend pas nécessaires.

Distributions pendant les chaleurs. Comment autorisées.

ART. 152.

L'acidulage est accordé aux marins embarqués conformément aux

Acidulage à bord.

disposition des règlements sur le service des vivres à bord des bâtiments armés.

ART. 153.

Distributions
extraordinaires.

Dans les circonstances graves intéressant la santé publique, les préfets maritimes peuvent, en cas d'urgence, autoriser des distributions de liquides aux marins présents à terre dans les divisions.

La nécessité de ces distributions, ainsi que leur importance, est constatée dans la forme indiquée à l'article 151 ci-dessus. Il en est immédiatement rendu compte au ministre de la marine.

CHAPITRE II.

Du chauffage.

ART. 154.

Comment
il y est pourvu.

Le combustible nécessaire à la cuisson des aliments est délivré par le service des subsistances, conformément aux dispositions des règlements concernant ce service.

Le chauffage des chambres est dû au marins des divisions, lorsqu'ils sont casernés à terre, d'après les fixations arrêtées pour les corps de troupe de la marine.

CHAPITRE III.

Disposition commune aux fournitures de subsistance et de chauffage.

ART. 155.

Moins-perçus.

Les moins-perçus en vivres et chauffage ne peuvent donner lieu à aucun rappel.

CHAPITRE IV.

Du logement.

ART. 156.

Le logement est dû aux officiers-mariniers et marins dans toutes les positions qui leur donnent droit à une solde de présence.

Il est dû dans toutes les positions de présence.

ART. 157.

Les officiers marchant avec la troupe, les officiers-mariniers, les marins et autres voyageant isolément ou en détachement, et généralement tous les marins porteurs d'une feuille de route, ont droit au logement fourni par les autorités locales, avec place au feu et à la chandelle.

Marins en route.

DES RÈGLES DE PAYEMENT.

TITRE IV.

DISPOSITIONS GÉNÉRALES RELATIVES AUX PAYEMENTS.

CHAPITRE PREMIER.

DES ÉPOQUES DES PAYEMENTS.

SECTION PREMIÈRE.

SOLDE DES OFFICIERS.

ART. 158.

La solde des officiers, aspirants et employés, faisant partie des divisions à terre, se paye par mois et à terme échu. La même dis-

Payements en France et en Algérie.

position est applicable, dans les ports et rades de France et d'Algérie, aux officiers, aspirants et employés embarqués sur les bâtiments de la flotte.

ART. 159.

Payements en cours de campagne.

Les commandants d'escadres, de divisions ou de bâtiments naviguant isolément, peuvent, dans les colonies françaises et dans les ports étrangers, faire payer aux officiers, aspirants et employés, membres des états-majors, sous la déduction des délégations consenties par eux et des reprises pour dettes envers l'État, la totalité des sommes qu'ils ont acquises, jusques et compris le mois de novembre.

En fin d'exercice et après liquidation du rôle d'équipage, les sommes restant dues sont déposées dans la caisse des gens de mer, au profit des ayants droit absents. Ce dépôt est effectué, sauf demande contraire de l'intéressé, dans la caisse du port qui compte de la dépense du bâtiment.

ART. 160.

Payements des accessoires de solde.

Les suppléments de solde, les indemnités de représentation ou de logement, les frais de bureau et les autres accessoires de solde inhérents aux positions respectives des officiers, aspirants ou employés embarqués ou faisant partie des divisions, sont payables comme la solde et compris avec celle-ci sur les mêmes états ou mandats de payement.

ART. 161.

Avances autorisées.

Tout payement d'avances est formellement interdit, hors les cas déterminés par le titre III du décret du 19 octobre 1851.

ART. 162.

Payements après débarquement.

Après débarquement, les officiers, aspirants et employés peuvent, sous la réserve qui fait l'objet de l'article 210 ci-après, être payés, dans tous les ports de France et d'Algérie, des sommes qui leur sont dues, au titre du bâtiment dont ils sont débarqués, sur présentation d'extraits décomptés du rôle d'équipage dûment arrêtés par le conseil d'administration

Dans les colonies françaises, ces sortes de payements ne peuvent être effectués qu'autant que le bâtiment au titre duquel les sommes sont dues n'a pas opéré son retour en France.

SECTION II.

SOLDE DES OFFICIERS MARINIERS, MARINS ET AUTRES.

ART. 163.

Les officiers-mariniers, marins et autres présents à terre dans les divisions sont payés par mois et à terme échu, jusques et compris le mois de décembre, de la solde et des accessoires de solde qui leur sont dus. *Payements en France et en Algérie.*

La même disposition est applicable, dans les ports et rades de France et d'Algérie, aux marins présents à bord des bâtiments de la flotte.

ART. 164.

En France, la solde de route ainsi que les accessoires de la solde sont perçus à l'avance, savoir : *Payement de la solde de route.*

1° En ce qui concerne les détachements en marche, pour le nombre de jours de marche ou de station qui doit s'écouler depuis le départ jusqu'à l'arrivée dans une localité où réside un ordonnateur secondaire de la marine;

2° Par quinzaine, en ce qui concerne les détachements en station avec le pain seulement.

ART. 165.

Dans les colonies françaises ou dans les ports étrangers, les commandants d'escadres, de divisions ou de bâtiments naviguant *Payements en cours de campagne.*

isolément, peuvent faire payer aux équipages des à-compte de solde proprement dite, dans la proportion de la moitié des sommes acquises pour les maîtres chargés, et dans la proportion d'un mois sur trois seulement pour les autres officiers-mariniers, marins et surnuméraires.

Les hautes payes, suppléments et autres accessoires de solde peuvent être payés intégralement et à terme échu.

ART. 166.

Dans les cas prévus par les articles 163, 164 et 165 ci-dessus, les payements sont effectués sous déduction des délégations consenties, et sous précompte de la retenue mentionnée aux articles 225 et 226 ci-après pour habillement ou dette envers l'État.

A l'égard des officiers-mariniers et marins qui se trouvent sous le coup d'une réduction temporaire de solde légalement prononcée, les payements mentionnés au paragraphe précédent sont toujours calculés, lorsqu'une délégation a été consentie, de telle sorte que les marins perçoivent au moins par jour, savoir :

Les officiers-mariniers................ 20^c
Les quartiers-maîtres et marins........ 10

ART. 167.

Les marins passant d'une division dans une autre ou quittant une division, par suite d'embarquement, de congédiement ou d'envoi en congé ou en disponibilité, sont payés de l'intégralité des sommes qui leur sont dues, au titre de cette division, au moment de leur départ.

Pour l'exécution de cette disposition, il peut être perçu sur les fonds de la solde par chaque division, dans le courant du mois, une ou plusieurs avances dont l'importance est réglée par le commissaire aux armements, à raison des besoins du service.

Les avances ainsi faites sont précomptées sur le montant des sommes acquises pendant le mois.

ART. 168.

Les officiers-mariniers et marins, momentanément mis en subsistance, en France ou à l'extérieur, dans un corps, dans une division ou à bord d'un bâtiment autre que celui auquel ils appartiennent, continuent à être payés de leur solde par les soins de leur division ou de leur bâtiment. Ils sont rappelés de la portion de solde qu'ils n'auraient pu recevoir aux époques réglementaires, à leur retour à cette division ou à bord de ce bâtiment.

Marins en subsistance.

ART. 169.

Les marins débarqués en France, dans le port qui compte de la dépense du bâtiment, reçoivent la totalité des sommes qui leur sont dues, au titre du bâtiment qu'ils quittent.

Toutefois, si le débarquement a lieu par suite de congédiement, les marins de l'inscription maritime ne reçoivent avant le départ qu'un à-compte de 50 francs, lorsque le montant de leur décompte est supérieur à cette somme.

Marins débarqués dans le port d'armement.

ART. 170.

Les marins débarqués en Algérie ou en France, dans un port autre que celui qui compte de la dépense du bâtiment, reçoivent, d'après leur situation financière, le payement de la moitié des sommes qui leur sont dues sur l'exercice courant, au titre du bâtiment qu'ils quittent, et sans que ce payement puisse excéder 50 francs, en ce qui concerne les marins de l'inscription maritime congédiés du service.

Marins débarqués dans un port autre que le port d'armement.

ART. 171.

Les marins débarqués dans les colonies ou en pays étrangers ne reçoivent aucun payement, pour solde et accessoires, au titre du bâtiment qu'ils quittent.

Marins débarqués dans les colonies ou à l'étranger.

Cette disposition n'est pas applicable aux marins indigènes qui, embarqués temporairement dans les colonies, doivent être laissés à terre au moment du retour en France du bâtiment. Ces marins doivent, au contraire, être intégralement payés des sommes acquises par eux au moment de leur débarquement dans la colonie à laquelle ils appartiennent. A moins d'impossibilité absolue, ces payements sont opérés par l'intermédiaire du conseil d'administration du bâtiment.

ART. 172.

Payements
en fin d'exercice
ou
après débarquement.

En fin d'exercice, les sommes qui peuvent être dues aux officiers-mariniers, marins et autres, d'après la liquidation définitive de leurs droits, leur sont payées immédiatement, s'ils sont présents au port où cette liquidation s'opère. En cas d'absence, ces sommes sont déposées à la caisse des gens de mer ;

Savoir :

Pour les hommes de l'inscription maritime, dans la caisse du quartier où ils sont immatriculés ;

Pour les hommes du recrutement, dans la caisse du port qui compte de la dépense du bâtiment.

A l'égard des officiers-mariniers et marins débarqués dans le courant d'un exercice, le payement ou le dépôt des sommes qui leur sont dues, au titre du bâtiment dont ils sont débarqués, doit être effectué au plus tard dans le mois qui suit la réception, par le commissaire aux armements du port comptable, des pièces établissant leur situation financière.

ART. 173.

Avances interdites.

Sauf les cas prévus à l'article 164 ci-dessus, toute avance de solde en numéraire pour les officiers-mariniers et marins est formellement interdite.

ART. 174.

Les surnuméraires embarqués reçoivent, au départ du bâtiment d'un port de France, des avances de solde dans la proportion déterminée pour les officiers.

Les maîtres chargés reçoivent également, dans la même proportion, des avances de traitement de table.

Les dispositions des règlements relatives à la reprise des avances faites aux officiers sont applicables aux avances autorisées par le présent article.

Avances aux surnuméraires.

ART. 175.

Les délégations des officiers-mariniers, marins ou autres, sont payées par trimestre et à terme échu, sous les conditions déterminées à l'article 80 ci-dessus.

Les avances accordées, conformément à l'article 73, sur la solde des prisonniers de guerre, sont également payées par trimestre et à terme échu. Ces payements ne donnent pas lieu à la production préalable d'un certificat constatant l'existence du prisonnier.

Délégations et avances sur la solde de captivité.

ART. 176.

Les officiers-mariniers en disponibilité sont payés mensuellement et à terme échu de la solde acquise par eux dans cette position. Toutefois, le payement est subordonné à la réception des états de mutations et certificats de présence mentionnés aux articles 274 et 275 ci-après.

Solde de disponibilité.

CHAPITRE II.

Du décompte des allocations.

Iʳᵉ SECTION.

OFFICIERS.

ART. 177.

Allocations
décomptées par mois.

La solde des officiers et employés, ainsi que les accessoires de la solde, se décomptent par mois à raison de la douzième partie de la fixation annuelle, et par jour à raison de la trentième partie de la fixation mensuelle.

Les journées à ajouter au mois de février pour compléter le nombre de trente se décomptent sur le pied de la solde fixée pour la position dans laquelle se trouve l'officier ou employé au dernier jour de ce mois.

IIᵉ SECTION.

OFFICIERS-MARINIERS, MARINS ET AUTRES.

ART. 178.

Allocations
décomptées par jour.

La solde des officiers-mariniers, marins et autres se décompte par jour et sur le pied de sa fixation journalière.

Cette disposition est applicable aux hautes payes, suppléments et indemnités payables comme la solde.

CHAPITRE III.

Du mode des payements.

Iʳᵉ SECTION.

DE L'ORDONNANCEMENT.

ART. 179.

Ordonnancement.

Tous les payements pour prestations de solde et d'accessoires de

solde, aux officiers, officiers-mariniers, marins et autres faisant A qui attribué.
partie du personnel des équipages de la flotte, sont ordonnancés par
les officiers du commissariat de la marine autorisés à cet effet.

Dans les ports et dans les colonies, l'ordonnancement est préparé
par les commissaires chargés du détail des armements.

Dans les quartiers de l'inscription maritime, les commissaires de
ces quartiers pourvoient au payement de la solde de route aux détachements de marins levés pour le service, sur les fonds de la caisse
des invalides de la marine, à titre d'avances remboursables par le
trésor.

Dans ces deux cas, l'ordonnancement définitif de la dépense est
opéré par les commissaires généraux, ou commissaires pourvus de la
qualité d'ordonnateurs secondaires.

Les détachements de recrues destinés aux divisions des équipages
de la flotte sont payés, dans l'intérieur de l'Empire, pour le compte
du département de la marine, par les soins des membres de l'intendance militaire, suppléant les officiers du commissariat.

A l'étranger, les fonds nécessaires au payement des équipages des
bâtiments de la flotte sont obtenus au moyen de traites émises sur
le caissier payeur central du Trésor, dans la forme déterminée par
les règlements relatifs au service des traites.

ART. 180.

Les officiers et employés membres des états-majors des divisions États collectifs
pour les officiers.
et des bâtiments de la flotte sont compris, pour le payement des dif-
férentes allocations auxquelles ils ont droit, sur les états collectifs
établis au titre de leurs divisions ou de leurs bâtiments, et conformes
au modèle n° 2.

ART. 181.

La solde et les accessoires de solde des officiers-mariniers, ma- États d'effectif
pour les équipages.
rins et autres, présents dans les divisions ou à bord des bâtiments

17.

armés ou voyageant en détachement, sont payés sur des états d'effectif conformes au modèle n° 3, et établis au titre de leurs divisions ou de leurs bâtiments.

Les états ayant pour objet le payement de la solde en route indiquent les augmentations ou diminutions résultant des mutations survenues depuis le précédent payement effectué par avance.

ART. 182.

Allocations diverses à comprendre sur les états.

La masse générale d'entretien pour les divisions à terre, le fonds de musique pour les bâtiments montés par un officier général, les premières mises aux premiers maîtres promus officiers, sont portés sur les états de payement de la solde des officiers.

Les gratifications aux instructeurs, ainsi que les primes de réadmission, sont portées sur les états ayant pour objet le payement de la solde des officiers-mariniers, marins et autres.

ART. 183.

Gratifications pour le tir.

Les gratifications acquises par les marins pour les exercices de tir sont payées sur état nominatif conforme au modèle n° 4.

ART. 184.

Mandats individuels pour les isolés.

Les officiers, officiers-mariniers et marins isolés sont payés des sommes qui leur sont dues au titre des bâtiments à bord desquels ils ont été embarqués, sur mandats individuels conformes au modèle n° 5.

ART. 185.

Mandats et états concernant les délégataires.

Les délégataires et les personnes au profit desquelles il est exercé des retenues sur la solde des officiers sont payés sur mandats individuels.

Les délégataires des officiers-mariniers, marins ou autres, sont payés sur états collectifs conformes au modèle n° 6.

Les dispositions du présent article sont applicables aux avances à payer sur la solde des prisonniers de guerre.

ART. 186.

Le payement collectif des sommes restant dues pour solde et accessoires, en fin d'exercice ou de campagne, aux officiers, officiers-mariniers, marins ou autres embarqués, est effectué sur états nominatifs portant décompte, conformes au modèle n° 7.

Etats de parfait payement.

II° SECTION.

DES LIVRETS DE PAYEMENT.

———

§ 1er. — De l'usage des livrets.

ART. 187.

Les divisions à terre, les bâtiments armés considérés comme corps, ainsi que les détachements autorisés à percevoir leur solde, doivent être pourvus de livrets de payement.

Livrets de payement des divisions et des bâtiments

Ces livrets sont collectifs et conformes au modèle n° 8. Ils sont destinés à recevoir la certification par le payeur, ou par la personne qui aura effectué le payement, de toutes les sommes payées à la division, au bâtiment ou au détachement, pour solde, masse, indemnités et autres prestations en deniers.

Les à-compte perçus à l'étranger par les bâtiments naviguant isolément sont certifiés sur le livret par l'officier commandant.

ART. 188.

Les délégataires des officiers et des marins, ainsi que les personnes autorisées à recevoir des avances sur la solde des prisonniers de

Livrets des délégataires.

guerre, reçoivent des livrets conformes au modèle n° 9, pour servir à l'inscription des sommes qu'ils touchent des payeurs ou des trésoriers des invalides.

Ces livrets font mention des noms et résidences des délégataires, et des noms, grades, emplois et positions des délégants.

ART. 189.

Fourniture
et délivrance
des
livrets.

Les livrets de payement sont fournis gratuitement par l'administration de la marine. Ils sont délivrés, par les soins des officiers du commissariat, aux conseils d'administration, capitaines comptables, chefs de détachements, ainsi qu'aux délégataires.

ART. 190.

Indications
à porter
sur les livrets.

Les livrets de payement des divisions, bâtiments ou détachements, portent la désignation du corps, le nom du commandant, ainsi que les noms et grades des officiers comptables autorisés à percevoir les fonds.

ART. 191.

Conditions
pour la validité
des livrets.

L'officier du commissariat qui délivre un livret, après en avoir coté et parafé tous les feuillets, y appose sa signature et son cachet. Le livret est ensuite signé par la partie prenante, et, s'il s'agit d'un corps, par les membres du conseil d'administration, ou, à défaut de conseil, par l'officier commandant ou le capitaine comptable.

ART. 192.

Unité du livret
des divisions
et
bâtiments.

Il n'y a qu'un seul livret de payement par division et par bâtiment.
Toutefois, lorsqu'un détachement quitte sa division ou son bâtiment, il lui est délivré, avant son départ, un livret sur lequel le conseil d'administration constate qu'il est autorisé à percevoir directement sa solde. Ce livret est signé en tête par le chef du détachement,

coté et parafé par l'officier du commissariat ayant la surveillance administrative du corps, ou par l'officier commandant, lorsqu'il s'agit d'un bâtiment naviguant isolément.

§ II. Du renouvellement des livrets.

ART. 193.

Les livrets des divisions et des bâtiments ne sont renouvelés que lorsqu'ils sont entièrement remplis.

Les anciens livrets des divisions sont conservés dans les archives du corps. Ceux des bâtiments sont conservés à bord pour être déposés au détail des armements, avec toutes les autres pièces de la comptabilité, aux époques d'apurement des comptes.

Époque du renouvellement des livrets.

§ III. Du cas de perte d'un livret.

ART. 194.

En cas de perte d'un livret d'une division, d'un bâtiment ou d'un détachement, il en est délivré un duplicata, sur la déclaration du conseil d'administration, ou, à défaut de conseil, du commandant attestant la réalité de la perte. Cette déclaration est inscrite en tête du duplicata.

Le nouveau livret doit, autant que possible, porter l'indication sommaire des payements qui avaient été inscrits sur le livret perdu.

Perte du livret d'une division ou d'un bâtiment.

IIIᵉ SECTION.

DE LA FORMATION DES ÉTATS DE PAYEMENTS.

ART. 195.

Il n'est fait, pour le payement de la solde courante et des autres prestations par division, par bâtiment et par détachement autorisé

États de payement par division et par bâtiment.

à percevoir la solde séparément, qu'un seul état pour tous les officiers et qu'un seul état pour tous les officiers-mariniers, marins et autres.

Ces états ne comprennent que les officiers et marins présents au moment de leur formation : ils sont certifiés par tous les membres du conseil d'administration, et, à défaut de conseil, par le capitaine ou le chef du détachement; vérifiés et arrêtés par l'officier du commissariat de la marine ou de l'intendance militaire chargé de pourvoir au payement.

Toutefois, en ce qui concerne les divisions, les états comprennent la solde ou la portion de solde acquise par les officiers mariniers en disponibilité, ainsi que par les officiers et marins qui ont quitté la division pendant le mois pour lequel les états sont établis.

ART. 196.

Indications générales à porter sur les états.

Les états de payements de solde et accessoires portent toujours l'indication du lieu où ils doivent être acquittés et de l'exercice auquel ils se rapportent.

Ils mentionnent la division ou le bâtiment dont le rôle doit recevoir l'imputation du payement. Cette mention doit toujours être portée avec soin, particulièrement en ce qui concerne les détachements autorisés à percevoir leur solde séparément.

ART. 197.

Cas dans lesquels les états sont faits en double expédition.

Lorsque le payement de la solde et des accessoires de solde est opéré hors de la résidence du commissaire aux armements chargé de la centralisation de la dépense, les états établis par les bâtiments ou les détachements sont remis en double expédition.

En France et dans les colonies, la quittance est donnée sur le mandat collectif délivré par l'ordonnateur et auquel est annexée la première expédition de l'état de payement.

A l'étranger, la quittance est donnée sur les deux expéditions de l'état même.

ART. 198.

Les dispositions des articles 195, 196 et 197 ci-dessus, concernent également le payement de la solde en route aux détachements de recrues, et aux détachements de marins de l'inscription maritime levés pour le service et dirigés sur une division.

Ces détachements sont payés du jour de leur départ, savoir :

Les premiers, sur les fonds du département de la guerre, par les soins des fonctionnaires de l'intendance militaire;

Les seconds, sur les fonds de la caisse des invalides, par les soins des commissaires de l'inscription maritime.

Dans l'un et l'autre cas, ces payements sont opérés à titre d'avances remboursables sur les fonds du département de la marine.

État
pour les
détachements
de recrues
et
de marins levés.

ART. 199.

Les mandats individuels au profit des officiers et marins isolés et des délégataires des officiers sont établis et certifiés par les commissaires aux armements.

Mandats
concernant les isolés
et les délégataires
des officiers.

ART. 200.

Les états collectifs pour le payement aux délégataires des délégations consenties par les officiers-mariniers, marins et autres, sont établis et certifiés, savoir :

Par les conseils d'administration des divisions, pour les officiers mariniers et marins présents dans les divisions. Cet état est en double expédition; le commissaire aux armements renvoie à la division une de ces expéditions, annotée du payement fait.

Par les commissaires aux armements, pour les officiers mariniers, marins et autres, présents à bord d'un bâtiment de l'État, ou en captivité à l'ennemi.

Établissement
des états collectifs
pour les délégataires
des marins.

ART. 201.

États
de parfait payement.
Par qui établis.

Sont également établis par les commissaires aux armements, les états nominatifs décomptés ayant pour objet le parfait payement des sommes restant dues, au titre d'un bâtiment, aux officiers et marins, pour solde et accessoires, en fin d'exercice ou de campagne, ou après débarquement.

ART. 202.

États concernant
la solde de captivité.

Les dispositions des articles 199 et 201 sont applicables aux payements à faire pour solde de captivité, dans les cas prévus par l'article 71 ci-dessus.

ART. 203.

Corps provisoires.

Lorsque des détachements de marins appartenant à divers bâtiments sont momentanément réunis en corps provisoires, leurs états de payement sont établis par les chefs de ces détachements, au titre des bâtiments auxquels ils appartiennent.

IVᵉ SECTION.

PAYEMENT DE LA MASSE GÉNÉRALE D'ENTRETIEN ET DU FONDS DE MUSIQUE.

ART. 204.

Décompte
et payement
de
la masse d'entretien.

La masse générale d'entretien dans les divisions est payée par mois et à terme échu. Elle est décomptée à raison de la douzième partie de sa fixation annuelle, et comprise par un article particulier sur l'état de payement de la solde des officiers.

ART. 205.

Décompte
et payement
du
fonds de musique.

Le fonds de musique alloué aux bâtiments montés par un officier général est décompté comme la masse générale d'entretien des divisions.

Il est payé en même temps que la solde des officiers, dans les mêmes conditions et sur les mêmes états.

Il donne lieu, à l'égard des bâtiments qui partent de France, à la concession d'avances dans la proportion déterminée pour cette solde.

Les sommes qui peuvent être dues sur ce fonds, en fin d'exercice ou de campagne, sont portées sur l'état général concernant le parfait payement de la solde du bâtiment, au nom du chef d'état-major de l'escadre ou de la division.

Ve SECTION.

DISPOSITIONS RELATIVES A L'ÉTABLISSEMENT DES MANDATS DE PAYEMENTS.

ART. 206.

Les mandats de payement pour les prestations en deniers acquises au titre d'une division sont établis par le commissaire aux armements chargé de la tenue du rôle de cette division.

Délivrance des mandats pour les payements aux divisions.

Toutefois, lorsque le payement a pour objet la solde d'un détachement comptant à une division et autorisé à percevoir directement sa solde, le mandat est établi par l'officier du commissariat de la marine, et, au besoin, par le sous-intendant militaire de la localité où se trouve le détachement, sur la présentation du livre de route du détachement.

ART. 207.

En France, en Algérie et dans les colonies françaises, les mandats pour le payement d'à-compte sur les prestations de solde acquises au titre d'un bâtiment sont établis par le commissaire aux armements du port dans lequel le payement doit être effectué.

Délivrance des mandats pour les bâtiments en France et dans les colonies.

ART. 208.

En pays étrangers, les à-compte pour solde et accessoires dus au titre d'un bâtiment sont payés par les soins des commissaires d'es-

Payements à faire à l'étranger.

cadre ou de division, pour les bâtiments faisant partie d'une force navale. Ils sont payés par les soins des autorités mêmes du bord, lorsqu'il s'agit d'un bâtiment éloigné de la force navale à laquelle il appartient ou naviguant isolément.

ART. 209.

Présentation
des
rôles d'équipage,
livrets de payement
et situations
financières.

Dans les cas prévus par les articles 207 et 208 ci-dessus, les commissaires aux armements et les commissaires d'escadre ou de division ont la faculté de se faire représenter le rôle d'équipage et le livret de payement, toutes les fois qu'ils le jugent nécessaire pour la vérification des états de payement établis au titre d'un bâtiment.

Les commissaires aux armements procèdent sous les conditions déterminées aux articles 162, 169 et 170, au payement des sommes dues aux officiers et marins isolés, sur présentation d'un extrait décompté du rôle d'équipage du bâtiment à bord duquel ces sommes ont été acquises. Dans les ports de France, les extraits décomptés sont conservés par les commissaires aux armements qui ont procédé au payement, et transmis par eux au port comptable après avoir été annotés du payement fait. Hors de France, en ce qui concerne les officiers, ils sont rendus aux titulaires après accomplissement de cette dernière prescription.

En cas de non-délivrance desdits extraits, les payements peuvent être effectués, sous la responsabilité des conseils d'administration, d'après les indications portées sur les livrets personnels.

ART. 210.

Payements interdits
hors
du port comptable
après l'envoi
des
feuilles de journées.

Hors du port qui compte de la dépense d'un bâtiment, il ne peut plus être fait, au titre de ce bâtiment, aucun payement pour solde et accessoires, postérieurement à l'époque assignée par l'article 345 ci-après pour l'envoi des feuilles de journées au port comptable, en fin d'exercice ou après désarmement.

Toutefois, si un bâtiment récemment arrivé de la mer dans un port autre que celui auquel il appartient n'avait pas encore effectué l'envoi de sa feuille de journées, le commissaire aux armements pourrait opérer, sur l'exercice expiré, les payements autorisés par le présent décret.

ART. 211.

Les mandats de payement au profit des délégataires, ainsi que les mandats ayant pour objet, en fin d'exercice ou après désarmement, le parfait payement des sommes acquises pour solde et accessoires au titre d'un bâtiment, sont établis, sauf l'exception prévue à l'article 162 à l'égard des officiers débarqués, par le commisssaire aux armements chargé, en France, de la tenue du double du rôle d'équipage de ce bâtiment.

Délivrance
des mandats
pour les payements
aux délégataires,
ainsi que
pour les parfaits
payements.

ART. 212.

Les sommes à payer aux officiers, officiers-mariniers, marins et autres, présents à bord d'un bâtiment ou dans une division, sont ordonnancées au nom du conseil d'administration ou du capitaine comptable, sous l'administration duquel l'officier ou le marin se trouve placé au moment du payement, soit qu'il s'agisse de prestations acquises au titre même de la division ou du bâtiment, soit qu'il s'agisse de prestations acquises à bord d'un autre bâtiment ou dans une autre division.

Les payements
à faire
aux officiers
et marins présents
sont ordonnancés
au nom du conseil
d'administration.

ART. 213.

Les mandats de payement ordonnancés au titre d'une division, d'un bâtiment ou d'un détachement percevant sa solde directement, soit payables, sur l'acquit du conseil d'administration, du capitaine comptable ou du chef de détachement, entre les mains du trésorier du corps ou entre celles de tout autre officier ou officier-marinier dûment autorisé à en percevoir le montant.

Mandats collectifs.
Par qui quittancés.

Les mandats payables à un conseil d'administration sont quittancés par tous les membres de ce conseil.

Les mandats collectifs concernant le payement des délégations souscrites par les officiers-mariniers et marins sont quittancés au port chef-lieu par les membres de la commission administrative chargée d'assister, au Trésor, à la remise des sommes aux délégataires.

ART. 214.

Mandats individuels quittancés par les titulaires.

Les mandats de payement concernant les officiers et marins, ainsi que les délégataires isolés, sont quittancés par les titulaires de ces mandats.

ART. 215.

Les trésoriers des invalides donnent quittance pour les absents.

Les trésoriers des invalides de la marine donnent quittance de toutes les sommes ordonnancées pour être versées dans la caisse des gens de mer au profit des ayants droit absents.

ART. 216.

Forme des quittances.

Les quittances apposées sur les mandats ou états de payement doivent toujours être remplies en toutes lettres et souscrites à la date réelle des payements.

SECTION VI.

DES RAPPELS.

ART. 217.

Rappels sur l'exercice courant.

Les rappels de solde et accessoires de solde portant sur un exercice en cours de liquidation sont ordonnancés en même temps que la solde courante, et compris sur les mêmes états et mandats de payement, conformément aux prescriptions contenues dans les sections I, III et V du présent chapitre.

Les rappels pour haute paye d'ancienneté sont effectués dans la même forme, au moment de la constatation du droit, sans égard à la spécialité d'exercice et au titre de la division ou du bâtiment qui administre le marin.

ART. 218.

Les rappels de solde et accessoires payables comme la solde, portant sur un exercice clos, sont également ordonnancés sur les fonds de l'exercice courant, sauf application ultérieure de ces dépenses, dans les comptes généraux, aux exercices qu'elles concernent.

Le payement de ces créances est effectué en vertu d'ordonnances directes de notre ministre de la marine et des colonies.

Cette disposition concerne également les rappels de solde de captivité sur exercices clos, à faire aux officiers, officiers-mariniers et marins rentrant des prisons de l'ennemi.

Rappels
portant
sur un exercice clos.

ART. 219.

L'ordonnancement des rappels portant sur *exercice clos* est opéré au moyen d'états nominatifs décomptés conformes au modèle n° 7. Ces états, établis séparément par exercice, par bâtiment ou par division, sont certifiés et arrêtés, en ce qui concerne les divisions, par le conseil d'administration, et en ce qui concerne les bâtiments, par le commissaire aux armements chargé de la tenue du rôle d'équipage qui doit recevoir l'imputation de la dépense. Ils sont transmis au ministre, avec un bordereau récapitulatif conforme au modèle n° 10.

États
pour
l'ordonnancement
des rappels
sur exercices clos.

ART. 220.

Les ordonnances ayant pour objet le payement de rappels portant sur *des exercices clos* sont rendues payables entre les mains des trésoriers des invalides de la marine, pour le montant en être déposé à la caisse des gens de mer, au profit des ayants droit.

Les ordonnances
pour rappels
sont payables
aux caissiers
des gens de mer.

SECTION VII.

DES AVIS À DONNER POUR LES PAYEMENTS FAITS HORS DU PORT COMPTABLE.

ART. 221.

Bordereaux et relevés des payements faits. Dans les dix premiers jours de chaque mois, les commissaires aux armements en France et en Algérie réunissent, par port, sous des bordereaux récapitulatifs conformes au modèle n° 11, les doubles des états de payement qu'ils ont mandatés, pendant le mois écoulé, pour le compte d'une autre localité.

Ils dressent également par port, à la même époque et d'après le modèle n° 12, un relevé nominatif des payements qu'ils ont faits aux officiers et marins isolés, au titre des divisions ou des bâtiments comptant dans un autre port.

Les payements sont inscrits, sur les bordereaux et relevés, par division et par bâtiment; ils sont, en outre, rangés suivant leurs dates et la série de leurs numéros.

ART. 222.

Destination à donner en France aux bordereaux et relevés. Les bordereaux et relevés mentionnés en l'article précédent sont transmis, avec les états qui s'y rattachent, aux commissaires aux armements chargés de la tenue des rôles d'équipage sur lesquels les payements doivent être imputés.

ART. 223.

États des payements faits à l'extérieur. A l'égard des payements faits à l'extérieur, les deux expéditions des états sont adressées au ministre, *par voies différentes,* comme pièces justificatives des traites émises.

Après réception des primata de ces pièces, les duplicata sont transmis au commissaire aux armements du port qui compte de la dépense des bâtiments

En cas de perte d'une des expéditions, l'expédition parvenue est simplement communiquée au port, pour qu'il en soit pris enregistrement sur le rôle d'équipage.

TITRE V.

DES PRÉCOMPTES ET DES RETENUES SUR LA SOLDE DES OFFICIERS-MARINIERS ET MARINS.

CHAPITRE Ier.

Des retenues au profit de l'État.

SECTION Ire.

DU REMBOURSEMENT DES AVANCES EN EFFETS D'HABILLEMENT, TABAC ET SAVON, ETC.

ART. 224.

Les effets d'habillement et autres entrant dans la composition réglementaire du sac des officiers-mariniers, marins et mousses en activité de service, sont délivrés des magasins de l'État. Cette délivrance est effectuée conformément aux prescriptions contenues dans la seconde partie du présent décret.

Les officiers-mariniers, marins et autres peuvent également recevoir des magasins de l'État, lorsqu'ils sont embarqués, le tabac et le savon nécessaires à leurs besoins.

Avances en nature faites des magasins de l'État.

ART. 225.

La valeur des avances en nature faites aux marins et mousses, en vertu de l'article précédent, est précomptée sur leur solde. Le remboursement en est assuré au moyen d'une retenue journalière fixée

Mode de recouvrement des avances en nature.

par le tarif n° 19 pour les marins et les mousses à terre et embarqués.

La retenue est opérée sur la solde des marins et des mousses dans toutes les positions de présence et d'absence. Lorsque la solde d'absence, déduction faite de la délégation, s'il y a lieu, est inférieure à la quotité déterminée par le tarif, la totalité de cette solde est retenue.

ART. 226.

Remboursement des délivrances faites par anticipation.

Le remplacement anticipé des effets d'habillement, lorsqu'il est le résultat de la négligence ou de l'inconduite du marin, entraîne la retenue des deux tiers de la portion de solde à lui payer, après déduction de la retenue réglementaire pour habillement et de la délégation, s'il y a lieu; et ce, jusqu'à l'acquittement des sommes dues, sans préjudice des peines encourues aux termes de l'article 6 de la loi du 15 juillet 1829.

Cette retenue est prononcée par le conseil d'administration, d'office ou sur la proposition du commandant de la compagnie.

ART. 227.

État récapitulatif des délivrances faites pendant le trimestre.

Le compte individuel des hommes est débité de la valeur des fournitures qui leur sont faites.

Tous les trois mois, les conseils d'administration des divisions et des bâtiments, ainsi que les capitaines comptables, font parvenir au commissaire aux armements chargé de la tenue du rôle d'équipage de la division ou du bâtiment, des états nominatifs (modèle n° 13) portant récapitulation des délivrances faites pendant le trimestre. En cours de campagne, ces états sont transmis par *primata* et *duplicata* et *par voies différentes.*

ART. 228.

Arrêtés des comptes individuels.

Le compte individuel de chaque homme est arrêté à la fin de l'année, ou à l'époque à laquelle il est rayé du rôle d'un bâtiment ou d'une division, pour quelque motif que ce soit.

Le montant des avances dont le marin est encore débiteur, au moment de cet arrêté, est immédiatement précompté sur les sommes qui lui sont dues, au titre du bâtiment ou de la division qu'il quitte.

En cas de débet, il en est fait apostille au nouveau compte qui lui est ouvert, s'il est maintenu au service. S'il est congédié, reprise de la dette est effectuée, sauf les exceptions mentionnées aux articles 235, 236 et 237 ci-après, conformément aux dispositions du titre VIII, concernant la dette flottante des marins.

ART. 229.

Les débets des marins maintenus au service donnent lieu, après arrêté de leur compte dans les cas prévus à l'article précédent, à l'établissement d'avis de dette conformes au modèle n° 14.

Ces avis sont collectifs ou individuels et reçoivent les destinations ci-après indiquées :

1° Marins passant d'une division à une autre division.

L'avis de dette en triple expédition est adressé au conseil d'administration de la division qui reçoit le marin. Ce conseil en remet une expédition au commissaire aux armements chargé de la surveillance administrative de la division, et renvoie la troisième expédition au conseil d'administration qui la lui avait adressée, après qu'elle a été apostillée du certificat de prise en charge et du visa du commissaire aux armements.

2° Marins passant d'une division à bord d'un bâtiment.

L'avis de dette est dressé en triple expédition. Deux expéditions sont d'abord adressées au conseil d'administration du bâtiment, qui en conserve une et renvoie l'autre apostillée de son récépissé. Le récépissé et la troisième expédition sont alors transmis au commissaire aux armements du port qui compte de la dépense du bâtiment. Ce fonctionnaire renvoie à la division la troisième expédition de l'avis de dette, revêtue d'un certificat de prise en charge.

19.

3° Marins débarqués d'un bâtiment présent au port qui compte de sa dépense
et renvoyés à la division du même port.

L'avis de dette en double expédition est dressé par le commissaire
aux armements et transmis au conseil d'administration de la division,
qui en renvoie une expédition revêtue de son récépissé.

4° Marins débarqués dans un port autre que celui qui compte de la dépense
du bâtiment et renvoyés à la division du même port.

L'avis de dette en triple expédition est dressé par le commissaire
aux armements du port qui compte de la dépense du bâtiment. Les
trois expéditions sont transmises au conseil d'administration de la
division qui a reçu le marin. Ce conseil en remet une au commissaire
aux armements du même port, et renvoie au point de départ la troisième expédition, revêtue de son certificat de prise en charge et du
visa de ce fonctionnaire.

5° Marins passant d'un bâtiment sur un autre bâtiment comptant tous deux
au même port.

L'avis de dette en simple expédition est adressé par le commissaire aux armements au conseil d'administration du bâtiment sur lequel les marins embarquent.

6° Marins passant d'un bâtiment qui compte de sa dépense dans le port
où il se trouve, à bord d'un bâtiment d'un autre port.

L'avis de dette en triple expédition est établi par le commissaire aux armements. Deux expéditions sont d'abord adressées au
conseil d'administration du bâtiment, qui en conserve une et renvoie
l'autre revêtue de son récépissé.

Ce récépissé et la troisième expédition sont alors transmis au
commissaire aux armements du port qui compte de la dépense du
bâtiment. Ce fonctionnaire renvoie à son collègue la troisième expédition, après qu'il l'a revêtue de son certificat de prise en charge.

7° Marins passant hors du port qui compte de la dépense du bâtiment
d'où ils débarquent sur un bâtiment appartenant à un autre port.

L'avis de dette en triple expédition est adressé à son collègue par
le commissaire aux armements du port qui compte de la dépense du
bâtiment d'où proviennent les marins. Le commissaire aux armements chargé de la surveillance administrative du bâtiment sur
lequel embarquent ces marins renvoie la deuxième expédition revêtue de son certificat de prise en charge, et fait parvenir la troisième
expédition au conseil d'administration de ce dernier bâtiment.

ART. 230.

Les avis mentionnés en l'article précédent sont établis au moment
du départ des marins. Tout retard apporté dans l'établissement, la
transmission et le renvoi de ces avis, engage directement la responsabilité du conseil d'administration, du capitaine comptable ou du
commissaire par le fait duquel il s'est produit.

Les avis de dette
sont
transmis sans retard.

ART. 231.

En fin d'exercice, ou lorsque les marins changent de position
sans quitter la division ou le bâtiment auquel ils appartiennent, il
n'est dressé aucune pièce; mais le débet est repris, sur le nouveau
compte ouvert à ces marins, par les soins du conseil d'administration
et du commissaire aux armements qui tiennent les rôles sur lesquels
ils sont inscrits.

Débets des marins
qui ne quittent pas
la division
ou le bâtiment.

ART. 232.

Les marins congédiés du service, pour quelque cause que ce soit,
emportent la totalité de leurs effets, s'ils en ont acquitté la valeur.

S'ils sont redevables envers l'État, ils remettent à la division du
port dans lequel ils sont congédiés, pour la valeur entrer en déduction
du débet et jusqu'à concurrence de ce débet, les effets qui ne leur

Effets
remis par les marins
en débet
au moment
de
leur congédiement.

sont pas indispensables, en commençant par les effets de drap qui leur ont été délivrés le plus récemment ou qui peuvent être considérés comme neufs.

Cette disposition est applicable aux marins en débet directement congédiés d'un bâtiment.

Pour l'exécution de cette dernière prescription, le conseil d'administration du bâtiment informe le conseil d'administration de la division du port où il se trouve, de la dette de chacun des marins à congédier, et s'entend avec lui, afin que le retrait des effets puisse être opéré par les soins de la division avant le jour fixé pour le congédiement.

ART. 233.

Constatation des effets remis.

Le nombre, la nature et la valeur des effets remis en magasin, en conformité des dispositions contenues dans l'article précédent, sont constatés dans la forme prescrite au titre IX de la deuxième partie du présent décret.

Lorsqu'il s'agit de marins congédiés directement d'un bâtiment de l'État, une expédition du procès-verbal constatant la valeur des effets remis est immédiatement adressée par la division au commissaire aux armements du port. Celui-ci la fait parvenir, s'il y a lieu, à celui de ses collègues qui est chargé de la tenue du rôle du bâtiment dont le marin a été débarqué.

ART. 234.

Débets dont le montant est versé au Trésor.

Les officiers-mariniers et marins ont toujours la faculté de se libérer directement, par voie de versement, dans les caisses du Trésor, du montant de leur dette. Ce remboursement est opéré pour le compte et au titre du service de l'habillement.

ART. 235.

Dégrèvement pour les marins congédiés par anticipation.

Tout marin de l'inscription maritime congédié par mesure générale, avant d'avoir accompli deux années de service, est dégrevé de la moitié de la somme dont il reste débiteur après la remise des effets qu'il doit laisser à la division et la retenue de son décompte final de solde.

ART. 236.

Le surplus du débet de tout marin mort au service de l'État, déduction faite du produit de sa solde non liquidée et des valeurs provenant de la vente de son sac, reste à la charge de l'État.

Dégrèvement
pour
les marins morts
au service.

ART. 237.

Lorsqu'un marin débiteur est réformé par suite de blessures ou pour cause d'infirmités contractées au service, qui le rendent impropre à la navigation, il emporte tous les effets dont il est pourvu, et il lui est fait remise du surplus de sa dette après prélèvement, sur sa solde non liquidée, de la retenue réglementaire mentionnée à l'article 225.

Dégrèvement
pour
les marins réformés.

ART. 238.

Les effets entrant dans la composition réglementaire du sac de tout marin en débet, déserteur, condamné au boulet, aux travaux publics ou à la prison pour plus de six mois, sont réintégrés en magasin ainsi qu'il est dit en l'article 232 ci-dessus. Les effets non susceptibles d'être réintégrés sont vendus dans le délai déterminé à la deuxième partie du présent décret.

La valeur des effets réintégrés et vendus, et le décompte final de l'homme, sont portés en déduction de la dette, dont le surplus, s'il y a lieu, est poursuivi conformément aux dispositions du titre VIII, concernant la dette flottante des marins.

Effets
des
marins déserteurs
ou condamnés.

ART. 239.

Les dispositions de l'article précédent sont applicables aux marins en débet passant à un autre corps ou à la compagnie de discipline, sous la réserve qu'ils conservent, pour rejoindre leur nouveau corps, les effets déterminés par le règlement concernant l'habillement.

Marins en débet
passant
à un autre corps.

ART. 240.

Destination
à donner
aux procès-verbaux.

Dans les cas de réintégrations et de ventes d'effets, les procès-verbaux constatant ces opérations sont transmis dans le plus bref délai au commissaire aux armements chargé de la tenue du rôle, afin qu'il soit fait apostille du résultat sur le compte des vendeurs et sur celui des acheteurs.

ART. 241.

Perte d'effets
dans
les circonstances
de
force majeure.

Les officiers-mariniers, marins et mousses qui ont perdu des effets d'habillement réglementaires, dans des naufrages ou échouements et dans d'autres circonstances de force majeure dérivant d'un service obligatoire, peuvent être remboursés de la valeur de ces effets.

Le remboursement est prononcé, s'il y a lieu, par le ministre de la marine, sur le vu d'un procès-verbal dressé, d'après le rapport du capitaine de la compagnie, par le conseil d'administration, et constatant le nombre et la valeur des effets perdus, ainsi que les causes qui en ont déterminé la perte.

La valeur des effets est fixée d'après le tarif réglementaire et à raison de la durée que ces effets pouvaient encore avoir à faire.

Le procès-verbal de perte est adressé au commissaire aux armements, et soumis, avec les observations de ce fonctionnaire, à la décision du ministre de la marine et des colonies.

En cas de débet, le remboursement est effectué par voie de dégrèvement de la dette, jusqu'à concurrence du montant de la perte constatée. Dans le cas contraire, il est opéré par voie d'allocation directe, imputable sur les crédits affectés au service de l'habillement.

SECTION II.

DES AUTRES RETENUES AU PROFIT DE L'ÉTAT.

ART. 242.

Les dettes antérieures à la dernière admission au service, les dé-
gâts commis dans les casernes, la perte ou la dégradation des armes
et effets appartenant à l'État, lorsqu'ils proviennent de la faute des
marins, les frais de capture et d'arrestation déterminés par le tarif,
sont également précomptés sur la solde des officiers-mariniers et
marins.

Leur remboursement est assuré au moyen de la retenue prévue
par l'article 226 ci-dessus.

Dettes antérieures
à l'admission,
etc.

ART. 243.

Il est expressément défendu d'exercer ou d'autoriser aucune retenue sur la solde des officiers-mariniers ou marins, si ce n'est dans
les cas formellement déterminés par les ordonnances, décrets et règlements, sous peine de remboursement des sommes retenues illé-
galement, et de punition plus forte, s'il y a lieu.

Défense d'opérer
des retenues illicites.

SECTION III.

DES RETENUES AU PROFIT DE LA CAISSE DES INVALIDES DE LA MARINE.

ART. 244.

Les officiers, officiers-mariniers, marins et autres supportent, sur
le montant des allocations diverses qui leur sont attribuées par les
tarifs annexés au présent décret, une retenue de trois pour cent au
profit de la caisse des invalides de la marine.

Cette retenue s'opère, tant sur la portion desdites allocations qui

Allocations
passibles
de la retenue
pour les invalides.

peut être payée à des tiers, pour le compte de l'officier ou du marin, que sur la portion qui lui est directement payée à lui-même.

ART. 245.

États de payement
établi
pour la somme brute.

Les états et autres documents ayant pour objet le payement ou la régularisation des allocations de toute nature revenant aux officiers, officiers-mariniers, marins et autres, sont toujours établis et arrêtés à la somme brute.

ART. 246.

Mention
de la retenue
sur
les mandats.

La retenue de 3 p. o/o à exercer au profit de la caisse des invalides de la marine, en vertu de l'article 244 ci-dessus, est établie par les officiers du commissariat dans le corps des mandats expédiés par leurs soins. Ces mandats sont quittancés à la somme brute par les parties prenantes.

ART. 247.

Réductions
temporaires
attribuées à la caisse
des invalides.

Les retenues exercées pour réductions temporaires prononcées sur la solde des officiers-mariniers et marins, dans les cas prévus par les lois pénales maritimes (décrets des 24, 26 et 28 mars 1852), sont attribuées à la caisse des invalides de la marine.

Ces réductions sont proportionnelles à la solde réglementaire de l'homme dans les différentes positions de présence ou d'absence.

ART. 248.

Mode de payement
à la caisse
des invalides
des retenues faites
pour réductions
temporaires.

Les officiers-mariniers et marins, sur la solde desquels les retenues mentionnées en l'article précédent ont été prononcées, sont maintenus sur les rôles, dans leur classe et dans leur grade, et leurs décomptes sont établis d'après les allocations attribuées par les tarifs à ces mêmes grades ou classes.

Aux époques de régularisation, en fin d'exercice ou de campagne ou après débarquement, la portion de solde frappée de retenue est mandatée au profit de la caisse des invalides de la marine, et portée, à titre de payement fait, au compte individuel de l'homme.

En cas de débet envers l'État au moment de l'établissement du décompte, le montant en est précompté sur la part revenant à l'homme, et, s'il y a insuffisance, sur celle qui est attribuée à la caisse des invalides de la marine. Mais, dans ce dernier cas, la portion de solde attribuée à cette caisse, et qui n'a pu être mandatée à son profit, est reportée au débit de l'homme au compte de l'exercice suivant, pour être prélevée sur les sommes acquises dans cet exercice.

ART. 249.

Sont également attribuées à la caisse des invalides de la marine, les sommes qui, après précompte des avances faites, pourraient être dues aux officiers-mariniers et marins déserteurs, pour solde et accessoires de solde, au titre du bâtiment ou de la division dont ils ont déserté. Cette disposition n'est pas applicable aux prévenus de désertion absous par jugement ou à l'égard desquels l'autorité n'a pas ordonné de poursuites. Il est fait seulement application à ceux-ci des dispositions des articles 131 et 132 ci-dessus.

Solde des déserteurs versée à la caisse des invalides.

CHAPITRE II.

Des retenues au profit de tiers.

ART. 250.

La solde et les accessoires de solde des officiers-mariniers, marins ou autres, faisant partie du personnel des équipages de la flotte, en activité ou en disponibilité, sont incessibles et insaisissables, excepté dans le cas de débet envers l'État, ou pour aliments dans les circonstances prévues par les articles 203, 205 et 214 du Code civil.

La solde des marins est insaisissable.

En conséquence, aucune opposition ou saisie-arrêt sur les sommes

dues par l'État auxdits officiers-mariniers, marins et autres, à raison
de dettes et obligations faites ou consenties par eux, ne peut être
admise par les trésoriers, payeurs, agents ou préposés du Trésor public ou de l'établissement des invalides.

ART. 251.

Retenues
pour aliments.

Les retenues pour aliments sont prononcées dans la forme prescrite par la 3ᵉ section du chapitre II, titre II du présent décret, concernant les délégations.

ART. 252.

Avances
faites aux marins
de l'inscription
avec le concours
du commissaire
de leur quartier.

Par exception au principe contenu dans le 1ᵉʳ paragraphe de l'article 250 ci-dessus, les dettes contractées par les marins de l'inscription maritime, avec le consentement du commissaire de leur quartier,
pour loyer, habillement ou nourriture desdits marins et de leurs
familles, peuvent être acquittées en vertu d'une décision spéciale
de ce commissaire, mais seulement sur les décomptes déposés dans
une des caisses de l'établissement des invalides.

DU RÈGLEMENT DES DÉPENSES.

TITRE VI.

DES RÔLES D'ÉQUIPAGE.

CHAPITRE Iᵉʳ.

Des rôles d'équipage à tenir dans les divisions à terre.

ART. 253.

Rôle d'équipage
dans les divisions.
Sa tenue.

Le rôle d'équipage des officiers, officiers-mariniers et marins,
dans les divisions à terre, est conforme au modèle n° 15. Il est tenu

par le trésorier, sous la surveillance du major et la direction du conseil d'administration.

Ce rôle est divisé en plusieurs volumes, dont un pour l'état-major et le petit état-major, un pour chaque compagnie de dépôt et un pour les officiers-mariniers en disponibilité.

ART. 254.

Le rôle d'équipage comprend, avec le contrôle nominatif des officiers et marins, le compte courant individuel de leur solde, des fournitures, avances et reprises imputables sur la solde.

Comptes individuels suivis sur le rôle.

ART. 255.

Lors de l'établissement ou du renouvellement des rôles, les officiers-mariniers et marins y sont enregistrés par rang de grade et de paye. Chacun d'eux y occupe une case et y est désigné par ses nom, prénoms, surnoms. La date, le lieu de naissance, la filiation, et, suivant le cas, le quartier d'inscription de chaque homme ou la division dans laquelle il est immatriculé, sont indiqués sur le rôle, qui contient, enfin, tous les renseignements propres à constater l'individualité du marin, sa position au service, ainsi que sa profession.

Il est laissé en blanc, à la suite de chaque classe, un nombre de cases suffisant pour l'inscription des hommes supposés devoir être admis pendant le courant de l'année.

Forme des rôles.

ART. 256.

Les rôles d'équipage sont destinés à constater les services faits et les droits acquis pendant l'année pour laquelle ils ont été établis. Ils sont renouvelés au commencement de chaque année.

Lors du renouvellement annuel, la position au 31 décembre, pour chaque individu comptant à la division, est rappelée sur le nouveau rôle.

Renouvellement annuel des rôles.

Les marins qui surviennent après le renouvellement annuel des rôles sont inscrits à la suite des hommes de leurs classes respectives.

ART. 257.

Double des rôles remis aux commissaires aux armements.

Les conseils d'administration des divisions font remettre aux commissaires aux armements une expédition des nouveaux rôles.

Cette remise doit être faite dans les vingt premiers jours du mois de janvier.

ART. 258.

Marins passant d'une compagnie dans une autre

Lorsqu'un marin passe, dans la même division, d'une compagnie dans une autre, le rôle annuel de la compagnie qu'il a quittée indique le numéro de la case du nouveau rôle sur lequel il doit être porté, et celui-ci rappelle la case qu'il occupait sur l'ancien.

ART. 259.

Marin changeant de grade.

Le marin qui change de grade ou de classe sans quitter la compagnie est rayé de la case qu'il occupait, et inscrit dans une autre case à la suite des hommes de son nouveau grade ou de sa nouvelle classe.

ART. 260.

Marins levés ou rentrant de captivité. Recrues,

Les marins de l'inscription maritime levés d'office, et les prisonniers de guerre rappelés à l'activité à leur rentrée en France, sont portés sur les rôles de la division vers laquelle ils sont dirigés, pour le rappel de la solde d'activité à laquelle ils ont eu droit avant leur arrivée à destination.

Sont également portés sur les rôles de la division qui les reçoit, pour la régularisation de la solde spéciale en route, les jeunes marins et les enrôlés volontaires qui ont voyagé en détachement pour rejoindre leur poste.

ART. 261.

Les officiers-mariniers mis en disponibilité à leur rentrée de captivité à l'ennemi sont portés sur les rôles de la division à laquelle
ils appartiennent, à compter du jour de leur arrivée en France.

Officiers-mariniers
rentrant de captivité.

ART. 262.

Les marins débarqués pour jouir d'un congé, et les marins qui, en
France, se trouvent à l'hôpital ou absents du bord au moment du
départ de leur bâtiment, sont portés sur les rôles de la division qui
les reçoit, pour le rappel de la solde d'absence qui peut leur être
due à partir du jour où ils ont effectivement quitté le bord.

La même disposition est applicable, pour le rappel de la solde à
laquelle ils ont eu droit à compter du jour de leur rentrée en
France, aux marins provenant d'un bâtiment en cours de campagne
et rapatriés sur un navire du commerce français ou étranger.

Marins en congé
ou à l'hôpital,
débarqués
des bâtiments
de la flotte.

ART. 263.

Les marins présents dirigés d'une division sur une autre division,
soit par terre, soit par mer, sont rayés des rôles de la division qu'ils
quittent, à compter du jour de leur départ.

Ils sont rappelés de leur solde à partir de cette date, et suivant
les positions dans lesquelles ils se sont trouvés, sur le rôle de la division qui les reçoit.

Marins présents
passant
d'une division
dans une autre.

ART. 264.

Les marins présents dirigés d'une division sur un bâtiment sont
également rayés des rôles de la division qu'ils quittent, à compter
du jour de leur départ, et rappelés de leur solde à partir de cette
date, sur le rôle du bâtiment qu'ils rejoignent, d'après les positions
dans lesquelles ils se sont trouvés, soit qu'ils aient voyagé par terre,

Marins présents
dirigés
d'une division
sur un bâtiment.

soit qu'ils aient voyagé par mer sur des navires du commerce français ou sur des navires étrangers.

ART. 265.

<table><tr><td>

Marins
quittant une division,
en
position d'absence.

</td><td>

Les hommes en position d'absence, passant d'une division dans une autre, sont rappelés de leur solde d'absence sur les rôles de la division dans laquelle ils passent. Lorsqu'ils sont embarqués ou lorsqu'ils passent dans une autre arme sans rejoindre une division, la somme qui leur est due jusqu'au jour de leur embarquement, ou jusqu'au jour de leur départ pour se rendre à leur nouveau corps, est payée sur les rôles de la division à laquelle ils appartenaient. Ce rappel est effectué d'après un état de mutations, adressé à la division par le conseil d'administration du bâtiment ou du corps qui reçoit l'homme.

</td></tr></table>

ART. 266.

<table><tr><td>

Marins congédiés
étant
dans leurs foyers.

</td><td>

Sont maintenus sur les rôles de la division à laquelle ils appartenaient, jusqu'au jour où ils cessent d'avoir droit à la solde, les marins placés dans les positions prévues par les articles 19 et 51 ci-dessus.

</td></tr></table>

ART. 267.

<table><tr><td>

Marins
absents illégalement
ou prévenus
de
désertion.

</td><td>

Les marins absents d'une division ou prévenus de désertion sont rayés des rôles, lorsqu'il résulte d'un jugement, d'une décision ou d'un fait constaté, qu'ils n'appartiennent plus à cette division, ou bien lorsque six mois se sont écoulés sans qu'on ait pu découvrir ce qu'ils sont devenus.

Ceux de ces marins qui sont réadmis sont inscrits sur les rôles comme hommes nouveaux.

</td></tr></table>

ART. 268.

<table><tr><td>

Marins
en congé illimité
ou libérés
par anticipation.

</td><td>

Les marins du recrutement et les engagés volontaires envoyés en congé illimité ou libérés par anticipation sont rayés des rôles sur lesquels ils figurent, à compter du jour de leur départ, et portés à

</td></tr></table>

cette même date sur un registre spécial, conforme au modèle n° 16, tenu par le major de la division dans laquelle ils sont immatriculés.

Lorsqu'il y a lieu, le trésorier tient un rôle particulier pour les hommes en subsistance sans solde.

ART. 269.

Indépendamment des rôles d'équipage ci-dessus prescrits, chaque capitaine tient pour sa compagnie, dans la forme déterminée à la 2ᵉ partie du présent décret, un livre de compagnie composé de feuillets mobiles.

Le livre du petit état-major et des officiers-mariniers en disponibilité est tenu par un des adjudants-majors de la division. Il n'en est pas tenu pour l'état-major de la division ni pour les officiers de compagnie.

Livres
de compagnie.

ART. 270.

Lorsqu'un détachement de marins appartenant à une division ou passant d'une division dans une autre doit s'administrer temporairement, il est remis à l'officier ou à l'officier-marinier qui le commande un livre particulier formé au moyen des feuillets mobiles détachés des livres de compagnie.

Ce livre est collationné par le trésorier et vérifié par le commissaire aux armements, avant d'être remis au chef du détachement.

Au retour ou à l'arrivée du détachement, le livre particulier est déposé entre les mains du trésorier, qui en rapproche les indications de celles du rôle d'équipage. Les feuillets mobiles de ce livre sont remis aux capitaines des compagnies dans lesquelles les hommes ont été incorporés.

Livre
des détachements.

ART. 271.

Les trésoriers dans les divisions et les chefs de détachements sont tenus, sous leur responsabilité, d'inscrire avec soin, sur les rôles et livres de compagnie, au moment même où ils se produisent ou

Inscription
des mutations
sur
les rôles et livres
de compagnie.

lorsqu'ils sont portés à leur connaissance, les mouvements et mutations pouvant influer sur les prestations en deniers ou en nature.

En conséquence, tous les ordres, billets de destination et généralement toutes les pièces ayant pour objet les mouvements du personnel leur sont remis ou présentés à l'effet d'être enregistrés. La mention de cet enregistrement est certifiée par eux sur les ordres de mouvements dont les officiers ou marins doivent être porteurs à leur départ.

ART. 272.

Remise
des
états de mutations
par les capitaines
de compagnie.

Tous les matins, après le rapport que prescrit le règlement sur le service intérieur dans les divisions, il est remis au major, qui le communique au trésorier, un état conforme au modèle n° 17, fourni et certifié par chaque commandant de compagnie, et indiquant tous les mouvements et mutations survenus la veille. Pour les officiers, l'état est certifié par le major.

Aussitôt après la réception de ces états, le trésorier en rapproche les indications de celles qui ont été consignées sur le rôle d'équipage, et, après avoir pratiqué les redressements qui lui paraîtraient nécessaires, en certifie la concordance avec le rôle.

Les états ainsi arrêtés et visés par le major reçoivent la destination mentionnée en l'article 298 ci-après.

ART. 273.

Mutations
des détachements
éloignés
de la division.

Lorsqu'un détachement de marins est momentanément éloigné de la division à laquelle il appartient, les états de ses mutations et mouvements, fournis et certifiés par le commandant du détachement, sont remis tous les cinq jours à l'officier du commissariat ou de l'intendance militaire sous la surveillance administrative duquel il se trouve placé. Celui-ci, après les avoir vérifiés et visés, les adresse au commissaire aux armements du port, qui les remet au conseil d'administration de la division.

ART. 274.

Du 25 au 30 de chaque mois, les commissaires de l'inscription maritime font parvenir au commissaire aux armements du port chef-lieu d'arrondissement, pour être remis au conseil d'administration de la division, les états nominatifs des officiers-mariniers en disponibilité résidant dans leurs quartiers. (Modèle n° 18.)

Ces états indiquent toutes les mutations survenues depuis le 25 du mois précédent.

Pour l'exécution de la prescription ci-dessus, les officiers-mariniers en disponibilité sont tenus de se présenter, le 25 de chaque mois, au syndic des gens de mer de la commune dans laquelle ils résident. Ils sont également tenus de faire constater de la même manière, au moment où elles se produisent, toutes les mutations qui surviennent dans leur position.

Le syndic des gens de mer informe le commissaire de son quartier de tous les mouvements qu'il a constatés dans le personnel des officiers-mariniers en disponibilité.

Mutations des officiers-mariniers en disponibilité dans les quartiers d'inscription.

ART. 275.

Les officiers-mariniers en disponibilité, autorisés à résider dans une commune de l'intérieur, sont tenus de faire parvenir, du 25 au 30 de chaque mois, au commissaire aux armements du port, pour être remis au conseil d'administration de la division, un certificat de présence délivré par le maire ou par l'autorité militaire locale.

Certificats de présence pour les officiers-mariniers dans l'intérieur.

ART 276.

Le compte individuel de chaque officier et marin appartenant à une division est débité, sur le rôle d'équipage, des payements et fournitures qui lui sont faits, ainsi que des imputations sur la solde autorisées par les règlements.

Payements et fournitures portés aux comptes individuels.

21.

Les inscriptions sont opérées par les soins du trésorier, dans la forme indiquée à la deuxième partie du présent décret.

ART. 277.

Arrêté des comptes individuels.

Le compte individuel de chaque homme est décompté, arrêté et liquidé aux époques déterminées par l'article 228 ci-dessus.

Les marins qui quittent une division, ainsi que les marins présents à l'expiration de l'exercice, sont payés immédiatement, d'après l'arrêté général de leur compte, du surplus des sommes qui leur ont été retenues en conformité des dispositions des articles 225, 226 et 242, pour fournitures d'habillement et autres ou pour dettes envers l'État.

Les débets sont signalés aux nouveaux corps dans la forme prescrite par l'article 229, ou portés en reprise, en ce qui concerne les hommes présents au 31 décembre, au compte ouvert pour eux sur le rôle d'équipage de l'exercice suivant.

Les débets des hommes congédiés sont, lorsqu'il y a lieu, signalés à la dette flottante dans la forme prescrite par le titre VIII ci-après.

ART. 278.

Comparaison des livres de compagnie avec les rôles.

Au commencement de chaque mois, le major s'assure de la tenue régulière des rôles d'équipage, livrets et livres de compagnies dont il opère le rapprochement. Il fait faire les rectifications dont les uns et les autres sont reconnus susceptibles, et il rend compte de sa vérification au conseil d'administration.

Le commissaire aux armements compare, quand il le juge nécessaire et au moins une fois par trimestre, ses rôles avec ceux qui sont tenus à la division et avec les livrets et livres de compagnie. Il s'assure que tous les marins qui ont quitté la division ont été intégralement payés des sommes qui leur étaient dues au moment de leur départ, et que leur décompte a été régulièrement établi, liquidé et arrêté à la même époque.

CHAPITRE II.

Des rôles d'équipage à tenir à bord des bâtiments.

ART. 279.

Le rôle d'équipage de chaque bâtiment est conforme au modèle n° 19.

Ce rôle est commun à toutes les parties de l'équipage. Il est tenu par l'officier d'administration trésorier, sous la surveillance du conseil.

A bord des bâtiments qui ne comportent pas de conseil d'administration, le rôle est tenu par le capitaine comptable.

Rôles d'équipage des bâtiments. Leur tenue.

ART. 280.

Lorsqu'un bâtiment entre en armement, le rôle d'équipage est ouvert à la date fixée par l'autorité supérieure locale. Le rôle est clos à la date déterminée par la même autorité, soit au désarmement, soit à une époque d'apurement des comptes.

Ouverture et clôture du rôle.

ART. 281.

Il n'y a point clôture du rôle d'équipage pour un bâtiment passant d'une position à une autre sans désarmement effectif ou administratif.

Bâtiments changeant de position.

ART. 282.

Les dispositions des articles 254, 255, 256 et 259, concernant les rôles des divisions, sont applicables aux rôles d'équipage à tenir à bord des bâtiments.

Tous les marins faisant partie de l'équipage d'un même bâtiment

Dispositions communes aux rôles des divisions et des bâtiments,

sont inscrits sur ces derniers rôles suivant leur grade et leur paye, sans égard aux compagnies temporaires dans lesquelles ils ont été placés. L'indication du numéro de cette compagnie est seulement mentionnée, pour ordre, dans la colonne à ce destinée.

ART. 283.

Inscription
des passagers.

Il est réservé à la fin de chaque rôle d'équipage un certain nombre de feuillets spéciaux destinés à l'inscription nominative de tous les passagers sans solde embarqués à bord d'un bâtiment, quel que soit le service auquel ils appartiennent.

Les marins embarqués comme passagers avec solde sont portés sur un rôle spécial conforme au modèle n° 20; ce rôle est ouvert au titre du bâtiment qui les transporte.

ART. 284.

Marins présents
passant
sur un autre bâtiment
ou
dirigés par terre
sur
une division.

Les marins présents passant d'un bâtiment sur un autre ou dirigés par terre sur une division sont rayés du rôle du bâtiment qu'ils quittent, à compter du jour de leur départ.

Ils sont rappelés de leur solde à partir de cette date, sur le rôle du bâtiment ou de la division qui les reçoit. Ces rappels sont effectués à raison des positions dans lesquelles les marins se sont trouvés, depuis le jour de leur départ du bâtiment jusqu'à celui de leur admission sur l'autre bâtiment ou à la division.

ART. 285.

Marin débarqué
en
cours de campagne.

Par exception à la disposition mentionnée en l'article ci-dessus, tout marin débarqué en cours de campagne, et rapatrié par un navire du commerce français ou étranger, est rappelé de la solde acquise par lui depuis son débarquement jusqu'au jour de son arrivée en France, au titre du rôle d'équipage du bâtiment auquel il appartenait.

ART. 286.

Les marins embarqués comme passagers à bord d'un bâtiment de l'Etat, pour passer d'une division à bord d'un bâtiment, ou pour se rendre d'un bâtiment à une division, sont payés de la solde acquise pendant la traversée au titre du bâtiment qui les transporte et sur le rôle spécial mentionné en l'article 283 ci-dessus.

Cette disposition n'est pas applicable aux marins embarqués sur un bâtiment de l'État pour passer d'une division à une autre division. Dans ce cas, les marins sont embarqués comme simples passagers, et la solde de traversée est rappelée sur le rôle de la division qui les reçoit, conformément à la disposition de l'article 263 ci-dessus.

Rôle spécial des marins passagers avec solde.

ART. 287.

Les marins à l'hôpital et les marins absents du bord au moment du départ de leur bâtiment sont rayés du rôle d'équipage de ce bâtiment à compter du jour de leur absence du bord ou de leur entrée à l'hôpital.

Toutefois, à l'égard des marins laissés à l'hôpital hors de France, le rappel de la solde est effectué soit au titre du premier bâtiment de l'État sur lequel ils ont été embarqués à leur sortie de l'hôpital, soit au titre du bâtiment sur lequel ils étaient embarqués au moment de leur entrée à l'hôpital, et ce, jusqu'à leur rentrée en France, lorsqu'ils ont été rapatriés sur un paquebot ou sur un navire du commerce.

Marins absents au départ de leur bâtiment.

ART. 288.

Les marins faits prisonniers de guerre sont rayés du rôle d'équipage à compter du lendemain du jour où ils sont tombés au pouvoir de l'ennemi.

Marins prisonniers de guerre.

ART. 289.

Les marins débarqués d'un bâtiment pour être congédiés directement sont rayés du rôle d'équipage de ce bâtiment à compter du jour de leur départ.

Marins débarqués pour être congédiés.

ART. 290.

Lorsqu'un détachement de marins embarqués est temporairement employé à terre dans une position qui ne lui permet pas d'entretenir des relations directes et journalières avec le bâtiment auquel il appartient, il est remis à l'officier ou à l'officier-marinier qui le commande un extrait du rôle d'équipage conforme au modèle n° 20, certifié par le conseil d'administration.

Cette disposition est applicable aux détachements distraits de l'équipage d'un bâtiment pour armer temporairement des embarcations ou des bâtiments légers devant naviguer isolément.

A la rentrée à bord des détachements, les rôles provisoires sont déposés entre les mains de l'officier d'administration, qui en reporte toutes les indications sur le rôle d'équipage du bâtiment. Les rôles provisoires restent annexés à la comptabilité du conseil d'administration.

ART. 291.

Le chef de tout détachement de marins quittant un bâtiment de l'État pour rejoindre une division, soit par terre, soit à bord d'un bâtiment du commerce, doit être porteur d'un livre particulier formé par le conseil d'administration du bâtiment, au moyen des feuillets mobiles des livres de compagnie.

Ce livre est remis, à l'arrivée à destination, au trésorier de la division, ainsi qu'il est dit à l'article 276 ci-dessus.

ART. 292.

En ce qui concerne l'inscription des mutations et mouvements sur les rôles d'équipage, les officiers d'administration, capitaines comptables et chefs de détachement, se conforment aux prescriptions contenues dans l'article 271 ci-dessus, concernant la tenue des rôles dans les divisions.

ART. 293.

Les chefs des détachements employés loin de leur bâtiment établissent tous les dix jours un état des mutations et mouvements survenus parmi les marins sous leurs ordres, et le font parvenir au conseil d'administration du bâtiment.

ART. 294.

Le compte individuel de chaque officier et marin appartenant à un bâtiment est débité, sur le rôle d'équipage, des payements et fournitures qui lui sont faits.

Ces inscriptions sont opérées par l'officier d'administration du bâtiment, dans la forme indiquée à la deuxième partie du présent décret.

ART. 295.

Les comptes individuels sont décomptés et arrêtés sur les rôles d'équipage, aux époques déterminées par l'article 228 ci-dessus.

Les officiers qui quittent un bâtiment sont rendus porteurs, individuellement, pour les exercices à l'égard desquels les feuilles de journées n'ont pas été envoyées, d'un extrait du rôle d'équipage conforme au modèle n° 21, certifié par le conseil d'administration du bâtiment. La même disposition est applicable aux officiers-mariniers et marins qui débarquent hors d'un port de France.

A l'égard des officiers-mariniers et marins qui quittent un bâtiment dans un port de France, il est établi par le conseil d'administration, pour tous les hommes débarqués à la même date, un extrait collectif du rôle conforme au modèle n° 22. Cet extrait est remis au commissaire aux armements du port de débarquement, qui le fait parvenir, s'il y a lieu, au commissaire aux armements du port qui compte de la dépense du bâtiment. En ce qui concerne les marins laissés à terre au départ, l'extrait du rôle à déposer au détail des armements est toujours établi individuellement.

ART. 296.

Comparaison
des
livrets et livres
de compagnie
avec
les rôles d'équipage.

Tous les trois mois, le conseil d'administration du bâtiment s'assure de la tenue régulière du rôle d'équipage, des livrets et livres de compagnie dont il opère le rapprochement. Il fait faire les rectifications dont les uns et les autres sont reconnus susceptibles.

Les commissaires aux armements comparent, lors de leurs vérifications périodiques, ou quand ils le jugent nécessaire, les indications du rôle d'équipage du bâtiment avec celles des livrets et livres de compagnie. Dans les escadres ou divisions navales, les commissaires d'escadre ou de division doivent également s'assurer, dans leurs inspections et vérifications, de la tenue régulière des rôles et livres de compagnie.

CHAPITRE III.

Des rôles d'équipage à tenir par les fonctionnaires du commissariat.

Iᵉ SECTION.

DES RÔLES POUR LES DIVISIONS À TERRE.

ART. 297.

Double du rôle
de
la division du port.

Le commissaire aux armements dans chaque port militaire tient un doublé des rôles d'équipage de la division, laquelle est placée sous sa surveillance administrative.

ART. 298.

Remise
des
états des mutations
aux commissaires
aux
armements.

Les états des mutations et mouvements survenus dans le personnel de la division, et dont il a été fait mention dans les articles 272, 273 et 274 ci-dessus, sont transmis au commissaire aux armements, après avoir été apostillés sur les rôles de la division.

Cette transmission est faite par le major.

Aussitôt après la réception de ces états, le commissaire aux armements enregistre les mutations sur les rôles. Toutefois, il doit y inscrire immédiatement, et sans attendre l'envoi des états de mutations, les mouvements des officiers et des marins qui présentent à
son visa les billets de destination, permissions, congés et autres titres
en vertu desquels s'opèrent les mouvements.

ART. 299.

Lorsqu'un détachement est en marche, l'état de mutations est
fourni, dans tous les lieux de séjour, à l'officier du commissariat, au
sous-intendant militaire ou au commandant de place, et, à leur défaut, au sous-préfet ou au maire, qui passe le détachement en revue,
et indique sommairement lesdites mutations au tableau de sa revue,
sur la feuille de route.

A l'arrivée du détachement à destination, l'état général des mutations pour tout le temps de la marche est fourni à l'officier du commissariat, qui en prend la surveillance administrative.

Cet officier, après avoir vérifié cet état, en le comparant aux inscriptions portées sur la feuille de route qui lui est remise et aux
résultats de sa revue, y appose son visa, et le transmet au conseil
d'administration de la division sur le rôle de laquelle est ou doit être
inscrit le détachement, en vertu des articles 270, 273 et 291.

Après inscription des mutations sur le rôle de la division, cet état
est remis au commissaire aux armements chargé de la tenue du
double de ce rôle.

ART. 300.

Les officiers appartenant à une division doivent, à leur arrivée au
corps, soit pour la première fois, soit après une absence quelconque,
se présenter devant le commissaire aux armements, à l'effet de faire
viser les pièces qui justifient de leurs mutations et mouvements. Le
visa est daté.

Remise
des
états de mutations
pour
les détachements
en marche.

Visa
des ordres et pièces
dont les officiers
sont porteurs.

22.

ART. 301.

Les officiers-mariniers et marins qui arrivent à la division, soit pour la première fois, soit après une absence quelconque, sont, dans les vingt-quatre heures de leur arrivée, présentés au commissaire aux armements par un fourrier de semaine, à l'effet d'être aussitôt portés comme présents sur le rôle d'équipage.

Le fourrier qui accompagne ces marins doit présenter au commissaire aux armements ou à son suppléant les pièces dont ils étaient pourvus en arrivant à la division, et remettre en même temps la note des numéros qui leur ont été affectés sur le rôle d'équipage, et en outre sur le registre matricule en ce qui concerne les hommes du recrutement et les engagés volontaires.

Le commissaire aux armements appose un visa daté sur les pièces qui lui sont présentées.

ART. 302.

Lorsqu'un détachement de recrues ou de marins de l'inscription maritime, levés pour le service, part pour rejoindre une division, il est établi pour ce détachement un contrôle nominatif en double expédition. Ce contrôle, conforme au modèle n° 23 pour les marins levés, est, suivant le cas, visé par le sous-intendant militaire ou par le commissaire de l'inscription maritime.

Au départ du détachement, une expédition de ce contrôle est remise au conducteur, lequel doit y inscrire toutes les mutations qui peuvent survenir en route; l'autre expédition est adressée au commissaire aux armements du port sur lequel le détachement est dirigé, pour être transmis au conseil d'administration de la division.

A l'arrivée du détachement à destination, le trésorier inscrit, sur le contrôle qui lui a été remis, les mutations survenues en route, d'après les indications portées sur la feuille de route du détachement et sur le contrôle du conducteur. Il établit ensuite sur les deux expéditions du contrôle le décompte des journées donnant droit à la solde et aux vivres.

Le décompte des sommes et des rations qui ont été perçues est réglé contradictoirement entre le trésorier et le conducteur du détachement, qui apposent leur signature sur les deux expéditions du contrôle, dont une est ensuite déposée au détail des armements.

ART. 3o3.

Les commissaires aux armements font inscription sommaire, en tête du rôle d'équipage, de tous les mandats qu'ils expédient au titre de la division. Ils y font également inscription, au fur et à mesure de la réception des pièces justificatives, des payements faits hors du port pour le compte de la même division.

Inscription sommaire sur le rôle des mandats de payement délivrés.

ART. 3o4.

Pour la tenue du compte courant ouvert à chaque officier et marin sur le rôle d'équipage, le conseil d'administration de la division remet au commissaire aux armements, du 1ᵉʳ au 5 de chaque mois, un état nominatif récapitulant les sommes payées à chaque individu pendant le mois précédent. Cet état est conforme au modèle nᵒ 24.

Remise d'un état mensuel des payements faits.

ART. 3o5.

A l'appui des états mensuels de payement pour la solde des officiers-mariniers et marins, le conseil d'administration de la division remet au commissaire aux armements, en double expédition, un état nominatif conforme au modèle nᵒ 25, indiquant les marins nouvellement admis à la haute paye journalière d'ancienneté ou à un accroissement de cette haute paye.

État des marins nouvellement admis à la haute paye.

Après vérification, le commissaire aux armements renvoie au conseil une expédition de l'état qu'il a revêtu de son visa. Il fait apostiller sur son rôle les concessions dont il a reconnu la régularité.

art. 306.

Inscription au rôle
des débets
et autres dettes
signalées.

Les commissaires aux armements font inscription aux comptes individuels, sur les rôles d'équipage, des fournitures faites aux hommes et des débets signalés à la réception des états et pièces mentionnés dans les articles 227, 229 et 240 ci-dessus.

Ils font également inscription de toutes les autres imputations ou reprises autorisées par les règlements, d'après les états qui leur sont remis mensuellement par les conseils d'administration des divisions.

art. 307.

Arrêté
des
comptes individuels
en fin d'exercice.

A l'époque déterminée pour la clôture des dépenses de chaque exercice, le commissaire aux armements, après réception et vérification des feuilles de journées mentionnées à l'article 340 ci-après, arrête, sur le rôle d'équipage de la division, tous les comptes individuels dont il opère la totalisation par grade et par paye.

IIᵉ SECTION.

DES RÔLES POUR LES BÂTIMENTS.

art. 308.

Doubles des rôles
des bâtiments armés
dans le port.

Le commissaire aux armements tient un double du rôle d'équipage conforme au modèle n° 15 pour chacun des bâtiments qui ont été armés dans le port où il réside, et qui sont placés sous sa surveillance administrative.

Il est, en outre, chargé d'opérer, en fin d'exercice ou de campagne, ou après les débarquements individuels, la liquidation définitive et le parfait payement des sommes acquises par les officiers et marins embarqués sur ces bâtiments.

ART. 309.

À moins d'un ordre spécial du ministre, chaque bâtiment, quels que soient ses mouvements, continue à compter, pour la liquidation de ses dépenses, dans le port où il a été armé, jusqu'à l'époque de son désarmement.

Affectation de chaque bâtiment au port d'armement.

ART. 310.

La dépense d'un bâtiment est centralisée dans chaque port, par exercice, sans que cet exercice, lorsqu'il n'y a pas clôture du rôle d'équipage, puisse être scindé par le passage d'un bâtiment au compte d'un autre port.

Passage du compte d'un port à celui d'un autre port.

En conséquence, lorsque le ministre prescrit de faire passer un bâtiment en cours d'armement du compte d'un port à celui d'un autre port, ce changement n'a son effet qu'à partir du 1er janvier de l'exercice suivant.

ART. 311.

Lorsque l'armement ou la mise en commission de port d'un bâtiment est ordonné, le commissaire aux armements procède, en même temps que le conseil d'administration ou le capitaine comptable, à l'ouverture du rôle d'équipage.

Ouverture du rôle d'équipage pour les bâtiments entrant en armement.

L'inscription des officiers et marins est effectuée sur le rôle d'après les ordres et billets de destination délivrés par les services compétents. Les indications à consigner au rôle sont complétées, en ce qui concerne les officiers-mariniers et les marins, d'après les rôles de la division tenus au détail des armements.

ART. 312.

Le commissaire aux armements opère chaque année le renouvellement des rôles d'équipage des bâtiments dont il centralise la dépense. Il se conforme à cet égard aux prescriptions de l'article 256 ci-dessus.

Renouvellement annuel des rôles.

Lorsqu'un bâtiment armé doit changer de port, le rôle est renouvelé par les soins du commissaire aux armements du port dans lequel la dépense était centralisée. Ce rôle est transmis, avec les pièces à l'appui, au commissaire aux armements du port au compte duquel passe le bâtiment.

Le renouvellement des rôles doit être terminé le 1er mars de chaque année au plus tard.

ART. 313.

Remise
ou renvoi des états
de mutations
aux commissaires
aux
armements.

Les conseils d'administration et les capitaines comptables des bâtiments adressent au commissaire aux armements qui compte de la dépense de leurs bâtiments les états des mutations et mouvements survenus dans le personnel.

Ces états, établis par les officiers d'administration ou les capitaines comptables, sont conformes au modèle n° 17. Ils indiquent, pour les marins embarqués hors du port d'armement, tous les renseignements portés sur le rôle d'équipage, et font connaître, en ce qui concerne les hommes débarqués, le montant des sommes payées ou imputées par les soins du conseil d'administration du bâtiment.

ART. 314.

Époques
de la
remise ou de l'envoi
des états
de mutations.

Les états de mutations et mouvements mentionnés en l'article précédent sont adressés aux époques indiquées ci-après, savoir :

Tous les dix jours, par les bâtiments présents dans un port ou sur une rade de France et d'Algérie ;

Et par *toutes les occasions favorables qui se présentent,* pour les bâtiments en cours de campagne. Dans cette dernière position, les états sont dressés en double expédition et transmis par voies différentes.

Lorsqu'un bâtiment est présent en France, dans un port autre que celui dans lequel il compte, les états de ses mutations et mouvements sont remis au commissaire aux armements du port dans lequel il se trouve. Celui-ci, après les avoir vérifiés et visés, les transmet au commissaire aux armements chargé de la tenue du rôle d'équipage du bâtiment.

La date de l'envoi ou de la remise des états de mutations est constatée par une annotation sur le rôle d'équipage.

ART. 315.

Les commissaires aux armements enregistrent, sans délai, sur les rôles d'équipage, les états de mutations qui leur parviennent. Ils y inscrivent également, et sans attendre ces états, les mouvements des officiers et marins qui présentent à leur visa les ordres dont ils sont porteurs.

Enregistrement des mutations.

ART. 316.

Tous les ordres d'embarquement ou de débarquement, billets de destination, billets d'hôpital, et généralement toutes les pièces qui ont pour objet des mutations ou mouvements isolés ou partiels pouvant influer sur le droit aux prestations en deniers ou en nature, doivent être présentés au commissaire aux armements du port où le bâtiment se trouve, à l'effet d'être enregistrés.

Présentation des ordres de mouvements aux commissaires aux armements.

Cette présentation est faite par les officiers eux-mêmes en ce qui les concerne : elle est faite pour les marins par un officier marinier, qui, autant que possible, est accompagné des hommes que les pièces mentionnent.

Le commissaire aux armements appose un visa daté sur toutes les pièces qui lui sont présentées.

ART. 317.

Les commissaires aux armements font inscription sommaire, en tête du rôle d'équipage de chaque bâtiment, de tous les mandats qu'ils expédient au titre de ce bâtiment : ils y font également inscription, au fur et à mesure de la réception des pièces justificatives, des payements faits à l'extérieur ou dans un autre port, pour le compte du même bâtiment.

Inscription sommaire sur les rôles des mandats de payement délivrés pour les bâtiments.

ART. 318.

<table><tr><td style="width:25%; vertical-align:top; text-align:center;">Remise
d'un état mensuel
des payements
faits à bord.</td><td>

Du 1er au 5 de chaque mois, les conseils d'administration des bâtiments dressent et font parvenir au commissaire aux armements, pour servir à la tenue des comptes courants individuels, un état nominatif conforme au modèle n° 24, récapitulant les sommes payées, par leur intermédiaire, pour solde acquise sur leur bâtiment, au titre du mois écoulé. Un état pour néant est transmis lorsqu'il n'y a pas eu de payement.

Les bâtiments en cours de campagne adressent cet état en double expédition et par voies différentes.

Le commissaire aux armements fait également inscription au débit de chaque homme, au moment où ils s'opèrent ou lorsqu'ils parviennent à sa connaissance, de tous les payements effectués aux délégataires, ainsi qu'aux officiers et marins isolés, sans la participation des conseils d'administration des bâtiments.

</td></tr></table>

ART. 319.

<table><tr><td style="width:25%; vertical-align:top; text-align:center;">État des marins
admis
à la haute paye.</td><td>

Les conseils d'administration des bâtiments dressent mensuellement, d'après les indications des feuilles de livre de compagnie, l'état des hommes qui ont acquis pendant le mois les droits à la haute paye d'ancienneté ou à un accroissement de cette haute paye.

Cet état, conforme au modèle n° 25, est transmis, en double expédition, au commissaire aux armements, qui, après vérification, fait apostiller sur son rôle les concessions dont il a reconnu la régularité.

</td></tr></table>

ART. 320.

<table><tr><td style="width:25%; vertical-align:top; text-align:center;">Imputation
aux
comptes individuels
des fournitures
en nature.</td><td>

Les comptes courants individuels sont débités de la valeur des fournitures en nature et du montant des autres apostilles, ainsi qu'il est dit à l'article 306, à l'égard des rôles d'équipage des divisions.

</td></tr></table>

ART. 321.

Dès que le commissaire aux armements chargé de la tenue du double du rôle d'équipage d'un bâtiment reçoit l'avis officiel du débarquement d'un ou de plusieurs marins de ce bâtiment, il procède à la liquidation du compte de ces marins, d'après les indications qui lui ont été fournies par le conseil d'administration du bâtiment, et d'après les annotations directement portées par lui sur son rôle.

Après réception des extraits décomptés du rôle de bord, il opère, sans retard, le parfait payement des sommes dues, conformément aux prescriptions du titre IV ci-dessus.

S'il résulte des indications portées sur l'état de mouvements mentionné en l'article 313 que le marin est en débet, il se conforme immédiatement, et sans attendre la réception de l'extrait du rôle d'équipage, aux dispositions qui font l'objet de l'article 229.

Arrêté du compte de chaque marin au moment de son débarquement.

ART. 322.

En fin d'exercice ou de campagne, les commissaires aux armements, après réception et vérification de la feuille de journées mentionnée à l'article 340 ci-après, établissent la liquidation générale des rôles d'équipage des bâtiments dont ils comptent, en arrêtent tous les décomptes, et procèdent au parfait payement des sommes qui peuvent être dues aux officiers, officiers-mariniers, marins et autres faisant ou ayant fait partie des équipages de ces bâtiments.

Lorsque, par suite de l'arrivée tardive des feuilles de journées, le parfait payement n'a pu être effectué avant la clôture de l'exercice auquel il incombe, ce payement est opéré à titre de rappel, sur les fonds de l'exercice courant, conformément aux dispositions des articles 218 et 219 ci-dessus.

Liquidation générale des rôles en fin d'exercice ou de campagne.

SECTION III.

DU RÔLE POUR LES MARINS EN CAPTIVITÉ À L'ENNEMI.

ART. 323.

Le commissaire aux armements, dans chaque port, tient un rôle spécial conforme au modèle n° 20, *pour la liquidation de la solde de captivité* des officiers, marins et autres, faits prisonniers de guerre sur des bâtiments comptant à ce port.

ART. 324.

Les officiers et marins prisonniers de guerre sont portés sur le rôle spécial, à compter du lendemain du jour où ils sont tombés au pouvoir de l'ennemi. Ils y sont inscrits par grade et par paye.

Toutes les indications propres à constater l'individualité des prisonniers de guerre sont transcrites sur le rôle spécial, qui porte, en outre, la mention du dernier bâtiment sur lequel le marin était embarqué avant sa captivité.

ART. 325.

Le rôle spécial des prisonniers de guerre est renouvelé au commencement de chaque année.

Sont provisoirement rayés du rôle, au moment de son renouvellement, les prisonniers de guerre sur l'existence desquels il n'a pas été produit de renseignements certains depuis plus d'un an.

ART. 326.

Les commissaires aux armements consignent avec soin sur le rôle spécial toutes les indications qui leur sont transmises touchant l'existence et la position des prisonniers de guerre. Ils gardent, à l'appui du rôle et pour la justification des inscriptions qui y sont faites,

les documents, certificat d'existence et autres pièces qui leur sont
produits sur le compte des marins en captivité.

ART. 327.

En fin d'exercice, il est procédé, sous précompte des avances payées
aux familles en conformité de l'article 73 ci-dessus, à la liquidation
et à la remise à la caisse des gens de mer de la solde de captivité
acquise par ceux des officiers et marins prisonniers dont l'existence
est constatée, soit par un certificat du commissaire près la puissance chez laquelle ils sont détenus, soit par un certificat d'existence dressé dans la forme authentique en usage dans le pays où
ils se trouvent.

Liquidation de la solde de captivité des prisonniers dont l'existence est constatée.

TITRE VII.

DES REVUES.

CHAPITRE PREMIER.

Des revues d'effectif.

Ire SECTION.

REVUES DES COMMISSAIRES AUX ARMEMENTS.

ART. 328.

Pour constater l'effectif des hommes et contrôler l'exactitude des
indications portées sur les rôles, le commissaire aux armements
passe, sur le terrain, une fois par trimestre, la revue du personnel
des équipages de la flotte faisant partie de la division du port dans
lequel il réside.

Revues périodiques.

ART. 329.

Revues inopinées.

Les commissaires aux armements passent, en outre, des revues d'effectif du personnel de la division, toutes les fois qu'ils le jugent utile au bien du service, après en avoir obtenu l'autorisation du préfet maritime.

Ils peuvent également passer, avec la même autorisation, la revue d'effectif des équipages des bâtiments sur rade et dans le port, lorsque ces bâtiments sont placés sous l'autorité du préfet maritime.

ART. 330.

Revues de départ, de passage et d'arrivée.

Tout détachement de marins qui reçoit l'ordre de changer de port, ainsi que tout détachement destiné à former l'équipage d'un bâtiment, est passé en revue, sur le terrain, par le commissaire aux armements, la veille ou le jour de son départ ou de son embarquement. L'effectif constaté par cette revue est inscrit sur la feuille de route, lorsque le mouvement doit avoir lieu par terre.

Pour les détachements voyageant à l'intérieur, cette revue d'effectif est renouvelée, dans chaque gîte où la troupe doit séjourner, par le commissaire aux armements, ou, à son défaut, par le sous-intendant militaire, le commandant de place, le sous-préfet ou le maire.

Elle est encore renouvelée par le commissaire aux armements le jour ou le lendemain de l'arrivée du détachement à destination.

Les dispositions du présent article sont applicables aux détachements de recrues et de marins de l'inscription levés pour le service.

ART. 331.

Avis des mouvements donnés aux commissaires généraux.

Pour l'exécution des dispositions de l'article ci-dessus, les majors généraux sont tenus de prévenir les commissaires généraux de tous les mouvements de marins qui doivent s'opérer dans le port. Cet avis est donné plusieurs jours à l'avance, lorsque le bien du service ne

s'y oppose pas. Si les mouvements sont de nature à être tenus se-
crets, l'avis est donné dès que les circonstances le permettent.

Dans tous les cas, les commissaires généraux doivent être avertis
assez à temps pour pouvoir faire préparer, dans les lieux de passage,
par les fonctionnaires de l'intendance militaire, les vivres, les loge-
ments et les moyens de transport nécessaires aux détachements qui
voyagent à l'intérieur.

ART. 332.

Indépendamment des revues prescrites par les articles qui précèdent, les commissaires aux armements passent encore celles des
marins malades aux hôpitaux, quel que soit le bâtiment ou la division dont ces marins font partie. Les agents comptables des hôpitaux et les gérants des hospices civils leur remettent, pour ces
revues, des états nominatifs conformes au modèle n° 26.

Revues des hommes aux hôpitaux.

ART. 333.

Les commissaires aux armements peuvent, pour les revues des
détachements de marins ainsi que pour celles des hommes à l'hôpital, se faire suppléer par les officiers du commissariat placés sous
leurs ordres, mais sous la condition que leurs suppléants auront au
moins un grade égal à celui du commandant du détachement à
passer en revue.

Cas dans lesquels les commissaires aux armements peuvent se faire suppléer.

SECTION II.

REVUES DES COMMISSAIRES D'ESCADRE ET DE DIVISIONS.

ART. 334.

Aux époques et dans les conditions déterminées par le décret sur
le service à bord des bâtiments de l'État, le commissaire d'escadre
ou de division passe la revue d'effectif des équipages des bâtiments
composant l'escadre ou la division.

Revues d'effectif dans les escadres et divisions.

SECTION III.

REVUES DES COMMISSAIRES GÉNÉRAUX.

ART. 335.

Cas dans lesquels ces revues sont faites.

Lors de leurs inspections administratives, et éventuellement, toutes les fois que l'intérêt du service le commande, les commissaires généraux de la marine passent en revue, sur le terrain ou à bord, les équipages des divisions et des bâtiments présents dans la circonscription de leur arrondissement.

SECTION IV.

DISPOSITIONS COMMUNES A TOUTES LES REVUES D'EFFECTIF.

ART. 336.

Forme des revues.

Les revues d'effectif sont faites dans la forme prescrite par les décrets et règlements sur le service dans les divisions et à bord des bâtiments. Les officiers du commissariat sont en grande tenue; les officiers et les équipages sont en tenue d'inspection du dimanche.

ART. 337.

Feuilles d'appel.

Les officiers du commissariat font leur revue par appel nominal, sur feuilles d'appel conformes au modèle n° 27, qui leur sont remises, quand ils se présentent à la tête des compagnies, par les officiers commandant ces compagnies. La feuille d'appel pour l'état major et les hommes en dehors des compagnies est remise par le trésorier.

Ces feuilles, certifiées par les commandants de compagnies et par le trésorier, et visées, suivant le cas, par le major ou par l'officier en second, présentent les noms, prénoms, surnoms, grades et positions des officiers, officiers-mariniers et marins.

ART. 338.

Les feuilles d'appel dont il est fait mention en l'article précédent ne dispensent pas de la production des états de mutations à fournir aux commissaires aux armements chargés de la tenue des doubles des rôles d'équipage, en conformité des dispositions du titre VI ci-dessus.

États de mutations indépendants des feuilles d'appel.

ART. 339.

Les officiers du commissariat reçoivent, pendant les revues, les réclamations que les marins de tout grade peuvent avoir à former pour des objets concernant l'administration. Ils sont tenus d'y satisfaire lorsqu'elles sont fondées sur les prescriptions réglementaires. Ils s'assurent préalablement que les réclamants se sont adressés à leurs chefs, suivant les règles de la subordination et de la hiérarchie.

Réclamations individuelles pendant les revues.

CHAPITRE II.

Des revues générales de liquidation.

SECTION PREMIÈRE.

DES FEUILLES DE JOURNÉES.

ART. 340.

Il est établi, pour servir à la vérification des décomptes individuels et à la confection des revues générales de liquidation des divisions et des bâtiments, des feuilles de journées annuelles conformes au modèle n° 28.

Forme des feuilles de journées.

ART. 341.

Établissement
des
feuilles de journées.

Les feuilles de journées sont établies :

Par compagnie, en ce qui concerne le personnel des divisions à terre ;

Et par bâtiment, en ce qui concerne les équipages embarqués. Ces dernières sont faites en double expédition.

Elles sont nominatives et présentent :

1° Les mouvements et mutations survenus pendant l'année à laquelle elles se rapportent ;

2° Le détail des journées donnant droit aux diverses allocations de solde et accessoires de solde ;

3° Le décompte des sommes acquises, ainsi que le montant des sommes payées ou imputées d'après les indications consignées sur les rôles d'équipage des divisions et des bâtiments.

Les feuilles de journées sont faites d'après les subdivisions des rôles d'équipage, et suivant l'ordre des inscriptions qui y sont portées.

ART. 342.

Par qui
les
feuilles de journées
sont établies.

Les feuilles de journées sont dressées par les soins des trésoriers, dans les divisions et à bord des bâtiments. Celles qui concernent les divisions sont vérifiées par le major ; elles sont certifiées et arrêtées par le conseil d'administration.

A bord des bâtiments qui n'ont pas de conseil d'administration, les feuilles de journées sont établies et certifiées par le capitaine comptable.

ART. 343.

Les feuilles
de journées
sont ouvertes
au 1er janvier.

Les feuilles de journées sont ouvertes au 1er janvier de chaque année ; les mutations et les décomptes des hommes rayés du rôle y sont portés journellement jusqu'à l'époque de la clôture de ces feuilles.

ART. 344.

Les feuilles de journées des divisions sont remises au commissaire aux armements, au plus tard, dans les dix premiers jours du mois qui suit la clôture de l'exercice au titre duquel elles sont établies.

En cas de retard, le commissaire aux armements en informe l'autorité supérieure.

Époque
de la remise
des
feuilles de journées
des divisions.

ART. 345.

Les feuilles de journées des bâtiments sont arrêtées, en fin d'année, dans les dix premiers jours du mois de janvier, et, en cas de désarmement effectif ou administratif, dans les dix jours qui suivent la clôture du rôle d'équipage.

Elles sont immédiatement transmises par *primata* et par *duplicata*, et par voies différentes, au commissaire aux armements chargé de la tenue du double du rôle d'équipage du bâtiment.

Cette transmission est opérée par l'intermédiaire du commissaire aux armements de la localité, pour les bâtiments présents en France dans un port autre que le leur, et par l'intermédiaire du commissaire d'escadre ou de division, pour les bâtiments rangés sous le pavillon d'un commandant en chef. Ces fonctionnaires donnent récépissé des feuilles de journées qui leur ont été remises.

Il est fait mention, sur les rôles d'équipage et sur les journaux du bord, de la date de la remise des feuilles de journées et de la voie employée pour leur transmission au port d'armement.

Époque de l'envoi
des
feuilles de journées
de bâtiment.

ART. 346.

Les feuilles de journées pour les bâtiments sont accompagnées d'un relevé sommaire conforme au modèle nº 29, faisant connaître les éléments du débit, en ce qui concerne les opérations inscrites sur le rôle tenu à bord.

Les feuilles de journées des divisions sont accompagnées d'un

États à joindre
aux
feuilles de journées.

24.

relevé récapitulatif conforme au modèle n° 3o des journées et des décomptes portés sur chaque feuille.

ART. 347.

Responsabilité relative à l'envoi des feuilles de journées.

Les présidents des conseils d'administration des bâtiments sont personnellement responsables de l'envoi régulier des feuilles de journées.

Tout retard apporté dans la transmission de ceux de ces documents qui ont été déposés entre les mains des fonctionnaires du commissariat engage également la responsabilité de ces fonctionnaires.

ART. 348.

Liste des bâtiments dont les feuilles de journées sont en retard.

Le 1er mai de chaque année, le commissaire aux armements, dans chaque port, remet au commissaire général de la marine, pour être transmis au ministre, un état indiquant les bâtiments pour lesquels les feuilles de journées ne seraient pas encore parvenues.

ART. 349.

Interdiction de tout payement postérieurement à l'envoi des feuilles de journées.

Il est expressément interdit à tout commandant en chef, commissaire d'escadre ou de division, conseil d'administration et capitaine comptable, de faire donner ou de réclamer aucun nouvel à-compte de solde ou accessoires, sur l'exercice expiré, postérieurement à la date fixée par l'article 345 ci-dessus, pour l'établissement et l'envoi des feuilles de journées.

ART. 35o.

Vérification des commissaires aux armements.

A la réception des feuilles de journées mentionnées dans les articles précédents, le commissaire aux armements procède à leur vérification, au moyen des indications portées sur les rôles d'équipage tenus dans ses bureaux, les rectifie, s'il y a lieu, et consacre, en ce qui concerne les sommes acquises, par un nouvel arrêté qu'il signe, les résultats de sa vérification.

ART. 351.

Les commissaires aux armements s'assurent, par leur vérification :   Objets principaux à vérifier.

1° Que toutes les mutations ont été rapportées exactement sur les feuilles de journées, telles qu'elles sont inscrites sur les rôles et constatées par les états de mouvements et pièces justificatives;

2° Qu'il n'a point été fait de doubles emplois dans les différentes feuilles de journées d'une même division, sur lesquelles les mêmes marins peuvent se trouver compris par l'effet de mutations dans le cours de l'année;

3° Que les prestations de toute nature ont été légitimement et légalement allouées, eu égard aux grades et emplois des officiers et marins, à leurs positions respectives de présence ou d'absence, et aux fixations des tarifs;

4° Que les sommes portées sur les feuilles comme ayant été payées aux officiers et marins, ou imputées à leur compte, représentent bien le montant des payements et délivrances faits pendant la durée de l'exercice, et successivement portés à leur connaissance par les conseils d'administration.

Dans le cas où les imputations mentionnées à la partie du débit sur les feuilles de journées des bâtiments excéderaient le montant des états partiels parvenus au port, il serait provisoirement fait emploi du chiffre de ces imputations dans la liquidation générale mentionnée en l'article 322 ci-dessus, sauf rappel ultérieur, s'il y avait lieu, au profit des intéressés.

SECTION II.

DES REVUES ANNUELLES DE LIQUIDATION.

ART. 352.

Après la vérification des feuilles de journées et la liquidation des   Revues établies

par division et par bâtiment.

rôles d'équipage, il est dressé annuellement, par division et par bâtiment, une revue générale de cette liquidation.

Il est dressé à la même époque une revue spéciale de liquidation pour la solde des marins en captivité à l'ennemi.

ART. 353.

Leur forme.

Les revues de liquidation sont conformes au modèle n° 31. Elles sont établies en double expédition par le commissaire aux armements chargé de la tenue du rôle d'équipage.

ART. 354.

Leur objet.

Les revues des divisions et des bâtiments sont numériques. Elles font connaître l'effectif des hommes, le nombre de journées de présence et d'absence par grade et par position dans chaque grade, et présentent, d'après ces bases, les droits de la division ou du bâtiment aux diverses prestations en deniers. Elles résument, enfin, tous les droits acquis pendant l'exercice auquel elles se rapportent, et dont la constatation ressort de la liquidation générale établie sur le rôle d'équipage.

ART. 355.

Décompte de libération porté sur la revue.

A la suite de la revue numérique mentionnée en l'article précédent, le commissaire aux armements présente, dans la forme indiquée par le modèle et d'après les indications consignées sur les rôles, le détail des sommes payées ou imputées à l'acquit des droits constatés par la revue, et dresse le décompte de libération qui a pour objet de faire ressortir la situation définitive du département envers les parties prenantes, et *vice versa.*

Lorsque le décompte de libération présente un trop perçu, la revue indique le mode qui a été employé pour en opérer la reprise.

ART. 356.

Des états arrêtés par le commissaire aux armements et conformes aux modèles n°s 32 à 38 sont annexés à chaque revue de liquidation, pour la justification des imputations portées au débit, et pour faire connaître, par nature d'opération, la suite donnée au trop perçu constaté.

États à joindre aux revues.

ART. 357.

Les revues doivent être établies dans les deux mois qui suivent la clôture de chaque exercice, pour les divisions à terre ainsi que pour les bâtiments dont les feuilles de journées sont parvenues au port avant cette époque. Elles doivent être établies, en ce qui concerne les bâtiments dont les feuilles de journées sont parvenues tardivement, dans le mois qui suit la réception de ces feuilles.

Époques de l'établissement des revues.

ART. 358.

Après leur établissement, les deux expéditions des revues générales de liquidation sont adressées au commissaire général de la marine, qui, après s'être assuré de leur régularité, les vise et les fait parvenir au ministre par la voie hiérarchique.

Les revues sont accompagnées des feuilles de journées dûment arrêtées et des annexes mentionnées dans l'article 356.

Envoi des revues au ministre.

ART. 359.

Les revues de liquidation sont contre-vérifiées dans les bureaux du ministre de la marine et des colonies.

Le ministre prescrit les mesures nécessaires pour la rectification des erreurs reconnues dans les revues par suite de leur contre-vérification.

Contre-vérification des revues au ministère de la marine.

SECTION III.

DE LA RÉIMPUTATION DES PAYEMENTS FAITS POUR RAPPELS SUR EXERCICES CLOS.

ART. 360.

Bordereau récapitulatif des rappels ordonnancés pendant l'année.

Tous les ans, dans les deux premiers mois de l'année, l'ordonnateur secondaire dans chaque port dresse et fait parvenir au ministre, en double expédition, un bordereau récapitulatif conforme au modèle n° 39, indiquant les sommes ordonnancées sur les fonds de l'exercice expiré pour rappels de solde et accessoires portant sur des exercices antérieurs.

ART. 361.

Division du bordereau.

Le bordereau récapitulatif mentionné en l'article précédent est divisé en deux parties :

La première comprend les payements faits à l'acquit de créances de solde constatées dans la revue de liquidation de l'exercice auquel ces créances appartiennent ;

La seconde indique les payements faits pour rappels de créances reconnues et constatées après la clôture de l'exercice et l'établissement de la revue.

Dans l'une et l'autre partie, les payements sont classés d'après le numéro et la date de l'ordonnance, et présentés séparément par bâtiment et par exercice d'imputation.

ART. 362.

Le ministre pourvoit à la réimputation des rappels.

Après vérification, dans ses bureaux, des bordereaux de payements faits pour rappels portant sur exercice clos, le ministre de la marine et des colonies fait opérer l'application de ces dépenses, dans les comptes généraux du département, aux exercices qu'elles concernent.

TITRE VIII.

DE LA DETTE FLOTTANTE DES MARINS.

ART. 363.

La dette flottante se compose des sommes dont les officiers-mariniers et marins de l'inscription maritime sont redevables envers l'État, au moment de leur renvoi dans leurs quartiers ou de leur radiation des rôles d'équipage.

Elle comprend aussi les débets des marins de toute provenance envoyés à la compagnie de discipline.

Débets composant la dette flottante des marins.

ART. 364.

La dette flottante fait l'objet d'une comptabilité spéciale qui est suivie dans les bureaux du ministre de la marine et des colonies (bureau de la solde et des revues).

Cette comptabilité se compose d'un contrôle des marins débiteurs et d'un grand-livre journal.

Chaque commissaire de l'inscription maritime tient, en ce qui concerne les marins de son ressort, un extrait du contrôle et du grand-livre journal. De semblables extraits sont tenus par le commandant de la compagnie de discipline pour les marins incorporés dans cette compagnie.

Comptabilité de la dette flottante.

ART. 365.

Le contrôle des marins débiteurs signalés à la dette flottante est conforme au modèle n° 40. Sa tenue est confiée au chef du bureau de la solde et des revues au ministère de la marine.

L'extrait à tenir dans chaque quartier d'inscription maritime et à la compagnie de discipline est établi d'après le même modèle.

Contrôle des marins débiteurs.

ART. 366.

Le contrôle des marins débiteurs est nominatif : il mentionne, à l'article de chaque marin, l'origine et l'importance du débet, les mouvements subis et toutes les opérations relatives au remboursement ou à l'extinction de la dette.

ART. 367.

Toutes les opérations inscrites au contrôle des marins débiteurs sont décrites sommairement sur le grand-livre journal, conforme au modèle n° 41, qui est destiné à présenter, pour chaque quartier d'inscription maritime, la situation de la dette flottante.

ART. 368.

Sur le grand-livre journal, les opérations sont suivies par gestion. Chaque gestion est de douze mois, du 1er janvier au 31 décembre suivant inclus.

Les résultats partiels du grand-livre tenu à l'administration centrale sont résumés, pour chaque gestion, dans une situation générale qui est soumise à l'approbation du ministre.

ART. 369.

Les débets des marins congédiés, déserteurs ou rayés des rôles, sont signalés à la dette flottante au moment même de l'arrêté de leur compte. Ils donnent lieu à l'établissement d'avis de dette individuels conformes au modèle n° 42.

Ces avis sont dressés en double expédition, soit par le conseil d'administration de la division par les soins de laquelle l'homme est congédié, soit par le commissaire aux armements chargé de la tenue du double du rôle d'équipage, lorsque les marins sont directement congédiés de leur bâtiment.

Les deux expéditions de l'avis de dette sont adressées au ministre.

Après inscription du débet dans la comptabilité de la dette flottante, le chef du bureau de la solde et des revues renvoie une des expéditions, revêtue de la mention de prise en charge, au commissaire aux armements chargé de la tenue du double du rôle d'équipage de la division ou du bâtiment. Il fait parvenir l'autre soit au commissaire de l'inscription maritime sous l'administration duquel passent les marins congédiés ou dans le quartier duquel sont inscrits les marins déserteurs ou condamnés, soit au commandant de la compagnie de discipline, s'il s'agit de marins envoyés à cette compagnie.

ART. 370.

Il n'est pas signalé de dette au-dessous d'un franc.

Toute dette inférieure à cette somme est immédiatement portée sur les rôles d'équipage aux débets définitifs.

Débets au-dessous d'un franc.

ART. 371.

Les commissaires de l'inscription maritime, ainsi que le commandant de la compagnie de discipline, prennent charge, sur les registres de la dette flottante, des débets qui leur sont signalés, et font le renvoi à l'administration centrale de l'expédition de l'avis de dette mentionnée en l'article 369, après avoir porté sur cette expédition le numéro sous lequel le débet est inscrit au contrôle particulier.

Prise en charge des débets dans les quartiers.

Toutefois, lorsque le marin signalé ne se trouve plus sous l'administration du commissaire de l'inscription maritime auquel l'avis de dette a été adressé, celui-ci se borne à faire le renvoi de cet avis, en y mentionnant les indications propres à faciliter la recherche du marin.

ART. 372.

Les commissaires de l'inscription maritime et le commandant de

Recouvrement des débets.

25.

la compagnie de discipline sont chargés de poursuivre le remboursement des débets qui leur ont été notifiés. Ils doivent s'occuper ac-
tivement du recouvrement de ces débets.

ART. 373.

Reprise des débets.
Comment opérée.

Les débets signalés à la dette flottante s'acquittent, savoir :

1° Par précompte sur leur solde pour les officiers-mariniers et
marins réadmis au service de la flotte;

2° Par reprise sur le montant des sommes qui seraient déposées
à la caisse des gens de mer, au nom des débiteurs, à quelque titre
que ce soit;

3° Par des retenues réglementaires sur les salaires acquis par les
marins employés par l'État à d'autres titres que celui qui est indiqué dans le premier paragraphe du présent article;

4° Par des retenues sur les salaires des marins employés au commerce, soit à la pêche, soit au cabotage, soit au long cours, soit à
toute autre industrie;

5° Par la retenue du cinquième de la pension pour les marins
débiteurs en retraite ou jouissant d'une demi-solde;

6° Enfin par des versements volontaires opérés par les marins
eux-mêmes.

ART. 374.

Précompte des débets
pour les marins
réadmis au service.

L'acquittement des débets par précompte sur la solde des hommes
réadmis au service s'opère au moyen de l'apostille de la dette au
compte du marin sur le rôle d'équipage de la division ou du bâtiment
qui le reçoit.

A cet effet, dès qu'un marin débiteur est levé pour le service, le
commissaire de l'inscription maritime dresse, en triple expédition,
d'après le modèle n° 43, un avis de dette qu'il transmet au commissaire aux armements du port sur lequel le marin est dirigé.

Après apostille au compte de l'homme sur le rôle de la division ou sur celui du bâtiment, le commissaire aux armements transmet une des expéditions de l'avis de dette au conseil d'administration de la division ou du bâtiment, et en renvoie une autre, revêtue de la prise en charge, au commissaire de l'inscription maritime.

Dans le certificat de prise en charge, il est fait mention, avec soin, du bâtiment ou de la division et de l'exercice au titre desquels l'apostille a été faite.

ART. 375.

Toute dette apostillée au compte d'un marin réadmis au service est considérée comme reprise. En conséquence, le commissaire de l'inscription maritime, à la réception de l'expédition de l'avis de dette mentionné en l'article précédent, fait écriture de la reprise opérée sur le contrôle et sur le grand-livre journal de son quartier, et transmet cette même expédition au ministère de la marine, où les opérations analogues sont effectuées.

Les débets des marins réadmis au service sont rayés de la dette flottante.

ART. 376.

Le produit des retenues opérées en conformité des dispositions qui font l'objet des paragraphes 2, 3, 4, 5, 6 de l'article 373 est versé au Trésor dans la forme prescrite par les règlements sur la comptabilité publique.

Le produit des retenues est versé au trésor.

Le versement est opéré pour le compte et au titre du service de l'habillement.

Les récépissés des versements sont transmis, sans délai, au commissaire général du port qui compte de la dépense de la division ou du bâtiment au titre duquel le débet avait été signalé.

Les commissaires de l'inscription maritime font écriture de ces remboursements totaux ou partiels sur les registres de la dette flottante, et font parvenir trimestriellement au ministère de la marine un état conforme au modèle n° 44, indiquant ces opérations, afin qu'il en soit également tenu compte sur le contrôle général et sur le grand-livre journal.

ART. 377.

Lorsqu'un marin en débet se livre à la navigation du commerce ou à la pêche, le commissaire de l'inscription maritime fait apostiller la dette sur le rôle d'équipage du navire sur lequel ce marin est embarqué, et fait opérer les retenues au fur et à mesure du payement des salaires.

Dans le cas où le navire serait désarmé dans un port autre que celui de son armement, le commissaire de l'inscription maritime qui procède à la clôture du rôle donne à l'apostille du débet la suite qu'elle comporte. Toutefois, sa participation se borne à faire effectuer le versement au Trésor du montant des retenues, et à transmettre le récépissé au commissaire de l'inscription maritime du port d'armement. Ce dernier procède ensuite ainsi qu'il est dit en l'article précédent.

ART. 378.

Quand des marins en débet se livrent à une industrie qui ne permet pas de procéder par voie de retenue directe, ainsi qu'il est dit en l'article 373 ci-dessus, et que ces marins montrent de la mauvaise volonté à se libérer de leur dette, les commissaires de l'inscription maritime en rendent compte au ministre qui, défère, s'il y a lieu, à l'agent judiciaire du Trésor public, les poursuites à exercer dans l'intérêt de l'État.

ART. 379.

Le manque de travail et l'absence sans nouvelles font suspendre l'action à exercer pour le recouvrement des dettes.

ART. 380.

Le ministre de la marine et des colonies peut dégrever de tout ou partie de leur dette, savoir :

1º Les marins devenus impropres au service de l'État par suite d'infirmités ou de blessures contractées ou reçues dans un service commandé ;

2º Les marins devenus impropres à tout service ou industrie et hors d'état de pourvoir à leur subsistance, quelle que soit la cause de leur incapacité ;

3º Les marins décédés ou disparus dans un sinistre.

À cet effet, les commissaires de l'inscription maritime font parvenir au ministre, dans les premiers jours de chaque trimestre, un état de propositions conforme au modèle nº 45.

La radiation ou le dégrèvement partiel du débet est opéré sur les registres de la dette flottante, d'après la décision du ministre, dont avis est transmis dans le quartier d'inscription du marin rayé ou dégrevé.

ART. 381.

Dès qu'un marin passe, pour une cause quelconque, de l'administration d'un quartier de l'inscription maritime sous celle d'un autre quartier, le commissaire sur le contrôle duquel la dette du marin est inscrite dresse en double expédition et fait parvenir à son collègue un avis individuel conforme au modèle nº 46.

Après inscription du débet sur ses livres, le commissaire du nouveau quartier dans lequel il a été pris charge renvoie au commissaire qui a dressé l'avis une des deux expéditions revêtue de son récépissé. Ce dernier, après radiation du débet sur ses livres, fait parvenir le récépissé au ministre, afin qu'il soit pris note du mouvement sur le contrôle général et le grand-livre de la dette flottante.

ART. 382.

Dans les premiers jours de chaque trimestre, les commissaires de l'inscription maritime et le commandant de la compagnie de discipline dressent et font parvenir au ministre un relevé textuel des opérations constatées sur leur grand-livre journal pendant le trimestre écoulé.

Le relevé établi pour le quatrième trimestre de l'année présente le résultat général des opérations de la gestion.

Lorsqu'aucune opération n'a été faite dans un quartier pendant le courant d'un trimestre, il en est adressé un avis pour néant.

TITRE IX.

DISPOSITIONS PARTICULIÈRES.

ART. 383.

Inspections administratives des commissaires généraux.

Les commissaires généraux de la marine, à l'époque de leurs inspections administratives, et lorsqu'ils ont passé les revues d'effectif mentionnées en l'art. 335, se font représenter les registres et les pièces justificatives, à l'effet de vérifier et arrêter la comptabilité des divisions et des bâtiments. Ils se conforment à cet égard aux instructions du ministre de la marine, auquel ils rendent compte de leurs opérations. Ils examinent en même temps, dans toutes ses parties, le travail des commissaires aux armements.

Les commissaires généraux sont tenus, sous leur responsabilité personnelle, de faire cesser les négligences ou abus qu'ils auraient découverts.

ART. 384.

Responsabilité les fonctionnaires du commissariat.

Les officiers du commissariat sont pécuniairement responsables de tous les payements qu'ils auraient faits ou autorisés contrairement aux lois, ordonnances, décrets, règlements, sauf leur recours contre les parties prenantes.

Toutefois, cette responsabilité ne s'étend au payement des allocations ordonnancées collectivement pour les équipages que dans les cas où les allocations irrégulières auraient, au préalable, été autorisées par eux d'une manière expresse.

Les officiers du commissariat ne peuvent être constitués pécuniairement responsables qu'en vertu d'une décision motivée du ministre de la marine et des colonies.

ART. 385.

Les officiers et marins appartenant à une division à terre ou à un bâtiment armé, qui ont des réclamations à former pour solde et accessoires de solde, les adressent au conseil d'administration, qui est tenu, s'il ne peut y satisfaire, de les transmettre le plus tôt possible au commissaire aux armements.

Si le commissaire aux armements ne juge pas qu'il y ait lieu de satisfaire à la réclamation, il doit motiver son refus par écrit et le notifier, par la voie hiérarchique, au réclamant, qui peut recourir au commissaire général.

Les réclamants peuvent toujours recourir au Ministre de la marine, relativement à l'objet de leurs réclamations, mais en joignant à leurs demandes les réponses qu'ils auraient précédemment reçues, en conformité du 2e § du présent article.

IIe PARTIE.

DE L'ADMINISTRATION ET DE LA COMPTABILITÉ INTÉRIEURES DES DIVISIONS ET DES BÂTIMENTS.

TITRE PRÉLIMINAIRE.

ART. 386.

Administration dans les divisions et à bord des bâtiments.
Par qui exercée.

L'administration, dans chaque division à terre et à bord de chacun des bâtiments de la flotte, est exercée par un conseil, qui prend le nom de conseil d'administration.

Toutefois, à bord des bâtiments légers qui ne comportent pas réglementairement d'officier d'administration titulaire, l'administration est exercée par l'officier commandant, qui prend le titre de *capitaine comptable.*

ART. 387.

Obligations des conseils.
Détachements.

Les conseils d'administration des divisions et des bâtiments, et les capitaines comptables, sont chargés de toutes les opérations concernant l'ensemble du personnel appartenant à la division ou au bâtiment, de la centralisation des comptes et du dépôt des archives.

Les détachements en route, ou momentanément éloignés de la division ou du bâtiment auquel ils appartiennent, ont une administration distincte pendant le temps de la route ou de la séparation.

ART. 388.

Administration des détachements.
Par qui exercée.

L'administration distincte est exercée, savoir :

Dans les détachements de trois cents hommes et au-dessus, appartenant à une division et employés à terre hors d'un des cinq grands ports militaires, par un conseil d'administration éventuel ;

Dans tous les autres détachements en route, ou éloignés d'un bâtiment ou d'une division, par l'officier ou l'officier marinier commandant.

ART. 389.

Nonobstant le principe posé en l'article 387, les détachements qui stationnent hors du lieu où se trouve la division ou le bâtiment auquel ils appartiennent n'ont pas d'administration distincte, lorsqu'à raison de leur proximité et de la facilité des communications, ils peuvent demeurer soumis à l'action directe de leur conseil d'administration.

L'usage à faire de cette disposition est réglé, en France, par le préfet maritime, sur la proposition du commissaire général, et, à l'extérieur, par le commandant en chef, sur la proposition du commissaire d'escadre ou de division, ou par le capitaine lorsqu'il s'agit d'un bâtiment détaché d'une force navale ou naviguant isolément.

ART. 390.

Le capitaine de tout bâtiment qui, à raison de la composition de l'état-major, comporte un conseil, en a seul l'administration, si le nombre des officiers devient insuffisant pour former ce conseil.

Dans ce cas, l'officier d'administration ou l'officier qui en remplit les fonctions demeure chargé, sous l'autorité du capitaine, de la tenue des écritures et de l'établissement des pièces comptables.

La même disposition est applicable aux détachements susceptibles d'être placés sous l'administration d'un conseil éventuel.

ART. 391.

Les conseils d'administration ont pour agents le major ou l'officier qui le remplace et les officiers comptables.

26.

Sont compris sous la dénomination d'officiers comptables le trésorier et l'officier d'habillement.

Les officiers comptables sont responsables de tous les faits de la gestion qui leur est confiée.

L'adjoint au trésorier et l'adjoint à l'officier d'habillement, dans les divisions à terre, ne sont comptables que quand ils remplissent les fonctions dévolues aux titulaires.

ART. 392.

Formes générales de la comptabilité.

Dans chaque division et à bord de chaque bâtiment, les comptes en deniers sont tenus en deux parties, dont l'une est arrêtée par trimestre d'année et l'autre par exercice.

La première comprend les recettes et les dépenses effectuées dans le cours des trois mois qui forment le trimestre au titre duquel le compte est établi ;

La seconde, sous le nom de compte de classification, embrasse toutes les recettes et les dépenses applicables à la liquidation des droits acquis pendant l'exercice, à quelque date qu'elles s'effectuent.

Il n'est fait emploi que de sommes brutes dans tous les termes de la comptabilité en deniers des divisions et des bâtiments. En conséquence, lors de la constatation de l'existant des valeurs en caisse, le résultat des écritures est atténué du montant des 3 p. o/o retenus par le Trésor au profit de la caisse des invalides de la marine.

Les comptes en nature (service de l'habillement) sont tenus et réglés par trimestre d'année.

TITRE PREMIER.

DES CONSEILS D'ADMINISTRATION.

CHAPITRE PREMIER.
De la composition des conseils.

ART. 393.

Les conseils d'administration sont composés comme suit, savoir :

1° Pour chacune des divisions de 1re classe, à Brest et à Toulon :

Le commandant de la division, président ;

Le commandant en second ;

Le major, rapporteur ;

Deux commandants de compagnie ;

Le trésorier, secrétaire :

L'officier d'habillement ;

2° Pour chacune des divisions de 2e classe, à Cherbourg et à Rochefort :

Le commandant de la division, président ;

Le commandant en second, faisant fonctions de major, rapporteur ;

Un commandant de compagnie ;

Le trésorier, secrétaire ;

L'officier d'habillement ;

3° Pour la division de Lorient :

Le commandant de la division, président ;

Le commandant en second, faisant fonctions de major, rapporteur ;

Le chef de bataillon directeur de l'école des fusiliers ;

Un officier de marine, commandant de compagnie ;

Un officier d'infanterie, commandant de compagnie ;

Composition des conseils d'administration.

Le trésorier, secrétaire ;

L'officier d'habillement ;

4° Pour chacun des bâtiments de la flotte :

L'officier commandant, président ;

L'officier en second ;

L'officier d'administration, trésorier et chargé de l'habillement, secrétaire ;

5° Pour chaque détachement dont la situation comporte un conseil éventuel :

L'officier commandant le détachement, président ;

L'officier qui prend rang après lui ;

Un officier de marine ou un officier d'administration, chargé des fonctions de payeur et des détails de l'habillement, secrétaire.

Les fonctions de rapporteur près des conseils d'administration des bâtiments et des conseils éventuels sont remplies par l'officier en second.

ART. 394.

Renouvellement des commandants de compagnies membres des conseils.

Les commandants de compagnie qui entrent dans la composition des conseils d'administration des divisions sont pris par rang d'ancienneté de grade, pour la première formation. Ils sont renouvelés, à tour de rôle, le 1er janvier de chaque année.

ART. 395.

Les membres absents ne peuvent exercer.

Leur remplacement.

Les membres des conseils ne peuvent exercer que s'ils sont présents. En cas d'absence, ils sont suppléés, savoir :

Les officiers supérieurs des divisions, par les adjudants-majors, d'après l'ordre d'ancienneté ;

Les officiers comptables, par les officiers qui les remplacent dans l'exercice de leurs fonctions ;

Les commandants de compagnies, par d'autres commandants de compagnies désignés à l'avance.

La mission du suppléant finit le jour où le titulaire peut reprendre ses fonctions.

ART. 396.

En cas d'absence du commandant titulaire, la présidence revient à l'officier qui le remplace dans l'ordre du service.

Lorsque la présidence du conseil d'administration d'une division est dévolue au major, il n'y est pas remplacé comme rapporteur.

Remplacement
du commandant
titulaire.

ART. 397.

Les officiers désignés pour être membres des conseils (titulaires ou suppléants) ne peuvent refuser le mandat qui leur est donné.

Les fonctions
de
membres des conseils
sont obligatoires.

CHAPITRE II.

De l'installation des conseils.

ART. 398.

La première installation des conseils est effectuée de plein droit par le fait seul de la présence dans une division ou à bord d'un bâtiment des officiers qui sont appelés à en faire partie. Elle est constatée par un procès-verbal dans lequel sont relatés les noms et prénoms des membres titulaires. Cet acte est signé par tous les membres présents et transcrit sur le registre des délibérations.

Installation
des conseils.

ART. 399.

Après cette opération, toute modification survenant dans la composition des conseils est valablement constatée par la simple mention au registre des délibérations des noms et grades des membres entrant en exercice et du motif de la cessation des fonctions des membres qu'ils remplacent.

Modification
dans la composition
des conseils.
Comment constatée.

CHAPITRE III.

Des attributions des conseils.

ART. 400.

Direction
et surveillance
attribuées
aux conseils

Les conseils dirigent l'administration dans tous ses détails et surveillent les commandants de compagnies dans l'exercice des fonctions qui leur sont attribuées par le présent décret.

Ils prennent toutes les mesures nécessaires pour la bonne exécution des règlements, ordres ou instructions concernant l'administration.

ART. 401.

Acquits à mettre
sur les ordonnances
et mandats.

Les conseils d'administration quittancent, à l'échéance du payement, les ordonnances ou mandats délivrés au profit de la division ou du bâtiment, et les remettent au trésorier pour qu'il en reçoive le montant.

Ils vérifient et constatent les recettes faites directement par le trésorier, depuis la dernière séance.

ART. 402.

Remise de fonds
au trésorier.

Les conseils ordonnent l'acquittement de toutes les dépenses et remettent au trésorier les fonds nécessaires pour les payements exigibles, d'après les pièces probantes que le comptable leur présente.

Dans les divisions, ils remettent en outre au trésorier, au fur et à mesure des besoins, le montant approximatif des dépenses à acquitter pendant une quinzaine.

Cette remise s'effectue après la justification de l'emploi des fonds que le trésorier a précédemment reçus, et sous la déduction des sommes restant entre ses mains.

ART. 403.

Dans les divisions, les conseils d'administration passent les marchés et abonnements pour toutes les fournitures, confections ou réparations dont la dépense est à la charge des fonds intérieurs, et règlent les prix des objets dont la nature ou la valeur ne comporte pas de marché.

Les marchés et abonnements passés par les conseils d'administration des divisions sont définitifs, lorsqu'après avoir été visés par le commissaire aux armements, ils ont été approuvés par le commissaire général de la marine.

Ces marchés sont établis dans la forme déterminée par le modèle n° 48.

ART. 404.

Les conseils procèdent ou font procéder, par les officiers qu'ils délèguent, à la réception des matières et des effets. Ils règlent les sorties du magasin d'habillement pour les confections et pour les délivrances aux bâtiments, et ils autorisent, avant l'opération, toute délivrance ou consommation extraordinaire.

Ils font mettre, en leur présence, le cachet du conseil sur les échantillons et modèles d'effets, avec la date de l'envoi qui en a été fait par le ministre, ou de l'acceptation par eux de ceux qu'ils ont choisis.

ART. 405.

Les conseils arrêtent *ne varietur* les registres de comptabilité, après s'être assurés que les recettes, dépenses et consommations ont été régulièrement autorisées, et qu'elles sont justifiées par les pièces à l'appui. Ils certifient les états, bordereaux et autres pièces, aux époques déterminées, et dans les cas prévus par le présent décret.

ART. 406.

Instructions
à rédiger
pour l'administration
des détachements.
Fonds
à leur remettre.

Les conseils d'administration des divisions et des bâtiments font rédiger, d'après les prescriptions réglementaires, pour être remises aux conseils éventuels et aux chefs de détachements, des instructions détaillées sur les formes à suivre pour l'administration des détachements pendant le temps de leur séparation de la division ou du bâtiment.

Ils font remettre, s'il y a lieu, aux détachements qui s'éloignent temporairement les fonds nécessaires à leurs premiers besoins.

ART. 407.

Devoirs
du président.

Le président seul ouvre les lettres et dépêches adressées au conseil et remet au major, dans les divisions, et à l'officier d'administration, à bord des bâtiments, celles qui sont relatives à l'administration.

Il fait verser immédiatement dans la caisse du conseil le montant des ordonnances ou mandats touchés par le trésorier.

Il vise les états de services et tous autres extraits ou copies expédiés d'après les registres et documents authentiques, dès qu'ils ont été certifiés et vérifiés par qui de droit.

CHAPITRE IV.

Des séances des conseils.

ART. 408.

Mode
de délibération.

Les conseils ne peuvent délibérer qu'en séance et lorsque tous les membres sont présents.

ART. 409.

Convocation
des
conseils.

Le conseil s'assemble sur la convocation du président, dans le lieu ordinaire de ses séances, ou, en cas d'empêchement, dans le lieu que celui-ci désigne.

ART. 410.

Les commissaires aux armements peuvent, toutes les fois qu'ils le jugent nécessaire, assister aux séances des conseils d'administration. Ils peuvent aussi, dans les cas d'urgence et sous l'obligation d'en rendre compte immédiatement à l'autorité supérieure, réclamer la convocation des conseils d'administration des divisions et de ceux des bâtiments en rade ou dans le port, lorsque ces bâtiments sont placés sous l'autorité des préfets maritimes.

Les commissaires d'escadre ou de division demandent au commandant en chef la réunion des conseils d'administration toutes les fois qu'ils le jugent convenable.

ART. 411.

La faculté mentionnée en l'article précédent n'appartient qu'au titulaire de la fonction, et ne peut être déléguée.

ART. 412.

Les membres des conseils prennent place à la droite et à la gauche du président, selon l'ordre hiérarchique.

Le major se place en face du président, l'officier comptable le plus ancien à sa droite et le moins ancien à sa gauche.

ART. 413.

Lorsqu'un officier du commissariat assiste au conseil, il siége en face du président, le major est à sa droite et l'officier comptable le plus ancien à sa gauche; l'autre officier comptable est à la droite du major.

Si un commissaire général se trouve au conseil, le commissaire aux armements prend place à sa droite et le major à sa gauche. L'officier comptable le plus ancien est près du commissaire aux armements, et le moins ancien près du major.

ART. 414.

Place attribuée aux officiers généraux.

Lorsqu'un inspecteur général d'armes réunit le conseil, le commandant de la division ou du bâtiment prend place en face de lui. L'officier général, le major général et les officiers du commissariat qui accompagnent l'inspecteur général, ainsi que le major et les officiers comptables, se placent à sa droite et à sa gauche, dans l'ordre des préséances et de la hiérarchie.

ART. 415.

Mode de prononcer des conseils.

Tous les membres d'un conseil d'administration ont voix délibérative.

Le conseil prononce à la majorité des voix. Les membres les moins élevés en grade, et à égalité de grade, les moins anciens, opinent les premiers.

ART. 416.

Le président met les affaires en délibération.

Le président seul met les affaires en délibération. Il communique ou fait communiquer au conseil, par le rapporteur, les lettres, dépêches, mandats de payement et autres pièces relatives à l'administration ou à la comptabilité qu'il a reçues depuis la dernière séance, ainsi que les instructions ou décisions insérées au *Bulletin officiel*, et que le conseil doit connaître.

ART. 417.

Rapport par écrit.

Le rapporteur n'est tenu d'exposer les affaires par écrit que lorsqu'il en est requis par le conseil ou par le président.

ART. 418.

Proposition à mettre en délibération.

La proposition faite par un membre du conseil doit être mise en délibération, si la majorité décide qu'il y a lieu de la discuter.

ART. 419.

Chaque séance du conseil est constatée par un procès-verbal, en tête duquel sont désignés les noms et grades des membres présents; ce procès-verbal est inscrit au registre des délibérations et signé par tous les membres présents à la séance.

Lorsqu'un officier du commissariat assiste au conseil, sa présence est mentionnée au procès-verbal; mais il n'appose sa signature au registre des délibérations que si le procès-verbal constate une opération ou une communication faite par lui.

Le président du conseil d'administration d'une division à terre fait parvenir, tous les cinq jours, au commissaire aux armements une analyse signée par lui des délibérations de chaque séance.

Constatation des séances.

ART. 420.

Les membres qui n'adhèrent pas à l'avis de la majorité ont le droit de consigner à la suite du procès-verbal, en séance, les motifs de leur opposition.

Droit des membres opposants.

ART. 421.

Lorsque les délibérations des conseils ont pour objet la vérification de la gestion des officiers comptables, ces officiers n'ont que voix consultative. Ils n'en signent pas moins les procès-verbaux de ces séances.

Cette disposition est applicable à tout membre du conseil qui peut avoir un intérêt direct à la décision.

Dans ces circonstances, les décisions sont prises à la majorité des votants. S'il y a partage égal d'avis, la voix du président est prépondérante.

Cas dans lequel certains membres ont voix consultative seulement.

ART. 422.

Le président donne les ordres nécessaires pour l'exécution des délibérations.

Exécution des délibérations.

ART. 423.

Correspondance
du conseil.
Par qui signée.

La correspondance du conseil est signée par tous les membres.

Le président signe seul les lettres qui ont pour objet l'envoi ou la transmission des pièces qui sont revêtues de la signature du conseil, celles qui n'ont pas trait aux délibérations et les accusés de réception.

CHAPITRE V.

De la responsabilité des conseils.

ART. 424.

Responsabilité
pécuniaire
des conseils.

Les conseils d'administration sont pécuniairement responsables :

1° De la légalité des payements, consommations ou distributions qu'ils ordonnent ou autorisent;

2° De l'existence des fonds et des matières et effets dont ils constatent la situation dans l'arrêté des registres tenus par les officiers comptables;

3° Des irrégularités ou erreurs signalées et qu'ils auraient omis de faire redresser en temps utile;

4° Du montant des reprises ou retenues qu'ils négligent d'exercer ou de signaler;

5° Des retenues illégales qu'ils peuvent avoir prescrites ou approuvées;

6° Des pertes ou déficit de fonds, en cas d'inexécution des mesures prescrites, et notamment des dispositions de l'article 402 ci-dessus.

Toutefois, les membres du conseil qui n'auraient point adhéré à une mesure adoptée par la majorité, et qui ont consigné les motifs de leur opposition au registre des délibérations, ne sont point passibles de la responsabilité que cette mesure entraîne.

ART. 425.

Les membres qui participent par leur vote à l'exécution d'une mesure prise en contravention des règlements, avant leur entrée en fonctions, partagent la responsabilité de ceux qui ont concouru à l'adoption de cette mesure.

Cas particuliers
de
responsabilité.

ART. 426.

Les commissaires généraux de la marine déterminent, lors de leurs inspections administratives ou sur le rapport du commissaire aux armements, les sommes dont les conseils doivent être constitués débiteurs, par suite de la responsabilité qu'ils ont encourue.

La répartition de ces sommes est faite entre les membres qui ont autorisé, commis ou confirmé l'irrégularité, la contravention ou la négligence, au prorata de la solde du grade dont chacun d'eux était alors titulaire.

Les officiers peuvent appeler de la décision du commissaire général au ministre, dans le délai de trois mois, à dater du jour où cette répartition leur a été notifiée; quand elle se produit immédiatement, leur réclamation est suspensive de l'imputation prescrite.

Répartition
des sommes
dont les conseils
sont débiteurs.

ART. 427.

Le président est responsable des conséquences du non-versement en caisse du montant des ordonnances ou mandats remis au trésorier, si, à l'expiration d'un délai suffisant pour la perception des fonds, il ne donne avis, par écrit, du non-versement, savoir :

Au commissaire aux armements, dans un port de France ou dans une colonie française ;

Au commissaire de l'escadre ou de la division, dans les escadres ou divisions navales ;

Au ministre de la marine et des colonies, pour les bâtiments à

Responsabilité
du président.

l'étranger naviguant isolément. Dans ce dernier cas, avis de l'événement doit être donné au consul de France sur les lieux, afin qu'il soit procédé avec son concours aux recherches que la situation comporte.

Le conseil est immédiatement convoqué à l'effet de recevoir la déclaration du non-versement. Ampliation de la délibération, signée de tous les membres, est adressée ainsi qu'il est dit ci-dessus.

TITRE II.

DES AGENTS DES CONSEILS D'ADMINISTRATION.

CHAPITRE I.
Du Major.

ART. 428.

Exécution
des délibérations.

Le major dans les divisions à terre, veille, sous l'autorité du président du conseil d'administration, à l'exécution des délibérations.

ART. 429.

Surveillance
sur
tous les détails
d'administration.

Il exerce une surveillance permanente sur tous les détails d'administration et de comptabilité dont les officiers comptables et les commandants de compagnie sont respectivement chargés, et signale au conseil les abus ou irrégularités qu'il reconnaît.

Il peut exiger pour ses vérifications, avec l'autorisation du président du conseil, le déplacement des registres de comptabilité en deniers et en matières et des pièces à l'appui.

ART. 430.

Surveillance
sur les recettes
du
trésorier.

Il veille à ce que le trésorier touche exactement les sommes dont la recette doit être effectuée sur les quittances de ce comptable, et il en certifie l'inscription sur le livret de payement.

ART. 431.

Il s'assure, par la vérification des quittances ou récépissés fournis au trésorier depuis la dernière séance, que les dépenses pour l'acquittement desquelles ce comptable a reçu les fonds nécessaires sont payées sans délai ; il rend compte au président du conseil d'administration de tout retard non justifié.

Il appose son visa sur ces quittances ou récépissés.

Vérification
des dépenses
faites
par le trésorier.

ART. 432.

Il vérifie la situation matérielle de la caisse du trésorier, chaque fois que le conseil est convoqué pour une séance dans laquelle il doit être délibéré sur une remise de fonds à faire à ce comptable.

Vérification
de
la caisse du trésorier.

ART. 433.

Il exerce une surveillance particulière sur tous les détails du service de la confection des effets d'habillement et soumet à l'approbation du conseil toutes les mesures d'ordre dont ce service lui paraîtrait susceptible.

Il préside la commission chargée de procéder à l'examen des effets confectionnés, et reste dépositaire des cachets à apposer tant sur les échantillons et modèles que sur les effets neufs.

Surveillance
particulière
sur le service
des confections.

ART. 434.

Il surveille l'exécution des ordres donnés par le commandant de la division pour les distributions et les réintégrations en magasin des objets appartenant à la division et rend compte sommairement au conseil de ces opérations.

Mouvements
du magasin.

ART. 435.

Il délivre aux officiers comptables et aux commandants de compagnie les extraits des délibérations, lorsque le conseil décide que la notification leur en sera faite par écrit.

Notification
des extraits
de délibération.

ART. 436.

Il vérifie et constate l'exactitude des registres et de toutes les pièces établies par les officiers comptables, pour être soumises à la signature du conseil ou du président.

ART. 437.

Il tient la matricule des marins provenant du recrutement et de l'engagement volontaire ; il certifie les extraits qu'il en délivre.

Il prépare, lorsqu'il y a lieu, les états, mémoires de proposition et autres pièces concernant la constatation des services des officiers mariniers et marins.

ART. 438.

Il est personnellement responsable, sauf son recours contre les officiers comptables :

1° Du préjudice résultant pour l'État des supputations inexactes ou erreurs de calcul dans les pièces de recettes, dépenses ou consommations, et dans les registres tenus par le trésorier et par l'officier d'habillement, s'il néglige de les faire redresser ou de les signaler en temps utile au conseil ;

2° Des conséquences de l'inobservation des devoirs qui lui sont imposés par les articles 430, 431 et 432 ;

3° Des délivrances et distributions irrégulières faites d'après les bons revêtus de son approbation.

ART. 439.

Les dispositions des articles 428, 429, 434 et 436 ci-dessus sont applicables à l'officier en second à bord des bâtiments, lorsque l'administration de ces bâtiments est confiée à un conseil.

CHAPITRE II.

Du Trésorier.

ART. 440.

Le trésorier est chargé de toutes les écritures qui concernent la comptabilité en deniers.

Il est chargé
des écritures
de la comptabilité
en deniers.

ART. 441.

Il rédige la correspondance du conseil, à l'exception de celle qui est relative au service de l'habillement, et il en tient un enregistrement.

Il rédige
la correspondance
du conseil.

ART. 442.

Il est l'archiviste du corps et, comme tel, dépositaire de tous les registres et pièces quelconques conservées à titre de renseignements, du *Bulletin de la marine et des autres publications officielles.*

Archiviste du corps.

ART. 443.

Il établit et certifie les extraits des rôles d'équipage et de tous autres registres dont la tenue lui est confiée.

Extraits
établis et certifiés
par
le trésorier.

ART. 444.

Il est dépositaire du livret de payement.

Il l'est également du timbre du conseil qu'il appose sur toutes les pièces signées par ce conseil ou par le président seul.

Dépositaire
du livret et du timbre
du conseil.

ART. 445.

Il fait toutes les recettes de fonds.

Il verse immédiatement dans la caisse du conseil les sommes qui proviennent:

Recette des fonds.

Versement
dans la caisse
du conseil.

1° De l'acquittement des ordonnances et mandats délivrés au profit du corps par le ministre, le grand chancelier de la Légion d'honneur, les officiers du commissariat ou tous autres ordonnateurs de dépenses ;

2° Des versements effectués par les capitaines de compagnie, par les détachements ou par d'autres corps.

Néanmoins, les trésoriers des divisions peuvent, avec l'autorisation du major, conserver dans leur caisse particulière les sommes provenant de ces derniers versements, lorsque ces sommes, réunies à celles qui sont déjà à leur disposition, n'excèdent pas le montant des fonds nécessaires pour les besoins du service courant.

ART. 446.

Quittances données par le trésorier.

Il donne quittance des sommes reçues lorsque le conseil ne doit pas en signer l'acquit.

ART. 447.

Sommes reçues du conseil.

Il reçoit de la caisse du conseil, dans les limites posées par l'article 402, les sommes nécessaires pour le payement des dépenses.

ART. 448.

Acquittement des dépenses.

Il paye, après vérification sur pièces et acquits réguliers, toutes les dépenses, au moyen des fonds que le conseil a laissés ou mis à sa disposition.

Dans les divisions, il peut acquitter, sans une autorisation spéciale du conseil, la solde et les accessoires de solde, les gages, primes ou indemnités fixes, les fournitures et travaux réglés par abonnement, et l'avoir des hommes présents qui quittent la division.

ART. 449.

Il ne peut faire aucun payement qu'aux ayants droit ou à leurs fondés de pouvoirs.

Les pouvoirs restent annexés aux quittances des mandataires.

Validité
des dépenses.

ART. 450.

Il est personnellement responsable :

1° Des fonds qu'il a reçus, et dont il doit faire le versement dans la caisse du conseil ;

2° De ceux qu'il a reçus directement sur ses quittances ou qui lui ont été remis par le conseil pour le service courant, jusqu'à ce qu'il en ait justifié l'emploi ;

3° De tout payement irrégulier, des avances et virements non autorisés par le conseil, des omissions de recettes, erreurs de calculs, doubles emplois, surcharges ou altérations d'écritures.

Responsabilité
personnelle.

CHAPITRE III.

De l'Officier d'habillement.

ART. 451.

L'officier d'habillement est chargé de tous les détails qui constituent le service de l'habillement et des écritures qui s'y rapportent.

Dans les divisions, ce service embrasse l'emmagasinement, la conservation, les confections, réparations, distributions et expéditions

Des matières et effets d'habillement,

Des objets d'équipement, de l'armement et des munitions de guerre,

Et de tous les autres objets matériels appartenant à la division.

A bord des bâtiments, ce service concerne uniquement la ré-

Il est chargé
des
détails du service
de l'habillement.

ception et la distribution des effets d'habillement, du tabac et du savon embarqués en approvisionnement de prévoyance.

ART. 452.

Officiers et agents sous ses ordres.

L'officier d'habillement dans les divisions a sous son autorité immédiate les officiers, officiers-mariniers et marins affectés à ce service.

Il a également sous ses ordres directs les ouvriers et les maîtres ouvriers et surveille journellement l'exécution de leurs travaux.

ART. 453.

Entretien des objets en magasin.

Il prend ou provoque les mesures propres à assurer le bon entretien de tous les objets renfermés ou déposés dans les magasins mis à sa disposition.

ART. 454.

Il rédige la correspondance de son service.

Il rédige la correspondance du conseil relative au service de l'habillement et les projets de marchés ou d'abonnements.

Il tient enregistrement de la correspondance qu'il expédie.

ART. 455.

Dépositaire des livrets de l'habillement.

Il est dépositaire du livret de l'habillement et de celui des modèles et échantillons-types. Ces livrets lui sont remis par le conseil.

ART. 456.

Vérification des bons de distribution.

Il vérifie les bons de distribution et les états ou factures de fournitures quelconques, confections et réparations, relatives à son service; il énonce sur les factures la somme à payer.

ART. 457.

États des besoins de la division.

Il dresse les états destinés à constater les besoins de la division,

en ce qui concerne l'habillement, le grand équipement, l'armement et les munitions de guerre.

ART. 458.

Il établit les pièces comptables prescrites par les règlements et
instructions qui régissent les services de l'habillement et de l'armement.

Établissement
des
pièces comptables.

ART. 459.

Il est responsable des déficit, dégradations ou avaries constatées
dans les matières et objets existant en magasin, ainsi que des dégradations ou avaries survenues aux effets d'habillement expédiés à des
bâtiments, lorsqu'il est établi qu'il y a eu défaut de soins ou de surveillance de sa part.

Il est également responsable des consommations ou distributions
irrégulières, des omissions de recettes, erreurs de calcul, doubles
emplois, surcharges et altérations d'écritures.

Responsabilité
personnelle.

CHAPITRE IV.

*Des Officiers d'administration des bâtiments et des Officiers comptables des
détachements.*

ART. 460.

Les officiers d'administration des bâtiments et les comptables près
des détachements administrés par un conseil exercent les doubles
fonctions de trésorier et d'officier d'habillement. Ils encourent la responsabilité attachée à l'une et à l'autre de ces fonctions pour celles
des opérations qui leur incombent en vertu des dispositions du présent décret.

Toutefois, les mesures à prendre pour la conservation de l'approvisionnement de prévoyance des bâtiments en effets d'habillement,

Fonctions
et responsabilité.

tabac et savon, incombent plus particulièrement au commandant et à l'officier en second de chaque bâtiment. La responsabilité résultant de la non-exécution de ces mesures n'atteint l'officier d'administration que lorsqu'il a omis d'en provoquer l'application ou d'en constater les résultats.

TITRE III.

DES CAPITAINES COMPTABLES ET DES CHEFS DE DÉTACHEMENTS N'AYANT PAS DE CONSEIL.

ART. 461.

Attributions, obligations et responsabilité.

Les attributions, les obligations et la responsabilité des conseils, de leur président et des officiers comptables sont communes aux capitaines comptables des bâtiments et aux chefs des détachements n'ayant pas de conseil d'administration.

Les fonctions de commandants de compagnie sont en outre attribuées à ces officiers, lorsque les marins qu'ils commandent ne sont pas formés en compagnie.

Les capitaines comptables et les chefs de détachements peuvent, sous leur responsabilité personnelle, se faire aider, dans les détails et écritures relatifs à l'administration, par un officier et par des officiers mariniers ou marins sous leurs ordres.

Toutefois, dans le cas prévu à l'article 390 ci-dessus, l'officier d'administration du bâtiment partage la responsabilité qui s'attache à la tenue des écritures et à la régularité des pièces comptables, dont il certifie l'exactitude sous le visa du capitaine.

TITRE IV.

DES COMMANDANTS DE COMPAGNIE.

ART. 462.

Les commandants de compagnie sont chargés, sous l'autorité et la surveillance du conseil et du major, de tous les détails et écritures qui ont pour objet l'administration des marins placés sous leurs ordres; ils font tenir les écritures par les sergents-majors et les fourriers.

Obligations générales.

ART. 463.

Ils veillent constamment aux intérêts des marins et doivent s'attacher à prévenir tout ce qui pourrait avoir pour effet d'obérer leur solde.

Ils veillent aux intérêts des marins.

ART. 464.

Ils jugent directement, sauf le recours des parties intéressées au major, et subsidiairement au conseil, si, en raison de la cause manifeste ou apparente des dégradations faites aux effets, objets ou armes appartenant à l'État, la valeur de ces dégradations doit être mise à la charge des hommes qui sont détenteurs des effets ou des armes.

Appréciation des imputations à faire aux hommes.

ART. 465.

Ils sont responsables des fonds, effets et fournitures quelconques dont ils donnent quittance ou récépissé. Ils sont également responsables des distributions de toute nature effectuées en excédant aux droits réels, d'après les situations qu'ils ont certifiées, sauf recours contre les parties prenantes pour les dépenses imputables sur la solde.

Responsabilité.

ART. 466.

Commandants
de fractions
de compagnie.

Toutes les dispositions qui concernent les commandants de compagnie sont applicables aux commandants de fractions de compagnie, quel que soit le grade de ces derniers.

TITRE V.

DES FONDS.

CHAPITRE I.

Des valeurs en caisse.

ART. 467.

Caisses
dont les divisions
et les bâtiments
sont pourvus.

Les conseils d'administration, capitaines comptables et chefs de détachements sont pourvus d'une caisse pour le dépôt des sommes et valeurs qu'ils perçoivent.

Dans les divisions à terre, le trésorier conserve dans une caisse particulière les fonds mis à sa disposition.

ART. 468.

Dépositaires
des clefs.

La caisse du conseil d'une division a deux clefs : l'une reste dans les mains du président; la seconde est remise au major.

La caisse du conseil d'un bâtiment et d'un détachement a trois clefs : chaque membre du conseil est détenteur d'une des clefs.

La caisse du capitaine comptable n'a qu'une clef.

ART. 469.

Responsabilité
des dépositaires
des clefs.

La caisse du conseil, dans les divisions et à bord des bâtiments, est déposée chez le président, qui doit prendre toutes les mesures de sûreté nécessaires pour la garde et la conservation de ladite caisse, et qui est personnellement responsable de tout événement résultant d'un défaut de prévoyance à cet égard.

Les dépositaires des clefs sont responsables des fonds et valeurs renfermés dans la caisse, d'où rien ne doit sortir sans une délibération du conseil.

ART. 470.

Le trésorier d'une division est seul responsable des fonds qui entrent dans sa caisse, sans préjudice du recours subsidiaire que l'État peut exercer envers le conseil d'administration ou le major, dans les cas prévus par les articles 424, § 6, et 438.

Responsabilité du trésorier.

ART. 471.

Tous les fonds appartenant à une division à terre, à un bâtiment ou à un détachement ayant un conseil sont déposés, savoir :

Dans la caisse du conseil, ceux que le trésorier est tenu, conformément à l'article 445, de verser dans cette caisse immédiatement après les avoir reçus;

Dans la caisse du trésorier d'une division :

1° Les fonds ayant une autre origine que ceux qui doivent entrer dans la caisse du conseil;

2° Les sommes dont le conseil autorise la sortie de la caisse pour être remises au trésorier.

Dépôt des fonds dans les caisses.

ART. 472.

Toutes les sommes qui sont versées dans la caisse du conseil d'une division et celles dont le conseil autorise la remise au trésorier sont inscrites par ce comptable sur un carnet en présence des membres dépositaires des clefs (modèle n° 49).

Le carnet est renfermé dans la caisse du conseil, d'où il ne doit sortir que pour les inscriptions à y faire.

Carnet de caisse.

ART. 4-3.

Les fonds perçus par les conseils d'administration de bâtiments ne s'appliquant généralement qu'à des créances immédiatement exigibles, ces conseils en font, dans les délais déterminés aux articles 517 et 526, la remise au trésorier, pour qu'il soit procédé à leur répartition entre les ayants droit.

En conséquence, les fonds ne devant séjourner dans la caisse du conseil que pendant l'intervalle de temps qui s'écoule entre la recette et le payement manuel, il n'est pas tenu de carnet de caisse hors les cas prévus dans les articles 474 et 475 ci-après. L'opération est constatée sur le journal général des recettes et dépenses tenu par le trésorier.

ART. 474.

Lorsqu'il est exceptionnellement embarqué des fonds de prévoyance pour les besoins généraux des escadres ou divisions navales, ces fonds, ordonnancés au nom du conseil d'administration du bâtiment amiral, sont déposés dans la caisse de ce conseil, qui demeure chargé de leur conservation.

Le conseil n'en opère la remise que sur le récépissé des parties prenantes désignées dans un ordre de versement du commissaire de l'escadre ou de la division, lequel est responsable de leur emploi, sous l'autorité supérieure du commandant en chef.

Toutes les recettes et les remises effectuées au titre des fonds de prévoyance sont inscrites sur un carnet de caisse conforme au modèle indiqué ci-dessus. Le conseil ne fait écriture dans les autres livres que des sommes qui lui sont remises pour le service particulier du bâtiment dont il a l'administration.

Le carnet et les ordres de versement restent déposés dans la caisse du conseil.

Le commissaire de l'escadre ou de la division certifie l'inscription des sommes qu'il fait remettre, à quelque titre que ce soit, aux conseils d'administration des bâtiments de l'escadre ou de la division, sur les livrets de payement de ces bâtiments.

ART. 475.

Les dispositions de l'article précédent sont applicables aux fonds de prévoyance embarqués pour le service d'un bâtiment naviguant isolément, en ce qui concerne la tenue du carnet de caisse et les inscriptions à faire sur les livres du conseil pour ceux de ces fonds qui seraient affectés au payement de la solde.

La remise des fonds de prévoyance est opérée sur l'ordre du commandant du bâtiment et sur le récépissé de la partie prenante.

Fonds de prévoyance à bord des bâtiments isolés.

ART. 476.

Dans les divisions, le conseil vérifie la caisse et en arrête la situation sur le carnet le 1er de chaque mois, et toutes les fois que les valeurs qu'elle renferme doivent être représentées aux fonctionnaires du commissariat ou aux inspecteurs généraux.

Il s'assure, quand il le juge convenable, et spécialement lorsqu'il arrête les comptes trimestriels, de l'existence effective, entre les mains du trésorier, des fonds que doit contenir la caisse de ce comptable.

Vérification des caisses.

ART. 477.

Pendant leur transport de terre à bord d'un bâtiment, les fonds doivent, sous la responsabilité de l'agent chargé d'opérer le recouvrement, être renfermés dans une caisse fermant à clef, sur laquelle est frappé un orin d'une longueur suffisante et garni d'une bouée.

A moins de nécessité bien démontrée, l'embarcation qui transporte les fonds doit naviguer à l'aviron.

Mesures à prendre pour le transport des fonds par mer.

CHAPITRE II.

Des pertes ou déficit de fonds.

ART. 478.

Le montant des pertes ou déficit de fonds dûment constatés et provenant d'événements de force majeure ou d'autres circonstances extraordinaires est provisoirement porté en dépense pour ordre dans les comptes, avec mention expresse du motif.

Dans les divisions à terre, cette inscription n'est effectuée que sous l'autorisation préalable du commissaire aux armements : elle est faite au titre de la masse générale d'entretien. A cet effet, si la somme qui manque appartient à la caisse du conseil, elle est inscrite au carnet comme sortie pour ordre de cette caisse et remise au trésorier.

Le président du conseil ou le trésorier ne peut être libéré ou rendu responsable qu'en vertu d'une décision du ministre.

ART. 479.

Dans les cas prévus à l'article précédent, si le ministre met le déficit ou la perte à la charge du dépositaire de la caisse, il détermine le mode du remboursement à effectuer par celui-ci. Dans le cas contraire, il approuve comme définitive la dépense effectuée ou fait délivrer au nom du conseil un mandat de payement d'une somme équivalente. Il opère de même, sous la réserve des droits du Trésor, si l'administration de la marine est sans moyens de reprise contre l'officier constitué débiteur par la décision intervenue.

La somme réintégrée, qu'elle provienne d'un remboursement ou de l'acquittement d'un mandat de payement, est versée dans la caisse du conseil et portée en recette au titre du fonds qui avait supporté la perte.

CHAPITRE III.

Des dépôts de fonds et valeurs privés.

ART. 480.

Les fonds et valeurs de toute nature, ainsi que les matières d'or et d'argent, bijoux, etc., laissés à bord des bâtiments de l'État par les officiers, marins et autres décédés, désertés ou absents du bord, sont déposés dans la caisse du bâtiment après avoir été inventoriés.

Ces dépôts sont inscrits sur un carnet spécial (modèle n° 5o). Chaque dépôt porte un numéro d'ordre. L'inscription faite sur le carnet indique les noms et prénoms du propriétaire, sa qualité, la date du dépôt et la description des valeurs qui le composent.

Les valeurs appartenant aux marins décédés absents, etc., sont déposées dans la caisse.

ART. 481.

A l'arrivée du bâtiment dans un port de France, les dépôts de fonds et valeurs privés existant à bord sont remis à la caisse des gens de mer du port, à la diligence du conseil d'administration du bâtiment et par les soins du trésorier. Cette opération est effectuée dans la forme indiquée par les règlements concernant l'administration des caisses de l'établissement des invalides de la marine.

La date de la remise de chaque dépôt est portée sur le carnet. Une expédition de l'état de remise, revêtue du récépissé du caissier des gens de mer, est conservée par le trésorier du bâtiment, pour la décharge du conseil.

Les dépôts sont remis dans la caisse des gens de mer à l'arrivée en France.

ART. 482.

Les fonds appartenant aux détachements de troupes passagères sont également conservés dans la caisse du bâtiment, à titre de dépôt, et mention en est faite sur le carnet.

Le conseil d'administration délivre à l'officier payeur ou au chef du détachement, suivant le cas, une déclaration de son dépôt.

Fonds appartenant aux troupes passagères.

Les fonds ainsi déposés sont remis au comptable du détachement d'après ses demandes et sur ses récépissés.

La date de chaque remise est inscrite sur le carnet, et les récépissés sont conservés ainsi qu'il est dit en l'article précédent.

TITRE VI.

DES REGISTRES ET DES DOCUMENTS QUI S'Y RATTACHENT.

CHAPITRE PREMIER.

De la nature des registres à tenir, dans chaque division, bâtiment et détachement pour les services de la solde et de l'habillement.

ART. 483.

Nature des registres.   Les écritures et opérations auxquelles donnent lieu, pour les services de la solde et de l'habillement, l'administration et la comptabilité des divisions, des bâtiments et des détachements ayant une administration distincte, sont consignées dans les registres ci-après désignés, savoir :

1° Pour chaque division des équipages de la flotte à terre :

Un registre matricule des marins du recrutement.............................
Un registre spécial pour les hommes du recrutement en congé illimité........... } tenus par le major ;

Un registre des délibérations du conseil... { tenu par le trésorier sous la direction immédiate du major ;

Un registre journal des recettes et des dépenses..............................
Un registre de classification des recettes et dépenses........................ } tenus par le trésorier ;

Un registre des recettes et consommations
du service de l'habillement. . . . .
Un registre des comptes ouverts avec le
maître tailleur. . . . . } tenus par l'officier d'habillement;
Un registre des comptes ouverts avec les
compagnies. . . . .
Un livret des échantillons et modèles types.

2° Pour chaque bâtiment ayant un conseil d'administration :

Un registre des délibérations du conseil. .
Un registre journal des recettes et dépenses.
Un registre de classification des recettes et
dépenses. . . . . } tenus par l'officier d'administration;
Un livret de l'habillement. . . . .
Un compte courant de l'habillement, du
tabac et du savon. . . . .

3° Pour chaque détachement ayant un conseil d'administration
éventuel :

Un registre des délibérations. . . . .
Un registre journal des recettes et dépenses.
Un livret d'habillement. . . . . } tenus par l'officier payeur et d'ha-
Un compte courant de l'habillement, du   billement;
tabac et du savon. . . . .

4° Pour chaque bâtiment n'ayant pas de conseil :

Un registre journal des recettes et dépenses.
Un registre de classification des recettes et
dépenses. . . . . } tenus par le capitaine comptable;
Un livret d'habillement. . . . .
Un compte courant de l'habillement, du
tabac et du savon. . . . .

5° Pour chaque détachement n'ayant pas de conseil :

Un registre journal des recettes et dépenses.

Et, s'il y a lieu,   } tenus par le chef de détachement.

Un livret d'habillement. . . . .
Un compte courant de l'habillement, du
tabac et du savon. . . . .

Indépendamment des registres dont la désignation précède, il est tenu, dans chaque division, bâtiment ou détachement, par les soins des commandants de compagnie, pour l'administration particulière de leur compagnie,

Un livre de compagnie,
Un livre de détail.

ART. 484.

Registres
cotés et parafés.

Le registre des délibérations et ceux qui sont destinés à recevoir l'inscription des recettes et dépenses en argent et des recettes et consommations du service de l'habillement, sont cotés et parafés par le commissaire aux armements.

Cette formalité est accomplie, hors de France, par le président du conseil d'administration, à l'égard des détachements momentanément éloignés des bâtiments auxquels ils appartiennent.

CHAPITRE II.

De l'objet des registres et de la nature des documents qui s'y rattachent.

PREMIÈRE SECTION.

DE LA MATRICULE DES HOMMES DU RECRUTEMENT ET DES MUTATIONS MATRICULAIRES.

ART. 485.

Destination
du
registre matricule.

Le registre matricule des marins provenant du recrutement et de l'engagement volontaire (modèle n° 51) est destiné à recevoir l'inscription détaillée des renseignements qui établissent l'état civil des marins de cette provenance faisant partie des équipages de la flotte, leur signalement, le titre sous lequel ils sont incorporés, la relation successive de leurs services, les causes qui les maintiennent au service au delà du temps exigé par la loi, le motif et la date de leur radiation des rôles, ainsi que le lieu sur lequel se dirigent ceux qui sont renvoyés dans leurs foyers.

Il n'est pas tenu de matricule dans les divisions pour les officiers-mariniers et marins appartenant à l'inscription maritime. Les services de ceux-ci sont centralisés sur les matricules spéciales suivies dans les quartiers d'inscription maritime.

ART. 486.

Le registre matricule des marins du recrutement est divisé en volumes destinés chacun à l'immatriculation de mille hommes.

Il est établi, en outre, une table alphabétique générale sur laquelle sont inscrits les noms, prénoms et numéros des marins immatriculés dans la division.

Division du registre matricule.

ART. 487.

L'immatriculation des marins du recrutement est opérée par les soins de la division dans laquelle ils sont incorporés à leur première admission au service; elle s'effectue à la réception ou sur le vu des titres, notifications ou actes authentiques constatant leur état civil et leur position.

Immatriculation des marins du recrutement.

L'incorporation des marins prend date, savoir :

1° Pour les jeunes soldats (appelés ou substituants), pour les remplaçants admis par le conseil de révision et pour les hommes rappelés de la réserve, à compter du jour où ils ont été mis en route pour se rendre au corps;

2° Pour les remplaçants au corps, à compter du jour où les remplacés sont rayés des contrôles;

3° Pour les engagés volontaires, à compter du jour de l'engagement;

30.

4° Pour les hommes venant d'un autre corps, à compter du jour où ils ont cessé d'appartenir à ce corps.

Les services antérieurs à l'incorporation doivent être justifiés, soit par le feuillet matricule du dernier corps dont le marin faisait partie, soit par une attestation régulière des services antérieurs délivrée par qui de droit.

ART. 488.

Numéros d'immatriculation.

La suite naturelle des nombres est employée dans les cinq divisions pour établir les numéros d'immatriculation des marins du recrutement.

Afin de distinguer le port dans lequel le marin est immatriculé, le numéro qui lui est affecté est suivi d'un chiffre caractéristique, lequel est,

Pour Cherbourg	1
Brest	2
Lorient	3
Rochefort	4
Toulon	5

Ainsi, le premier marin inscrit porte pour numéro d'immatriculation, à Cherbourg, 1.1; à Brest, 1.2; à Lorient, 1.3; à Rochefort, 1.4; à Toulon, 1.5. Le vingtième porte, suivant le port, 20.1, 20.2, 20.3, 20.4, 20.5, et ainsi des autres.

ART. 489.

Il n'est pas fait de radiations sur les matricules.

Le numéro sous lequel le marin a été immatriculé lui est conservé jusqu'au moment où il cesse de faire partie du personnel des équipages de la flotte, quels que soient les mutations, embarquements, changements de division, etc., qu'il ait éprouvés pendant le temps de son incorporation.

Il n'est fait d'ailleurs aucune radiation sur les matricules. En conséquence, les marins qui, après libération ou congédiement, sont réadmis au service reprennent, sur la matricule de leur ancienne division, le numéro qui leur avait été affecté.

ART. 490.

Pour la tenue régulière des registres matricules des divisions et des quartiers d'inscription, il est établi dans les premiers jours de chaque trimestre, dans chaque division et à bord de chaque bâtiment, par les soins des trésoriers et capitaines comptables et d'après les indications des rôles d'équipage, des états des mutations matriculaires survenues pendant le trimestre précédent (modèle n° 52).

Ces états, dressés séparément par division d'immatriculation et par quartier d'inscription, indiquent nominativement, avec désignation des numéros matricules, les marins promus, rengagés, remplaçants par continuation de services, congédiés et rayés des contrôles, et relatent aussi les embarquements et débarquements, les suspensions, condamnations, l'obtention et le retrait des brevets, les fonctions spéciales remplies par les hommes, les blessures et actions d'éclat et généralement toutes les indications propres à faire connaître la durée et la nature des services rendus par les marins.

Ces états, certifiés par les conseils d'administration et capitaines comptables, sont transmis au commissaire aux armements chargé de la tenue du rôle d'équipage de la division ou du bâtiment; ce commissaire, après les avoir vérifiés et visés, les fait parvenir à leur destination.

Les mutations sont transcrites sur les matricules par les soins des majors dans les divisions, et par les soins des commissaires dans les quartiers d'inscription maritime.

ART. 491.

Le registre spécial pour les hommes du recrutement, en congé illimité ou libérés par anticipation, est destiné à recevoir les inscriptions que prescrit d'y faire l'article 268 du présent décret (Iʳᵉ partie, de la solde et des revues).

IIᵉ SECTION.

DES REGISTRES TENUS PAR LE TRÉSORIER.

ART. 492.

*Registre
des délibérations.*

Le registre des délibérations (modèle n° 53) est destiné à recevoir l'inscription, par séance et par ordre de dates, des procès-verbaux constatant tous les actes et toutes les opérations du conseil d'administration.

ART. 493.

Registre journal.

Le registre journal (modèle n° 54) est destiné à recevoir l'inscription, par ordre de date, de toutes les recettes qui sont faites pour le compte de la division, du bâtiment ou du détachement que ce registre concerne; des sommes qui sortent de la caisse du conseil pour être remises au trésorier, et des payements que ce comptable effectue pour l'acquittement des dépenses.

Chaque article enregistré reçoit un numéro d'ordre qui est reproduit sur la pièce justificative. Il y a deux séries annuelles de numéro, une pour les recettes et une pour les dépenses.

Dans les divisions, à chaque vérification qui doit précéder l'autorisation de remettre des fonds au trésorier, le major appose son visa sur le registre journal.

La balance des recettes et des dépenses est faite le premier jour de chaque trimestre, ainsi qu'aux époques où la comptabilité en deniers est arrêtée par les officiers du commissariat de la marine. Elle est certifiée par le trésorier, vérifiée par le major dans les divisions et arrêtée par le conseil.

Le restant en caisse que présente la balance comprend, dans les divisions, les sommes qui existent dans la caisse du conseil et dans celle du trésorier.

Quand la comptabilité est arrêtée par un officier du commissariat, la situation de la caisse lui est immédiatement remise; il reconnaît l'existence des valeurs que cette situation présente et la vérifie ensuite sur pièces.

ART. 494.

Le registre de classification (modèle n° 55) est destiné à recevoir l'inscription de toutes les recettes et dépenses faites au titre de la division ou du bâtiment, et à en présenter la classification par nature de fonds et par exercice.

Les recettes et les dépenses sont inscrites au registre de classification en même temps et sous les mêmes numéros qu'au registre journal, mais seulement par indication sommaire de leur objet.

Les recettes et les dépenses effectuées directement par les détachements éloignés de la division ou du bâtiment y sont portées en un seul article, pour chacun d'eux, d'après les extraits du registre journal arrêtés par les conseils éventuels ou par les chefs de détachement.

Toutes les recettes et dépenses afférentes à chaque trimestre sont totalisées : séparément pour la division ou le bâtiment, ensemble pour les détachements, et récapitulées en masse pour toutes les portions. Il est ensuite établi une récapitulation comparative des recettes avec les dépenses.

A la fin de chaque exercice, et immédiatement après la clôture du décompte de libération, les inscriptions et opérations suivantes sont faites au registre de classification dans chaque division des équipages de la flotte :

1° Les payements de solde et accessoires, mandatés directement en faveur des jeunes marins avant leur admission, des délégataires, des officiers et marins isolés, sont portés en un seul article pour chaque détachement, et par payement pour les délégations ainsi que pour chaque partie prenante individuelle ;

2° Toutes les recettes et dépenses afférentes à l'exercice sont ensuite totalisées ;

3° Les recettes effectuées à valoir sur les crédits, c'est-à-dire sur les allocations de la revue, sont balancées avec ces crédits atténués du montant des imputations portées à la revue pour apostilles et fournitures en nature ;

4° Les dépenses sont également balancées avec les crédits, et les différences, s'il y en a, sont expliquées en regard du résultat.

Dès que le commissaire aux armements a opéré la vérification de la comptabilité d'un exercice, le conseil lui remet un relevé sommaire du registre de classification, sur lequel est reproduite la récapitulation comparative d'exercice. Ce relevé, vérifié par le commissaire aux armements, est transmis au ministre.

IIIᵉ SECTION.

DES REGISTRES TENUS POUR LE SERVICE DE L'HABILLEMENT.

ART. 495.

Registre des recettes et consommations.

Le registre des recettes et consommations du service de l'habillement (modèles n° 56 et 57) est destiné à recevoir l'inscription des entrées en magasin et des sorties de magasin des matières et effets de toute espèce divisés et classés par chapitres dans l'ordre ci-après, savoir :

CHAP. 1ᵉʳ. — Matières pour l'habillement.
    2. — Effets d'habillement neufs.
    3. — Effets d'habillement réduits de durée.
    4. — Effets de délivrances extraordinaires.
    5. — Instruments de musique.
    6. — Effets d'équipement, armes et pièces d'armes.
    7. — Effets hors de service.
    8. — Mobiliers du corps, effets divers, ustensiles et matériaux d'emballage.

Chaque chapitre peut faire l'objet d'un volume spécial.

Les enregistrements se font par ordre de date, au fur et à mesure des recettes et consommations. Toutefois, les matières employées aux confections, les économies de coupe et les versements en magasin des effets confectionnés ne sont portés que par trimestre, d'après les arrêtés du registre des comptes ouverts avec le maître tailleur. Les distributions faites aux compagnies et les réintégrations effectuées en magasin ne sont inscrites que par le report des tableaux trimestriels du registre des comptes ouverts récapitulés dans un état sommaire.

Chaque article reçoit un numéro d'ordre qui est aussi inscrit sur la pièce justificative. Il y a pour chacun des chapitres deux séries annuelles de numéros, l'une pour les recettes, l'autre pour les consommations.

La balance des recettes et consommations au premier jour de chaque trimestre est faite par chapitre, dans les cinq jours suivants; elle est certifiée par l'officier d'habillement, vérifiée par le major et arrêtée par le conseil aux quantités restant en magasin.

Le 1er octobre de chaque année, il est dressé, à la suite de la balance du 4e trimestre de l'année précédente (chap. 1, 2, 3 et 4), un relevé sommaire des recettes et consommations absolues dont la dépense est effectuée sur les fonds du service de l'habillement; ce relevé est certifié par le conseil.

Quand il a existé, au 31 décembre de l'année du compte, des détachements éloignés pourvus d'un approvisionnement de prévoyance, le relevé mentionné ci-dessus est établi par l'addition des articles qui concernent la division, avec ceux qui figurent sur les extraits trimestriels qui ont été adressés au conseil d'administration par les détachements.

ART. 496.

Le registre des comptes ouverts avec le maître tailleur (modèle n° 58) est destiné à recevoir l'inscription, par ordre de date, des matières qui lui sont délivrées du magasin d'habillement pour servir aux confections et des effets qu'il y verse .La totalisation en est faite au dernier jour de chaque trimestre. Les consommations y sont portées

Registre
des comptes ouverts
avec
le maître tailleur.

d'après les allocations des devis, en regard des effets de chaque espèce confectionnés dans le cours du trimestre, et balancées avec les quantités remises au maître tailleur : la différence représente les matières qui restent entre ses mains. Les économies de coupe, qui sont portées hors compte au-dessous de la balance, sont immédiatement réintégrées en magasin et portées en recette au chapitre 1er sur le registre des recettes et consommations du service de l'habillement. La balance du compte ouvert est certifiée par le capitaine d'habillement, vérifiée par le major et arrêtée par le conseil d'administration.

Le maître tailleur a un double de ce compte ouvert, sur lequel l'officier d'habillement inscrit les délivrances de matières, en indiquant le numéro des pièces remises et leur métrage.

ART. 497.

Registre des comptes ouverts avec les compagnies.

Le registre des comptes ouverts avec les compagnies (modèle n° 59) est destiné à recevoir l'inscription, par ordre de date, des effets et des armes qui leur sont délivrés par le magasin ou de ceux qu'ils réintègrent, d'après des bons de délivrance ou des bulletins de versement nominatifs ou numériques, suivant le cas (modèles n°s 78 à 84). Ces bons ou bulletins sont signés par le capitaine et approuvés par le major. Les bons d'habillement font connaître la valeur des effets.

Les distributions ou réintégrations sont totalisées le dernier jour du trimestre à toutes les divisions du registre, lesquelles correspondent aux divers chapitres du registre des recettes et consommations du service de l'habillement. Les totaux, par compagnie, sont reportés sur un état sommaire récapitulatif (modèles n°s 60 et 61) dont le montant est inscrit au registre des recettes et consommations.

ART. 498.

Livret des échantillons.

Le livret des échantillons et modèles types (modèle n° 62) est destiné à recevoir l'inscription, dans l'ordre des dates de leur réception, de tous ceux qui sont adoptés par le ministre.

Lorsqu'un échantillon ou modèle est substitué à un autre, la date de l'annulation de l'ancien est inscrite au livret, sur lequel il est en outre fait mention de la destination que reçoit le modèle supprimé.

ART. 499.

Le livret d'habillement (modèle n° 63) est spécial aux bâtiments et détachements : il est destiné à recevoir l'inscription des effets délivrés à ces bâtiments ou détachements pour l'habillement des hommes et la constitution des approvisionnements de prévoyance.

La certification de la délivrance y est portée par le comptable qui effectue cette délivrance.

Livret
d'habillement.

ART. 500.

Le compte courant de l'habillement, du tabac et du savon, à tenir à bord des bâtiments et, lorsqu'il y a lieu, dans les détachements (chapitres 2 et 4 du registre des recettes et consommations du service de l'habillement dans les divisions), reçoit l'inscription des entrées en magasin et des sorties du magasin, au fur et à mesure qu'elles s'effectuent.

Chaque article reçoit un numéro d'ordre qui est aussi inscrit sur la pièce justificative, en ce qui concerne les sorties.

La balance des recettes et consommations au premier jour de chaque trimestre est faite par chapitre ; elle est certifiée par le comptable et arrêtée par le conseil aux quantités restant en magasin,

A bord des bâtiments, après la clôture des opérations du 4ᵉ trimestre de chaque année ou après le désarmement, il est dressé un relevé sommaire récapitulant les recettes et consommations effectuées pendant l'année. Ce relevé, conforme au modèle n° 64, est transmis, en même temps que la feuille de journées, au commissaire aux armements chargé de la tenue du rôle d'équipage.

Compte courant
de l'habillement, etc.

31.

IVe SECTION.

DES LIVRES TENUS PAR LES COMMANDANTS DE COMPAGNIE.

ART. 5o1.

Livre de compagnie. Le livre de compagnie (modèle n° 65) est destiné à recevoir la transcription des renseignements que présentent la matricule générale et le rôle d'équipage pour les officiers mariniers et marins faisant partie de la compagnie, le compte courant de leur solde, l'enregistrement des délivrances de toutes natures qui leur sont faites, la mention des services, punitions graves, etc.

Les feuillets de livre de compagnie sont individuels et mobiles. Ils sont ouverts par les soins des commandants de compagnies et certifiés par le major, au moment de l'admission des hommes dans une division, soit que ces hommes proviennent du recrutement et de l'engagement volontaire, soit qu'ils appartiennent à l'inscription maritime. Les feuillets servent pendant toute la durée de l'incorporation des marins dans le personnel des équipages de la flotte.

En cas de perte d'un feuillet, il en est établi un nouveau par les soins du major de la division ou par ceux du trésorier du bâtiment à bord duquel le marin se trouve. Les services antérieurs et les autres renseignements y sont relatés d'après les indications du livret de l'homme ou d'après celles de la matricule.

Les payements sont immédiatement inscrits sur les comptes courants individuels: les délivrances et apostilles, après avoir été récapitulées, sont reportées sur ces mêmes comptes à la fin de chaque trimestre.

A la fin de chaque exercice ou lorsqu'un marin est rayé du rôle de la division ou du bâtiment, le compte courant de sa solde est balancé et arrêté suivant les formes indiquées en l'article 5i4 ci-après.

Les feuillets concernant les marins qui changent de compagnie, sans quitter la division ou le bâtiment, sont remis directement au commandant de la nouvelle compagnie.

Les feuillets des marins présents qui passent d'une administration sous une autre sont rendus au trésorier de la division ou du bâtiment que les marins quittent, pour être annexés aux billets de destination. Ils sont ensuite remis aux commandants des nouvelles compagnies dans lesquelles les hommes sont incorporés.

Les feuillets des marins qui quittent une division ou un bâtiment dans une position d'absence sont envoyés à la nouvelle destination desdits marins, ou remis au détail des armements lorsque cette destination n'est pas connue.

Les officiers d'administration des bâtiments de la flotte conservent et tiennent à jour les feuillets concernant les marins passagers à bord de leurs bâtiments.

Les feuillets des hommes congédiés reçoivent la destination prescrite aux articles 148 et 149 du décret portant organisation des équipages de la flotte.

A chaque mutation des marins, les feuillets individuels sont collationnés par le trésorier de la division ou du bâtiment et mis en concordance parfaite avec le rôle d'équipage. Le trésorier certifie cette concordance par un visa daté.

ART. 502.

Le livre de détail (modèle n° 66) est destiné à présenter, dans l'ordre des chapitres ci-après, les renseignements indiqués par le titre même de chacun de ces chapitres.

Livre de détail.

Chapitre 1er. — *Situations journalières.*

La situation de l'effectif est établie chaque matin, d'après les mutations survenues pendant la journée précédente.

Chapitre 2. — *Solde de la compagnie et payements divers.*

Les prestations en deniers sont inscrites au fur et à mesure de leurs perceptions et totalisées par mois.

La mention de leur distribution entre les hommes de la compagnie y est portée après chaque payement.

CHAPITRE 3. — *Enregistrement des distributions d'effets d'habillement.*

La distribution des effets d'habillement reçus du magasin est inscrite en regard du nom de chaque homme, à l'instant même où elle est effectuée.

CHAPITRE 4. — *Compte ouvert avec le magasin pour les effets de délivrance extraordinaire (spécial aux bâtiments).*

et

CHAPITRE 5. — *Compte ouvert avec le magasin pour les instruments, effets d'équipement et armes en service dans la compagnie.*

Les distributions effectuées par le magasin et les réintégrations y sont inscrites, par ordre de date, d'après les bons, bulletins de versement et procès-verbaux de condamnation. Les unes et les autres sont totalisées par trimestre.

CHAPITRE 6. — *Compte ouvert aux effets de casernement.*

Les réceptions et réintégrations s'inscrivent par ordre de date. Elles sont balancées à l'expiration de chaque trimestre et lorsque les effets en service sont rendus aux agents qui doivent en compter.

CHAPITRE 7. — *Enregistrement sommaire des états de répartition pour réparations, dégradations et autres remboursements mis au compte des hommes.*

L'inscription du montant des imputations se fait lorsque les états de répartition établis par les commandants de compagnie ont été approuvés par le conseil.

Les chapitres 2, 3, 4 et 7 sont les seuls en usage pour l'administration des compagnies embarquées.

Dans les divisions à terre, les chapitres 2 et 3 forment chacun un volume séparé.

Le livre de détail n'est pas obligatoire pour les détachements et bâtiments qui n'ont pas de conseil d'administration.

Le livre de détail est renouvelé le 1ᵉʳ janvier de chaque année. Celui de l'année précédente est déposé aux archives, après la vérification et l'arrêté des comptes du quatrième trimestre. Toutefois, à bord des bâtiments, il peut être continué jusqu'à l'époque du désarmement. Dans ce cas les inscriptions sont divisées par exercice.

TITRE VII.

DES LIVRETS INDIVIDUELS.

CHAPITRE Iᵉʳ.

Du livret des officiers.

ART. 503.

Les officiers et employés sont individuellement pourvus de livrets destinés à constater leur situation financière lorsqu'ils entrent dans une position d'absence, ou lorsqu'ils quittent une division ou un bâtiment.

Ces livrets, conformes au modèle n° 67, sont délivrés par les officiers du commissariat de la marine ou, à défaut, par les trésoriers des divisions ou des bâtiments.

Livret des officiers.

ART. 504.

Toutes les mutations influant sur le décompte de la solde des officiers et employés sont annuellement reportées sur leurs livrets. Les payements qui leur sont faits, pendant leur présence dans une division ou à bord d'un bâtiment, n'y sont point détaillés; mais dans les circonstances indiquées à l'article ci-dessus, les payements totalisés sont portés en regard du montant des sommes acquises.

Tenue des livrets.

Les inscriptions mentionnées au présent article sont faites par les trésoriers des divisions ou des bâtiments ou, à défaut, par les capitaines comptables.

ART. 505.

Pavements faits aux officiers absents.

Lorsque les officiers et employés absents d'une division ou d'un bâtiment sont directement payés de la solde acquise par eux au titre de cette division ou de ce bâtiment, la certification de la somme perçue est portée sur leur livret par le fonctionnaire qui a délivré le mandat de payement.

ART. 506.

Renouvellement des livrets.

Les livrets des officiers et employés ne sont renouvelés que lorsqu'ils sont entièrement remplis.

Les officiers et employés conservent leurs livrets après renouvellement. Mention de la délivrance d'un nouveau livret est faite sur l'ancien par le fonctionnaire qui opère cette délivrance.

ART. 507.

Perte du livret.

L'officier ou employé qui a perdu son livret en fait la déclaration, par écrit, au fonctionnaire chargé de pourvoir au payement de sa solde. Il mentionne en même temps, dans sa déclaration, l'époque et la nature du dernier payement qui lui a été fait, ainsi que toutes les indications propres à faire apprécier sa position financière. Toutes ces indications sont reproduites et certifiées sur le nouveau livret par le fonctionnaire qui le délivre.

ART. 508.

Conséquences de la perte du livret.

Dans le cas prévu à l'article précédent, l'officier ou employé ne peut être rappelé de sa solde arriérée qu'après réception des pièces officielles établissant sa situation financière; il ne peut prétendre jusque-là qu'au payement de sa solde courante, à partir du premier jour du mois dans lequel sa déclaration a été faite.

CHAPITRE II.

Du livret des officiers mariniers et marins.

ART. 509.

Chaque marin reçoit, à son arrivée à la division, un livret (mo-dèle n° 68), sur lequel les renseignements qui constatent son état civil, son signalement, le titre sous lequel il a été incorporé, etc., ont été exactement transcrits.

Les livrets ouverts par les commandants de compagnie sont certi-fiés par le major d'après la matricule, en ce qui concerne les hommes du recrutement, et d'après le rôle de levée ou la feuille de route, en ce qui concerne les inscrits maritimes.

Délivrance du livret.

ART. 510.

Indépendamment des renseignements mentionnés en l'article pré-cédent, les livrets individuels sont destinés à recevoir la mention sommaire des services antérieurs à l'admission; l'inscription succes-sive des services du marin depuis son admission; l'indication des fonctions spéciales qu'il a été appelé à remplir; le compte courant des prestations en deniers; l'enregistrement des effets qui lui sont délivrés, et généralement toutes les indications concernant sa posi-tion au service et l'administration de sa solde.

Inscriptions
à faire au livret.

ART. 511.

Le livret est la propriété du marin à qui il a été délivré; il le con-serve même lorsqu'il lui en est donné un nouveau. Il sert jusqu'à ce qu'il soit entièrement rempli, pendant toute la durée de l'incor-

Le livret
est la propriété
du marin.

poration du marin dans les équipages de la flotte, et quelles que soient ses mutations successives.

Les marins envoyés en congés temporaires ou définitifs, ou entrant dans les hôpitaux, emportent leurs livrets.

ART. 512.

Tenue des livrets.

La tenue des livrets des officiers mariniers et marins est attribuée aux commandants de compagnie, sous leur responsabilité ; elle est confiée à l'officier d'administration du bâtiment, en ce qui concerne les officiers mariniers et marins passagers avec solde ou n'appartenant pas à une compagnie.

ART. 513.

Inscription
des payements
et
délivrances.

Les sommes payées aux marins, ainsi que les délivrances qui leur sont faites, sont immédiatement inscrites sur leur livret.

Tout grattage sur les livrets est rigoureusement interdit. Les rectifications, lorsqu'il y a lieu, doivent y être faites en présence des intéressés et être régulièrement approuvées.

ART. 514.

Arrêté des livrets.

Le compte courant de la solde est arrêté sur le livret de chaque marin : 1° à la fin de l'année ; 2° au moment où le marin entre dans une position de congé ; 3° à l'époque à laquelle il est rayé du rôle d'une division ou d'un bâtiment, pour quelque motif que ce soit ; 4° lorsque le marin passe d'une compagnie dans une autre, sans changer de division.

L'arrêté du livret est signé par le commandant de la compagnie et certifié par le trésorier du bâtiment ou de la division.

Les livrets des hommes laissés à terre au moment du départ d'un bâtiment sont remis au détail des armements avec les feuilles de livres de compagnie et les extraits de rôles qui les concernent.

Les commissaires aux armements arrêtent, d'après les indications
de l'extrait du rôle d'équipage, les livrets des marins sortant de
l'hôpital après le départ du bâtiment auquel ils appartenaient.

ART. 515.

La mention du parfait payement des sommes qui restaient dues
aux marins, soit au titre d'un exercice expiré, soit au titre d'une division ou d'un bâtiment dont ils ne font plus partie, est portée sur le
livret par la personne qui a effectué le payement manuel.

Lorsque le payement doit être opéré directement en vertu d'un mandat individuel, l'officier du commissariat qui délivre le mandat inscrit
sur le livret la date de cette délivrance et le montant de la somme à
payer. Cette inscription est toujours faite pour la somme brute, lors
même que le payement est opéré par l'intermédiaire de la caisse des
gens de mer.

Payement de solde arriérée.

ART. 516.

Le remplacement des livrets perdus par la faute des marins demeure à leur charge. La valeur des nouveaux livrets est précomptée
sur leur solde.

Remplacement des livrets perdus.

TITRE VIII.

DE LA DISTRIBUTION DE LA SOLDE ET DES ACCESSOIRES DE LA SOLDE.

CHAPITRE Ier.

Du traitement des officiers.

ART. 517.

La solde et les accessoires de la solde des officiers membres des
états-majors des divisions et des bâtiments sont payables, à titre de

Époques des payements.

traitement, aux époques déterminées au titre IV, 1ʳᵉ section de la première partie du présent décret (Solde et revues).

Les payements individuels sont effectués par le trésorier, au plus tard, dans les deux jours qui suivent la date de la perception des fonds.

ART. 518.

Feuille d'émargement portant décompte.

Les officiers présents au moment du payement sont portés nominativement, avec décompte du traitement payable à chacun d'eux, sur une feuille d'émargement (modèle n° 69) certifiée par le trésorier et vérifiée par le major dans les divisions et sur laquelle les parties prenantes apposent leur signature au moment où le payement leur est fait. Les quittances des officiers qui, se trouvant momentanément en service hors de la résidence du conseil, ne peuvent remplir cette formalité, restent annexées à ladite feuille.

ART. 519.

Officier quittant une division.

L'officier membre de l'état-major d'une division qui entre dans une position d'absence ou qui cesse de faire partie de la division est intégralement payé, à l'époque de son départ, du traitement qui lui est acquis; sa quittance doit porter décompte des prestations composant ce traitement.

ART. 520.

Officier quittant un bâtiment ou un détachement.

A bord des bâtiments et dans les détachements, les officiers qui s'absentent ou qui cessent de faire partie de l'état-major du bâtiment ou du détachement ne sont payés que des sommes qui ont été comprises pour eux sur les états de payement et qui se trouveraient encore dans la caisse du conseil.

ART. 521.

Officiers décédés appartenant à une division.

Le traitement acquis aux officiers des divisions décédés est versé, sous la déduction de la somme qu'ils peuvent devoir à l'État ou au corps, et, s'il y a lieu, des frais d'inhumation et de la dernière maladie, entre les mains des caissiers des gens de mer, qui en demeurent comptables envers les héritiers.

Le décompte qui sert de base au versement, et à l'appui duquel doivent rester les récépissés délivrés au trésorier, fait connaître, le cas échéant, la cause de la différence entre le traitement intégral porté en dépense au registre journal et la somme mentionnée dans les récépissés.

Si la dette de l'officier décédé excède le montant de sa créance sur l'État, le conseil constate cette circonstance dans un décompte explicatif qu'il adresse immédiatement au commissaire aux armements, et que celui-ci transmet au commissaire général, qui le fait parvenir au ministre en donnant son avis sur la légalité des imputations mises à la charge de la succession. Au bas de ce décompte doivent être indiqués le dernier domicile du défunt et, autant que possible, celui de ses héritiers.

Un duplicata de cette pièce demeure entre les mains du trésorier, comme justification de l'inscription qu'il fait au registre journal de la somme qu'il a payée, avec l'autorisation du conseil, en vertu du présent article.

ART. 522.

Les sommes perçues pour les officiers embarqués qui viennent à décéder avant d'en avoir été payés sont immédiatement versées entre les mains des caissiers des gens de mer, lorsque le bâtiment se trouve dans un port de France ou d'Algérie ou dans une colonie française.

Hors de France, ces sommes sont employées à l'acquittement de la solde acquise par un ou plusieurs officiers du bâtiment, et mention de ce virement est faite sur l'état mensuel des payements à adresser au commissaire aux armements. Elles peuvent aussi être portées à l'avoir de l'officier décédé dans l'inventaire des valeurs laissées par lui à son décès. Dans ce cas, une décision du conseil d'administration, inscrite au registre des délibérations, justifie la dépense portée au registre journal du trésorier.

ART. 523.

Officiers décédés
faisant partie
d'un détachement.

En cas de décès d'un officier faisant partie d'un détachement, les sommes perçues pour lui sont remises au conseil d'administration de la division ou du bâtiment, pour qu'il soit opéré, suivant le cas, ainsi qu'il est dit dans les articles 521 et 522 ci-dessus.

ART. 524.

Inscription
des payements
sur
les rôles.

Les payements faits aux officiers ou pour leur compte, dans les cas prévus au présent chapitre, sont apostillés au compte courant de leur solde, sur les rôles d'équipage, aussitôt après la conclusion de l'opération manuelle.

CHAPITRE II.

De la solde des équipages.

ART. 525.

Perception
de la solde
par les commandants
de compagnie.

La solde des officiers mariniers et marins est payable par les trésoriers entre les mains des commandants de compagnies.

Les surnuméraires, ainsi que les officiers mariniers et autres en dehors des compagnies, sont directement et individuellement payés par les trésoriers, capitaines comptables et chefs de détachement.

ART. 526.

Époques
de la perception
de la solde.

La solde acquise par les officiers mariniers et marins présents dans les divisions est perçue chez le trésorier du 1ᵉʳ au 3 de chaque mois. Toutefois, celle des hommes qui entrent dans une position d'absence ou qui quittent une division dans le courant d'un mois est perçue la veille ou le jour même de leur départ.

A bord des bâtiments, la solde reçue pour les équipages est remise aux commandants de compagnie, dans le moindre délai possible après la date à laquelle la recette des fonds a été faite par le trésorier.

La solde en route, reçue par l'administration du détachement, est perçue tous les cinq jours, *et d'avance,* par les officiers qui remplissent les fonctions de commandant de compagnie.

La solde des officiers mariniers en disponibilité est versée par le trésorier, du 1er au 5 de chaque mois, dans la caisse des gens de mer, pour être transmise aux ayants droit dans le lieu de leur résidence. La perception en est faite à la même époque, pour ceux qui résident dans le port chef-lieu de l'arrondissement, par l'adjudant-major, qui remplit à leur égard les fonctions de commandant de compagnie.

ART. 527.

La solde mensuelle des compagnies dans les divisions et les à-compte à payer aux équipages des bâtiments sont perçus, sur feuille nominative (modèle n° 70) certifiée et quittancée par le commandant de chaque compagnie, et que le trésorier vérifie avant d'en payer le montant.

Dans les divisions, la feuille mensuelle de payement comprend la totalité des sommes acquises pendant le mois par les marins qui ont fait partie de la compagnie.

ART. 528.

Lorsque les hommes quittent une division dans le courant d'un mois, le commandant de la compagnie perçoit la somme nécessaire à leur payement, sur une feuille spéciale (modèle n° 71) indiquant numériquement le nombre d'hommes à payer et la somme qui leur est approximativement due. La solde de route est perçue à la caisse du détachement sur feuille semblable, aux époques indiquées à l'article 518 ci-dessus.

Les à-compte ainsi reçus sont portés en déduction sur la feuille mensuelle mentionnée en l'article précédent. En cas de trop-perçu, la somme est reversée par le commandant de la compagnie dans la caisse du trésorier.

ART. 529.

Les sergents-majors et fourriers peuvent recevoir la solde.

Le montant d'une feuille de payement peut être remis entre les mains du sergent-major ou, à défaut, entre celles du fourrier, sur la présentation de cette feuille revêtue de l'acquit du commandant de la compagnie.

Le sergent-major ou le fourrier remet sur-le-champ au commandant de compagnie la somme qu'il a touchée chez le trésorier.

ART. 530.

Responsabilité des commandants de compagnie.

La disposition de l'article 465, qui rend le commandant de compagnie responsable des sommes payées sur ses quittances, est applicable au cas où il fait recevoir la solde par le sergent-major ou le fourrier.

ART. 531.

Solde des marins décédés et des déserteurs.

La solde due aux marins décédés appartenant à une division est déposée entre les mains des caissiers des gens de mer, au profit des héritiers, dans le courant du mois qui suit le décès.

La solde due aux marins déserteurs est versée à la caisse des invalides.

ART. 532.

Payements faits directement par le trésorier.

Pour la justification de la solde directement payée par lui, dans le cas prévu à l'article 525, le trésorier dresse une feuille nominative, conforme au modèle, sur laquelle il certifie avoir effectué le payement aux ayants droit.

La remise des sommes versées entre les mains du caissier des gens de mer est justifiée par la quittance de ce comptable.

ART. 533.

Le trésorier récapitule dans un bordereau (modèle n° 72), qu'il certifie, les feuilles de payement dont il a acquitté le montant dans la journée, et porte en un seul article de dépense le total de ce bordereau.

Bordereau
récapitulatif
des
feuilles de payement.

ART. 534.

La distribution des fonds est faite aux hommes, par les soins des commandants de compagnie, dans les vingt-quatre heures qui suivent la perception chez le trésorier.

Cette distribution est régulièrement constatée par l'inscription des sommes payées sur les livrets individuels.

Distribution
de la solde
aux hommes.

ART. 535.

Les payements faits pour les marins sont apostillés au compte courant de la solde de chacun d'eux, sur les rôles d'équipage, par les soins des trésoriers, aussitôt après le payement par les commandants de compagnie du montant des feuilles nominatives mentionnées à l'article 527.

Inscription
des payements
sur
les rôles.

CHAPITRE III.

Dispositions particulières aux détachements,

ART. 536.

Lorsque les détachements n'ayant pas une administration distincte sont trop éloignés de la division ou du bâtiment pour que les parties prenantes puissent venir en personne percevoir la solde à la caisse du trésorier, les fonds nécessaires sont remis par ce comptable aux officiers ou officiers mariniers que les commandants ont envoyés pour les recevoir. Dans ce cas, les officiers ou officiers mariniers qui

Payements
aux
officiers et marins
détachés.

ont touché les fonds en donnent reçu au bas du titre constatant leur mission. Ce titre leur est rendu lorsqu'ils apportent les quittances des parties prenantes.

TITRE IX.

DU SERVICE DE L'HABILLEMENT.

CHAPITRE Ier.

Mode d'exécution du service.

ART. 537.

Effets
à confectionner
dans
les divisions.

Le ministre de la marine règle la composition du sac des officiers mariniers et marins.

Les effets en drap et en toile désignés par le ministre sont confectionnés dans les divisions, par les soins des conseils d'administration, qui demeurent chargés de toutes les délivrances à faire aux bâtiments pour l'habillement des équipages et la formation des approvisionnements de prévoyance.

Les matières premières nécessaires aux confections et les autres objets achetés confectionnés sont délivrés par le magasin général aux conseils d'administration des divisions.

ART. 538.

Fourniture
des
étoffes et matières.

La fourniture des étoffes et celle des objets confectionnés hors des divisions sont faites, suivant les ordres du ministre au moyen de marchés passés, soit à Paris, soit dans les ports, conformément aux règles générales en vigueur dans le département de la marine.

ART. 539.

Tous les six mois, le conseil d'administration de chaque division remet au commissaire aux approvisionnements du port l'état de ses besoins (modèle n° 73) en étoffes et matières nécessaires aux confections, ainsi qu'en effets à acheter confectionnés.

L'état établi à la date du 1er janvier comprend les besoins présumés des six derniers mois de l'année; l'état établi à la date du 1er juillet comprend les besoins présumés des six premiers mois de l'année suivante.

A la réception de cet état, le commissaire aux approvisionnements dresse dans la même forme, et en tenant compte des ressources du magasin général, l'état des prévisions à transmettre au ministre.

Les besoins urgents et imprévus qui viendraient à se manifester dans le courant d'un semestre donnent lieu à l'établissement d'un état supplémentaire.

État des besoins.

ART. 540.

Les matières et objets livrés par les fournisseurs pour le service de l'habillement des équipages sont reçus dans la salle de dépôt du port, sur l'ordre d'introduction du commissaire aux approvisionnements.

Sont applicables aux fournitures de cette nature les prescriptions des règlements généraux concernant la comptabilité du matériel de la marine.

La commission de recette à convoquer par le commissaire aux approvisionnements se compose :

Du major de la division ;

De l'officier d'habillement ;

D'un officier délégué par le conseil d'administration ;

D'un sous-commissaire aux armements ;

Et d'un sous-commissaire aux approvisionnements.

Livraison et réception des matières et objets.

La commission peut se faire assister par le maître tailleur de la division.

ART. 541.

Marque apposée
sur
les objets reçus.

Après leur réception définitive, les étoffes, matières et objets concernant l'habillement des équipages de la flotte reçoivent une marque indiquant le service pour lequel ils ont été reçus.

Cette marque est apposée en présence de la commission de recette ou d'un membre délégué par elle.

ART. 542.

Délivrances
aux divisions.

Les délivrances à faire au conseil d'administration de la division, par le garde-magasin général, sur les approvisionnements des magasins du port, sont effectuées sur ordres du commissaire aux approvisionnements, conformément aux prescriptions des règlements sur la comptabilité du matériel de la marine.

Les demandes sont signées par le conseil d'administration et visées par le commissaire aux armements. Les récépissés sont donnés par l'officier d'habillement ou par son délégué.

Le garde-magasin général indique sur le duplicata de la demande le numéro et le métrage des pièces de drap et de toile dont il opère la délivrance.

Les étoffes et autres matières sont prises en quantités suffisantes pour faire face aux confections à exécuter dans le courant d'un mois. Toutefois les pièces d'étoffe sont toujours délivrées entières.

ART. 543.

Contestations
sur la qualité
au moment
de la délivrance.

En cas de contestation sur la qualité des matières et objets, à raison de détériorations survenues depuis leur entrée en magasin, il en est rendu compte au commissaire aux approvisionnements, qui peut en faire délivrer d'autres.

Il est ultérieurement statué, conformément aux règles générales concernant la comptabilité du matériel et par les soins de la commission de recette, sur la condamnation ou le déclassement des matières et objets qui ne peuvent plus servir sous la dénomination pour laquelle ils figurent dans les écritures.

ART. 544.

A l'expiration de chaque trimestre, le garde-magasin général dresse et remet au commissaire aux armements un état des quantités de matières et d'objets délivrés au conseil d'administration de la division dans le courant d'un trimestre.

Cet état sert à vérifier la prise en charge des matières et objets sur les registres de la comptabilité intérieure de la division.

CHAPITRE II.

Des confections.

ART. 545.

La confection des effets d'habillement que chaque division peut avoir à faire exécuter est effectuée par le maître tailleur, sous la direction de l'officier d'habillement et la surveillance du major et du conseil d'administration.

Le maître tailleur, agent direct du corps dont il fait partie, est soumis aux décrets, règlements et instructions sur le service de l'habillement et généralement à toutes les mesures d'ordre et de police ordonnées par le conseil. Il est responsable des malfaçons.

Il lui est interdit d'entreprendre des confections étrangères au service de l'État, ni même d'y participer soit directement, soit indirectement.

ART. 546.

Conditions administratives de l'engagement du maître tailleur.

Le conseil d'administration arrête avec le maître tailleur, sous l'approbation du commissaire général de la marine, en se conformant aux prescriptions générales contenues dans le présent chapitre et aux instructions du ministre, les conditions administratives de l'engagement de cet agent.

ART. 547.

Les modèles, devis et tarifs sont arrêtés par le ministre.

Les effets sont confectionnés d'après les modèles, tarifs et devis arrêtés par le ministre, qui règle également les prix de confection à payer au maître tailleur.

Les conseils d'administration fixent, dans la forme indiquée à l'article 403 ci-dessus, le prix des réparations qui seraient à faire aux effets d'habillement appartenant à l'État.

ART. 548.

Remise des matières au maître tailleur.

Les matières nécessaires aux confections, y compris les galons de grades et d'ancienneté à poser sur les effets, sont délivrées successivement au maître tailleur, dans les proportions que détermine le conseil.

Cet agent remet, le lendemain du jour de la délivrance, à l'officier d'habillement, qui les conserve sous clef, les lisières qui étaient attenantes aux chefs des pièces qui lui ont été remises.

À la fin de chaque trimestre, et lorsqu'il a été reconnu par le commissaire aux armements que le nombre des chefs est égal à celui des pièces qui ont été délivrées, le conseil peut autoriser la remise de ces chefs et des lisières au maître tailleur, qui en dispose à son profit.

ART. 549.

Les économies réalisées sur la coupe sont constatées et réinté- Économies de coupe.
grées en magasin, ainsi qu'il est dit à l'article 496 ci-dessus.

ART. 550.

La coupe des effets d'habillement doit être effectuée dans le local Conditions
mis par le corps à la disposition du maître tailleur. Sous aucun pré- pour la coupe
et la confection
texte, elle ne peut être exécutée en dehors de ce local. des effets.

La confection peut être faite, soit dans l'intérieur des ateliers de
la division, par les ouvriers du corps, soit à l'extérieur, par des ouvriers civils ou par des ouvrières choisis par le maître tailleur, sous
l'approbation du conseil.

Le maître tailleur répond des effets qu'il a confiés aux ouvriers.

ART. 551.

Les prix de confection à payer aux ouvriers civils et aux ouvrières Prix de confection.
par le maître tailleur sont fixés administrativement. Ces prix ne sont Payement
des ouvriers.
passibles d'aucune retenue, si ce n'est pour malfaçons.

Le payement des salaires est opéré par le maître tailleur, sous la
surveillance de l'administration de la division, et dans les conditions
déterminées par le conseil.

ART. 552.

Lorsque les confections sont effectuées à l'extérieur, la remise des Confections
effets coupés et la réintégration au magasin des effets confectionnés faites à l'extérieur
de
sont soumises à toutes les mesures d'ordre et de police que le con- la division.
seil croit devoir ordonner.

ART. 553.

Les effets confectionnés par le maître tailleur sont examinés, avant Examen des effets
leur introduction dans le magasin d'habillement, en présence de confectionnés.

l'officier d'habillement, par une commission présidée par le major et composée d'un officier et d'un maître désignés par le conseil d'administration. Le commandant de la division peut prendre la présidence de cette commission lorsqu'il le juge convenable.

La commission vérifie si les effets ont les dimensions réglementaires; s'ils sont conformes aux modèles types et aux indications des devis, sous le rapport de la forme, de la bonne confection, du nombre et des dimensions des pièces tolérées, etc. Elle se livre d'ailleurs à toutes les investigations qu'elle juge nécessaires et fait apposer, en sa présence, sur tous les effets qu'elle a reçus, la marque de la propriété de la marine, et l'indication du trimestre et de l'année pendant lesquels ces effets ont été confectionnés.

La recette des effets est constatée par la commission sur le registre des comptes ouverts avec le maître tailleur, tenu par le capitaine d'habillement.

ART. 554.

Payement des frais de confection au maître tailleur.

Le conseil d'administration de la division pourvoit sur les fonds intérieurs du corps au payement des sommes acquises par le maître tailleur pour les façons exécutées par lui.

Ces payements sont faits à titre d'avances remboursables et sont portés en dépense dans les écritures de la division, au compte du fonds spécial de l'habillement.

ART. 555.

Remboursement des sommes avancées par la division pour les frais de confection.

A l'expiration de chaque trimestre, la division est remboursée de ses avances sur les fonds généraux du service de l'habillement.

Le conseil dresse à cet effet et remet au commissaire aux approvisionnements un état en double expédition (modèle n° 74), présentant l'espèce et le nombre des effets confectionnés pendant le trimestre, les prix alloués par le tarif et le décompte des sommes acquises par le maître tailleur. Cet état est arrêté par l'officier d'habillement, vérifié par le major, certifié par le conseil et visé par le commissaire aux armements. Il est accompagné de la quittance du maître tailleur délivrée sur papier timbré.

Après enregistrement par le commissaire aux approvisionnements, une expédition de l'état, accompagnée de la quittance, est annexée au mandat de remboursement à délivrer au conseil d'administration de la division.

ART. 556.

Tous les trois mois, après l'arrêté des comptes, le conseil d'administration de chaque division dresse, pour être remis au commissaire aux armements et transmis au ministre, un état (modèle n° 75) des confections faites et des matières et effets reçus et dépensés pendant le trimestre expiré.

État trimestriel des confections.

CHAPITRE III.

Des délivrances aux bâtiments et des remises en magasin.

ART. 557.

Un approvisionnement de prévoyance en effets d'habillement est entretenu à bord de chaque bâtiment armé. Il est fixé à raison des campagnes ou missions par les instructions générales du ministre.

Il n'est pas entretenu d'approvisionnement de prévoyance à bord des bâtiments en commission.

Approvisionnement de prévoyance des bâtiments.

ART. 558.

L'approvisionnement de prévoyance des bâtiments armés est constitué dès que ces bâtiments ont reçu l'ordre de se préparer au départ.

Les effets sont placés à bord dans un local disposé à cet effet.

Époque à laquelle l'approvisionnement est constitué.

ART. 559.

Les effets à distribuer à titre de remplacement aux équipages des bâtiments, dans un port ou sur une rade en France, sont, à moins

Délivrances à titre de remplacement.

de circonstances extraordinaires, délivrés mensuellement par les divisions.

ART. 560.

Demande d'effets.
Leur forme.

Les effets d'habillement nécessaires aux bâtiments, soit pour les remplacements, soit pour la constitution des approvisionnements de prévoyance, sont délivrés sur une demande numérique des conseils d'administration des bâtiments, vérifiée et visée par le commissaire aux armements.

Cette demande (modèle n° 76) est établie en double expédition. Elle est remise au major de la division, qui fixe le jour et l'heure auxquels elle sera servie par le magasin.

ART. 561.

Livraison
des
effets demandés.

Il est pris livraison des effets demandés, dans le magasin de la division, par l'officier d'administration, ou par un officier ou par un officier marinier délégué à cet effet par le conseil du bâtiment.

Le délégué du conseil d'administration du bâtiment donne récépissé des effets sur les deux expéditions de la demande. L'officier d'habillement de la division certifie la délivrance sur le livret du bâtiment, après y avoir fait porter la valeur des effets remis.

Après l'enlèvement des effets, aucune réclamation n'est admise sur leur nombre, leur nature ou leur état.

ART. 562.

Évaluation
des demandes.

Après la délivrance des effets, leur évaluation est portée sur les demandes par les soins de l'officier d'habillement de la division, qui conserve une des deux expéditions à l'appui de ses écritures.

A la fin de chaque mois, le conseil d'administration de la division adresse les duplicata des demandes servies pendant le mois au commissaire aux armements du port. Celui-ci garde les demandes des bâtiments placés sous son administration, et fait parvenir les autres à ceux de ses collègues qui sont chargés de la tenue du double du rôle d'équipage.

Les commissaires aux armements font inscription des délivrances faites aux bâtiments dont ils centralisent la dépense, sur le compte sommaire de l'habillement placé en tête du rôle d'équipage.

ART. 563.

Les conseils d'administration des bâtiments en cours de campagnes font parvenir les demandes d'effets nécessaires à leurs besoins au ministre de la marine, qui désigne la division qui devra y satisfaire et la voie qui sera employée pour leur transmission.

L'emballage, l'expédition et la réception des effets sont effectués conformément aux instructions arrêtées par le ministre.

Un état apprécié des effets expédiés est adressé au commissaire aux armements dans la forme indiquée à l'article précédent.

Lorsque les demandes sont faites pour les besoins généraux d'une escadre ou division navale, sans qu'il y ait eu désignation particulière de bâtiment, l'envoi est adressé au conseil d'administration du bâtiment amiral, qui en prend charge dans ses écritures.

Demandes des bâtiments en cours de campagne.

ART. 564.

Les envois d'effets d'une division à une autre division sont effectués dans la forme indiquée en l'article précédent, pour les envois d'une division à un bâtiment.

Envoi d'effets d'une division à une autre.

ART. 565.

A la mer et en pays étrangers, les conseils d'administration des bâtiments peuvent effectuer à d'autres conseils des cessions d'effets d'habillement.

Il est procédé, dans ce cas, par les conseils des deux bâtiments, dans la forme indiquée pour les délivrances à faire par les divisions.

Cessions faites par les bâtiments en cours de campagne.

34.

Toutefois, la demande est dressée en triple expédition, et deux de ces expéditions sont transmises, par le conseil qui a fait la cession, au commissaire aux armements du port qui compte de la dépense du bâtiment, lequel se conforme aux prescriptions de l'article 555 ci-dessus.

ART. 566.

Soins à donner aux approvisionnements de prévoyance.

Les effets d'habillement en approvisionnement de prévoyance sont entretenus avec soin. Ils sont visités au moins une fois par mois, en présence de l'officier en second et de l'officier d'administration. Le résultat de cette visite est constaté par un procès-verbal inscrit sur les journaux du bord et sur le registre des délibérations du conseil.

Le conseil d'administration est responsable de la conservation de ces effets, sauf les cas de force majeure dûment constatés. Toutefois, cette responsabilité n'atteint l'officier d'administration que dans la limite déterminée à l'article 451 ci-dessus.

ART. 567.

Remise des approvisionnements au désarmement.

Au désarmement des bâtiments, les effets d'approvisionnement de toute nature qui n'ont pas été délivrés sont versés dans les magasins de la division du port. L'officier d'habillement donne récépissé du nombre de ces effets sur une des expéditions de la remise.

Avant leur réintégration définitive en magasin, les effets sont soumis à l'examen d'une commission composée du commissaire aux armements, du major de la division et d'un officier supérieur du port désigné par le major général. Cette commission, après avoir entendu l'officier d'habillement de la division, l'officier en second et l'officier d'administration du bâtiment, évalue dans un procès-verbal (modèle n° 77) la dépréciation que les effets ont subie; elle exprime, en outre, son opinion sur la responsabilité encourue par le conseil du bâtiment.

Ce procès-verbal, en triple expédition, est transmis au ministre, qui statue sur le remboursement par qui de droit de la perte résultant des détériorations.

ART. 568.

Les dispositions contenues en l'article précédent sont observées à l'égard des effets avariés existant à bord des bâtiments sur rade, et pour lesquels le préfet maritime autoriserait la remise en magasin, afin d'éviter leur détérioration complète.

Remise fortuite
d'effets avariés.

ART. 569.

Le tabac et le savon dont les bâtiments armés auraient besoin pour la durée de la campagne à entreprendre sont délivrés par le magasin général, sur la demande des conseils d'administration.

Les règles relatives aux approvisionnements de prévoyance en effets d'habillement sont applicables aux approvisionnements de cette nature.

Approvisionnement
en tabac et savon.

ART. 570.

Les approvisionnements de prévoyance qu'il y aurait lieu de former dans les détachements ayant une administration distincte sont régis par les dispositions du présent chapitre.

Approvisionnement
dans
les détachements.

CHAPITRE IV.

Des distributions aux marins et des réintégrations faites par eux.

ART. 571.

Les marins nouvellement admis dans une division sont complétement habillés dès qu'ils ont été visités et que leur incorporation a été prononcée.

Toutefois, les hommes qui, pour une cause quelconque, sont présumés ne devoir pas rester au service ne reçoivent que les effets qui leur sont strictement nécessaires.

Les hommes
sont habillés
dès
leur admission.

ART. 572.

Les effets d'habillement dont les marins seraient pourvus à leur arrivée au service entrent en déduction de ceux qu'ils doivent recevoir du magasin, si ces effets sont reconnus susceptibles de faire partie de la composition du sac.

ART. 573.

Les effets réduits de durée sont, autant que possible, utilisés à terre : ils sont principalement délivrés aux hommes qui ont détourné ou vendu leurs effets; aux recrues; aux novices; aux marins levés d'office pour la première fois; aux hommes qui, pour une cause quelconque, sont présumés ne devoir pas rester au service, et à ceux qui n'ont plus que peu de temps à faire.

Les effets neufs sont préférablement donnés aux anciens marins, aux engagés volontaires, aux inscrits admis à leur demande et aux hommes venant d'un autre corps.

ART. 574.

Sauf les exceptions mentionnées aux articles 571 et 575, les sacs des marins doivent être tenus au complet réglementaire.

Le remplacement des effets est opéré au fur et à mesure des besoins, sans égard à la durée normale assignée à ces effets, mais sous la réserve des dispositions mentionnées à l'article 226 (1re partie, Solde et revues), relativement au remplacement anticipé, lorsqu'il est le résultat de la négligence ou de l'inconduite du marin.

ART. 575.

A moins de nécessité constatée par une délibération du conseil d'administration, il n'est délivré d'effets d'aucune espèce dans le courant des six derniers mois que les hommes doivent passer au service.

En fin de campagne, les conseils d'administration doivent veiller, sous leur responsabilité, à ce qu'il ne soit fait que des remplacements rigoureusement nécessaires et dans la limite des sommes acquises.

Dans les circonstances prévues au présent article, toute délivrance non autorisée spécialement par le conseil engage la responsabilité du commandant de la compagnie.

ART. 576.

Dans les divisions, les effets sont délivrés par l'officier d'habillement, sur la présentation de bons numériques (modèle n° 78). La valeur des effets est portée sur les bons par l'officier d'habillement au moment de la distribution. A bord des bâtiments, la distribution est faite sur présentation de bons nominatifs décomptés (modèle n° 78 *bis*).

Le récépissé des effets est donné par le commandant de compagnie ou par son délégué, qui, conformément aux dispositions de l'article 502, à dû inscrire à l'instant même sur son livre de détail, en regard du nom de chaque homme, la distribution effectuée.

ART. 577.

Dans les cinq premiers jours de chaque trimestre, les commandants de compagnie dressent, en double expédition, l'état récapitulatif des distributions faites aux hommes de leur compagnie pendant le trimestre précédent.

Les résultats de cet état doivent être en concordance avec les enregistrements tenus par l'officier d'habillement.

Les deux expéditions de l'état récapitulatif sont remises au trésorier, qui, après vérification, débite sur le rôle d'équipage le compte courant des hommes de la valeur des effets qu'ils ont reçus.

A l'égard des hommes qui quittent une division ou un bâtiment avant l'établissement de l'état récapitulatif, le compte courant de leur solde est débité d'après les indications du livre de détail, qui est produit à cet effet au trésorier, en même temps que le livret et la feuille de compagnie.

ART. 578.

Destination
à donner
aux états trimestriels.

Les états récapitulatifs mentionnés en l'article précédent, après avoir été arrêtés définitivement par le conseil d'administration de la division ou du bâtiment, reçoivent la destination mentionnée en l'article 227 ci-dessus (1re partie, Solde et revues).

ART. 579.

Effets
essayés aux hommes.
Cas de contestation.

Les effets sont essayés aux hommes au moment de la distribution.

En cas de contestation entre le commandant de la compagnie et l'officier d'habillement, le major dans les divisions, l'officier en second à bord des bâtiments, prononce.

Les effets d'habillement distribués aux hommes ne peuvent être échangés à terre qu'en vertu des ordres du commandant de la division, à bord qu'en vertu des ordres du commandant du bâtiment, et s'ils n'ont point été marqués.

ART. 580.

Marques à apposer
sur les effets.

Les effets qui, par leur forme ou leur nature, peuvent recevoir une empreinte sont marqués du numéro matriculaire des hommes.

ART. 581.

Effets réintégrés
par
les hommes.

Les réintégrations d'effets que les marins effectuent dans les cas prévus par les articles 232 et 238 (1re partie, Solde et revues) sont faites dans les magasins des divisions, sur bulletin nominatif de versement (modèle n° 79).

Le nombre, la nature et la valeur des effets remis sont constatés

dans un procès-verbal (modèle n° 80) par une commission composée de l'officier d'habillement, du commandant de la compagnie
à laquelle l'homme appartient et d'un officier marinier de la division.

Ce procès-verbal est inscrit et signé sur un registre. Une expédition du procès-verbal certifiée par le major est transmise au commissaire aux armements, après avoir servi à l'apostille à faire par le
trésorier, sur le rôle d'équipage, au compte courant de la solde du
marin. Lorsque l'homme n'appartient pas à la division, la seconde
expédition du procès-verbal est transmise au commissaire aux armements, ainsi qu'il est dit à l'article 233 ci-dessus, deuxième paragraphe (1re partie, Solde et revues).

Les indications du procès-verbal sont certifiées par la commission
sur le bulletin de versement qui est remis au commandant de la
compagnie.

ART. 582.

Dans les divisions à terre, les commandants de compagnie établissent, avec le concours de deux officiers mariniers de la compagnie,
l'inventaire (modèle n° 81) des effets contenus dans le sac de tout
marin mort, déserteur, envoyé à la compagnie de discipline, ou condamné à une peine afflictive qui l'éloigne du corps pour plus de six
mois. Cet inventaire est dressé en double expédition aussitôt que la
position du marin est connue.

Sacs
des marins morts,
déserteurs, etc.

Les sacs ainsi inventoriés, après avoir été scellés, sont remis, avec
une expédition de l'inventaire, à l'officier d'habillement, qui tient un
enregistrement sommaire de ces dépôts, indiquant le numéro d'ordre
donné au sac, le nom du marin à qui il appartient et la position de
l'homme au moment de la radiation. L'officier d'habillement donne
récépissé du sac sur l'autre expédition de l'inventaire, qui reste entre
les mains du commandant de la compagnie.

A bord des bâtiments, et dans les mêmes circonstances, l'inventaire
est dressé sur un registre par l'officier d'administration concurrem-
ment avec le commandant de la compagnie.

ART. 583.

Sacs
des marins absents
au départ
de leur bâtiment.

Le sac de tout marin absent au moment où son bâtiment quitte un port de France est remis à la division avec l'inventaire ci-dessus mentionné, ou, si les communications avec la terre ne sont plus possibles, à bord du bâtiment stationnaire, pour que le dépôt en soit fait ultérieurement à la division.

ART. 584.

Vente des sacs
des
marins absents.

Le contenu des sacs en dépôt est vendu dans le plus bref délai, en vente publique, parmi les marins de la division ou du bâtiment, par les soins de l'officier d'habillement, en présence d'un officier et d'un officier marinier désignés par le conseil d'administration, en commençant d'abord par les sacs des marins débiteurs envers l'État.

Les conseils d'administration choisissent de préférence, pour faire opérer ces ventes, les moments où des distributions d'effets doivent être effectuées, soit à titre de première mise, soit à titre de remplacement.

Toutefois, à l'égard des hommes présumés déserteurs, la vente ne peut être opérée qu'après le délai fixé pour leur radiation des rôles, sauf dans les cas de débet envers l'État, cas dans lesquels il peut être procédé à la vente après l'expiration des délais de repentir.

ART. 585.

Procès-verbaux
de vente.

Les résultats de la vente sont constatés sur un procès-verbal (modèle n° 82) et apostillés sur les rôles, aux comptes des vendeurs et des acheteurs

Une expédition de ce procès-verbal est transmise au commissaire aux armements, ainsi qu'il est dit à l'article 240 ci-dessus (1re partie, Solde et revues).

ART. 586.

Tout homme embarqué qui est envoyé à l'hôpital est suivi de ses effets. Son sac est remis, avec l'inventaire mentionné en l'article 582 ci-dessus, à l'agent comptable de l'hôpital, qui donne récépissé sur une des expéditions.

Les sacs des marins des divisions envoyés à l'hôpital, ainsi que les sacs des hommes provenant du recrutement envoyés en congé temporaire, sont conservés dans le magasin de la division après avoir été inventoriés.

Sacs des hommes envoyés à l'hôpital ou en congé.

CHAPITRE V.

Des effets délivrés à titre gratuit, des armes, etc.

ART. 587.

Les effets dits de délivrance extraordinaire ne sont pas la propriété des hommes auxquels ils sont délivrés : ils sont maintenus en service après leur durée réglementaire, lorsqu'ils n'ont pas été jugés susceptibles d'être réformés.

Effets de délivrance extraordinaire.

ART. 588.

Les effets de délivrance extraordinaire sont marqués au magasin d'habillement de la division, au moment de leur délivrance aux bâtiments, du numéro du trimestre et de l'année de leur distribution.

Marques à apposer sur ces effets au moment de la mise en service.

A moins de nécessité dûment constatée, aucune condamnation de ces effets ne peut être prononcée à bord des bâtiments; ils sont conservés pour être remis, au retour de la campagne, dans les magasins de la division. Ils ne peuvent être gardés à bord lorsque le bâtiment a accompli la mission pour laquelle ils avaient été délivrés. A leur remise dans les magasins, ils sont examinés, ainsi qu'il est dit à l'article 559 ci-dessus.

ART. 589.

Dans les divisions, les objets de grand équipement, les armes, instruments de musique, etc., ne sont remplacés que lorsqu'ils ont été réformés.

Le remplacement des objets, armes et instruments perdus ou mis hors de service s'opère dès que le fait a été dûment constaté.

La réforme des armes est prononcée conformément aux prescriptions du règlement sur l'entretien des armes portatives. Celle des autres objets est prononcée par l'inspecteur général ou, à défaut, par le préfet maritime, lors de ses inspections annuelles, sur l'avis préalable donné par le commissaire général au moment de son inspection administrative.

ART. 590.

Les objets d'équipement, les instruments de musique et les armes qu'il peut y avoir lieu de mettre en service, à titre permanent, dans les compagnies à terre, sont délivrés aux commandants des compagnies, sur bons numériques conformes au modèle n° 83.

La réintégration de ces objets en magasin est effectuée sur bulletins de versement conformes au modèle n° 84.

ART. 591.

Les dispositions mentionnées en l'article précédent sont applicables aux effets de délivrance extraordinaire qui, après avoir été distribués aux marins embarqués, sont confiés à leurs soins personnels.

Les effets de même nature mis en service à bord des bâtiments en vue de besoins généraux sont placés sous la surveillance du maître d'équipage, qui en demeure responsable envers le conseil d'administration.

ART. 592.

Les effets et instruments réformés, remplacés ou condamnés

existant dans les divisions sont, quelle que soit leur provenance, classés hors de service et marqués des lettres H S lors du versement en magasin.

ART. 593.

Les effets hors de service peuvent être utilisés pour les besoins des infirmeries et des prisons.

Ceux qui ne peuvent être affectés à aucun usage, ainsi que les instruments de musique réformés, doivent être versés au magasin général pour être remis à l'Administration des domaines.

Les armes hors de service sont versées dans les établissements de l'artillerie.

Destination à donner aux effets, armes, etc., hors de service.

ART. 594.

La valeur des effets de délivrance extraordinaire, instruments, etc., perdus ou détériorés par suite d'accidents de force majeure, demeure à la charge de l'État.

Les pertes et dégradations sont constatées, sur le rapport des commandants de compagnies, par des procès-verbaux inscrits sur le registre des délibérations. A bord des bâtiments, ces accidents sont mentionnés sur les journaux du bord.

Pertes et détériorations à la charge de l'État.

TITRE X.

DES RÉPARATIONS ET IMPUTATIONS AU COMPTE DES HOMMES.

ART. 595.

Dans les divisions à terre, les réparations d'armes dont la dépense est mise au compte des hommes sont exécutées par l'armurier du corps. Les imputations sont établies aux prix des tarifs arrêtés par le ministre.

Les réparations à faire sont constatées, dans chaque compagnie, par le commandant et l'officier d'habillement, assistés de l'armurier;

Réparations à l'armement dans les divisions.

et les résultats de cette opération sont consignés dans un état (modèle n° 85). Cet état désigne nominativement les hommes qui ont
commis les dégradations, et il indique les imputations dont ces
hommes sont passibles.

ART. 596.

Imputations diverses à terre et à la mer.

Les autres imputations dont les hommes auront été reconnus passibles pour perte ou dégradations des effets appartenant à l'État, dé-
gâts commis dans les casernes, etc., sont comprises tous les mois,
à terre et à la mer, par les commandants de compagnie, dans un
état nominatif qui, après avoir été approuvé par le conseil, est remis
au trésorier.

ART. 597

Inscription des imputations aux comptes individuels.

Les dégradations d'armes au compte des hommes et les autres
imputations sont portées sur le rôle d'équipage aux comptes individuels.

L'état général de ces imputations, certifié par le conseil, est transmis au commissaire aux armements.

ART. 598.

Évaluation des pertes et dégradations.

La moins-value des effets perdus ou mis hors de service par la
faute des hommes est évaluée d'après le prix d'inventaire et proportionnellement à leur durée. Lorsque cette durée ne peut être constatée positivement, la moins-value est fixée à la moitié de la valeur de
l'objet.

Les armes perdues ou mises hors de service sont toujours remboursées au prix intégral de fabrication.

Les dégradations sont remboursées au prix résultant de la réparation des objets. Ce prix est atténué d'un dixième pour les réparations faites dans les magasins de l'État.

ART. 599.

Les frais de capture ou d'arrestation sont imputés au compte des marins, après payement des primes, sur le vu de procès-verbaux d'arrestation en due forme.

Les commissaires aux armements portent les payements de cette nature qu'ils ont eu à effectuer à la connaissance des conseils sous l'administration desquels les marins se trouvent placés.

Frais de capture
et
d'arrestation.

TITRE XI.

DES PIÈCES ET RENSEIGNEMENTS À FOURNIR PAR LES DÉTACHEMENTS.

ART. 600.

Les conseils d'administration éventuels et les chefs des détachements administrés à titre distinct adressent au conseil d'administration de la division ou du bâtiment dont ils dépendent :

1° Un relevé mensuel du registre journal sur lequel les recettes et les dépenses doivent être transcrites littéralement, avec énonciation en toutes lettres du restant en caisse ;

2° Un relevé trimestriel du compte courant de l'habillement présentant, par chapitre, toutes les inscriptions qui ont été faites sur ce registre pendant le trimestre et le restant en magasin.

Ces relevés, certifiés par le conseil ou par le chef du détachement, sont appuyés d'une copie de feuilles nominatives de payement, des bons de délivrance d'effets d'habillement et des états de pertes et dégradations mises au compte des hommes.

Après vérification de ces documents, le conseil d'administration de la division ou du bâtiment en fait faire écriture par les comptables sur les registres, ainsi qu'il est prescrit par le présent décret; fait débiter le compte des hommes, sur le rôle d'équipage, des paye-

Pièces à fournir
au conseil
d'administration
de la division
ou
du bâtiment.

ments et de la valeur des délivrances d'effets, qu'il comprend en outre dans les états récapitulatifs à adresser par lui au commissaire aux armements, pour l'ensemble du personnel appartenant à la division ou au bâtiment.

ART. 601.

Les conseils éventuels et les chefs de détachements font parvenir à leur conseil d'administration, avec les états des mutations, tous les feuillets individuels des hommes de leur détachement décédés, disparus, absents sans nouvelles, etc.

Ils fournissent enfin à ce conseil tous les documents et renseignements qu'il leur demande pour faciliter la tenue des écritures du conseil et l'établissement des comptes qu'il doit rendre.

Documents et renseignements particuliers à remettre par les détachements.

ART. 602.

A leur rentrée à la division ou à bord du bâtiment, les détachements versent en caisse et en magasin tous les fonds et effets dont ils peuvent être détenteurs.

Ils font le dépôt des registres et pièces justificatives de toute nature, lesquels, après vérification, demeurent annexés à la comptabilité de la division ou du bâtiment.

Rentrée à la division ou à bord du bâtiment.

TITRE XII.

DES VIVRES, DES LIQUIDES ET DU CHAUFFAGE DANS LES DIVISIONS À TERRE.

ART. 603.

Le service des vivres dans les divisions à terre est exécuté dans la forme prescrite par le décret sur le service intérieur dans ces divisions, et conformément aux règles adoptées par notre ministre de la marine et des colonies.

Mode d'exécution du service des vivres.

Aucune ration ou portion de ration ne peut être transportée en dehors des locaux affectés au casernement des équipages de la flotte, si ce n'est à l'état d'aliments préparés, et sous les conditions déterminées par le décret sur le service intérieur dans les divisions.

ART. 604.

Les vivres sont délivrés aux officiers mariniers et marins par compagnie, sur bons numériques conformes au modèle n° 86, signés par les commandants de compagnie et visés par le major. *Bons de délivrance.*

Les bons numériques, après avoir été annotés de la délivrance faite, sont communiqués au trésorier, qui en fait inscription par ordre de date, avec distinction de compagnie, sur un registre des distributions (modèle n° 87), et les rend ensuite aux commis aux vivres.

Il est établi par mois, sur ce registre, une balance comparative des distributions avec les allocations que constate le rôle individuel mentionné en l'article ci-après.

La valeur des rations perçues en trop est réglée d'après les prix moyens annuels arrêtés par le ministre de la marine, et retenue sur la solde de chaque commandant de compagnie.

ART. 605.

Le trésorier tient un rôle individuel des rationnaires conforme au modèle n° 88. Ce rôle est établi d'après les divisions du rôle d'équipage. Il fait ressortir le nombre des rations acquises dont la totalisation est effectuée chaque mois. *Rôle individuel des rationnaires.*

La concordance du rôle individuel avec le rôle d'équipage pour les mouvements et mutations, et avec le registre des distributions pour les rations délivrées, est constatée mensuellement par le major.

ART. 606.

Le commis aux vivres attaché à chaque division tient un rôle de rations et un casernet de cambuse. Il se conforme, pour la tenue de *Rôle de rations et casernet de cambuse.*

ces registres et pour les demandes de vivres, aux règles en vigueur à bord des bâtiments de la flotte et aux instructions spéciales de notre ministre de la marine et des colonies.

ART. 607.

Distributions
de liquides.

Les distributions de liquides aux marins à terre, dans les circonstances prévues à la 2ᶜ section du chapitre Iᵉʳ du titre III de la Iʳᵉ partie, sont constatées au moyen d'états spéciaux arrêtés par les conseils d'administration des divisions. En ce qui concerne les marins employés à des travaux de force non rémunérés, ces états sont appuyés des ordres des préfets maritimes et de certificats des directeurs constatant le temps pendant lequel les marins ont été présents sur les travaux.

ART. 608.

Chauffage
des
chambres à terre.

Le chauffage des chambres dans la saison d'hiver, pour les marins casernés à terre, est fourni d'après le mode et les instructions arrêtées par notre ministre de la marine.

TITRE XIII.

DU CONTRÔLE ADMINISTRATIF ET DE L'ARRÊTÉ DES COMPTES.

ART. 609.

Contrôle des officiers
du
commissariat.

L'administration et la comptabilité des divisions et des bâtiments sont soumises au contrôle du commissariat de la marine.

Les fonds, les effets, les registres et les pièces à l'appui sont représentés aux officiers de ce corps toutes les fois qu'ils le requièrent pour leurs vérifications.

ART. 610.

Les écritures de comptabilité dans les divisions des équipages à terre sont, après leur clôture par le conseil, vérifiées trimestriellement, sur pièces, par le commissaire aux armements.

Après la vérification des écritures du quatrième trimestre de chaque année, le commissaire aux armements procède, avec le concours du conseil d'administration, au recensement général des magasins. Le procès-verbal de cette opération est transmis au ministre par l'intermédiaire du commissaire général.

Vérification trimestrielle par le commissaire aux armements des écritures des divisions.

ART. 611.

A bord des bâtiments sur rade, en France, en Algérie et dans les colonies, lorsque ces bâtiments sont placés sous l'autorité des préfets, des commandants de la marine et des gouverneurs, les écritures sont vérifiées sur pièces par les commissaires aux armements, trimestriellement pour ceux qui stationnent, et éventuellement, lorsque les circonstances le permettent, pour ceux qui relâchent en cours de campagne.

Dans les escadres et divisions navales, ces vérifications sont faites par le commissaire de l'escadre ou de la division, aux époques et dans les circonstances fixées par le décret sur le service à la mer.

Les écritures des détachements ayant une administration distincte sont également vérifiées, aux mêmes époques, par les officiers du commissariat sous la surveillance administrative desquels ils se trouvent éventuellement placés.

A la fin de chaque trimestre, le commissaire aux armements adresse au commissaire général, pour être transmis au ministre, un rapport sommaire sur le résultat des vérifications qui ont été opérées en exécution du présent article.

Vérification par les officiers du commissariat des écritures des bâtiments et des détachements.

36.

ART. 612.

Vérification annuelle
des
commissaires
généraux.

Les commissaires généraux de la marine peuvent procéder annuellement à la vérification des écritures des divisions et des bâtiments présents dans la circonscription de leur arrondissement, dans le mois qui suit la vérification faite par les commissaires aux armements des comptes du quatrième trimestre.

ART. 613.

Constatation
des vérifications.

Les officiers du commissariat constatent leurs vérifications par un *vérifié* qu'ils datent et qu'ils signent : sur le registre journal des recettes et dépenses; sur le registre de classification; sur le registre des recettes et consommations du service de l'habillement, ainsi que sur les comptes ouverts avec les compagnies et avec le maître tailleur.

Ils s'assurent, lors de leurs vérifications et dans leurs revues, de la bonne tenue des registres qui ne comportent pas d'arrêté de compte, et de la régularité des écritures concernant l'administration intérieure des compagnies.

Ils constatent la situation matérielle des fonds aux époques périodiques d'arrêtés de compte, et celle des magasins lorsqu'ils le jugent convenable.

Ils consignent au registre des délibérations les rectifications, instructions ou observations qu'ils jugent nécessaires, après avoir entendu les explications du conseil d'administration.

ART. 614.

Inspections
administratives.
Arrêté des comptes.

Les commissaires généraux *arrêtent*, lors des inspections administratives pour lesquelles ils ont été spécialement délégués par le ministre, les comptes des conseils d'administration des divisions et des bâtiments, pour les exercices expirés qui précèdent l'année dans laquelle l'inspection est faite.

Toutefois, l'arrêté de ces fonctionnaires n'est définitif qu'après que l'inspecteur général, ayant statué sur les questions et propositions qu'ils peuvent avoir eu à lui soumettre dans leur rapport, l'a revêtu de son approbation.

Lorsque l'inspection administrative n'est pas suivie d'une inspection générale, le commissaire général ne soumet qu'au ministre le résultat de ses opérations,

Les décisions de l'inspecteur général sont consignées par lui au registre des délibérations. Celles de ces décisions qui émanent du ministre sont notifiées au conseil d'administration par l'intermédiaire du commissaire général; le commissaire aux armements veille à ce qu'elles soient transcrites sur ce registre.

ART. 615.

Les pièces produites aux commissaires généraux, à l'appui des comptes qu'ils arrêtent, sont marquées d'un timbre spécial, par eux ou par les commissaires aux armements qui les assistent.

Timbre d'annulation sur les pièces de comptabilité.

ART. 616.

Les officiers du commissariat de la marine n'admettent que des registres et pièces conformes aux modèles réglementaires.

Pièces et registres conformes aux modèles.

ART. 617.

Tout bâtiment rentrant dans un port après une campagne de plus de deux ans est désarmé administrativement, s'il doit changer de position.

Est également désarmé administrativement, au moment le plus opportun, tout bâtiment qui, ne se trouvant pas dans la catégorie mentionnée au paragraphe ci-dessus, n'a point eu ses comptes apurés depuis plus de quatre ans.

Après le désarmement effectif ou administratif, les conseils d'ad-

Apurement des comptes des bâtiments après désarmement.

ministration et les capitaines comptables déposent au détail des armements tous les registres et pièces de leur comptabilité.

Le commissaire aux armements procède à leur vérification dans le délai d'un mois, à dater du jour de ce dépôt.

Il est ensuite procédé à l'apurement des comptes, sous la sanction du conseil d'administration du port, par une commission spécialement chargée du jugement administratif des comptes des bâtiments, et dont le commissaire aux armements est appelé à faire partie.

TITRE XIV.

DISPOSITIONS GÉNÉRALES.

ART. 618.

Dépôt aux archives des registres et pièces.

Les registres et pièces de la comptabilité intérieure des divisions, après avoir été soumis à la vérification définitive du commissaire général et à l'approbation de l'inspecteur général, sont déposés aux archives du corps lorsqu'il ne doit plus y être fait d'inscription.

Les registres et pièces de la comptabilité des bâtiments, après l'apurement des comptes, sont conservés aux archives du détail des armements.

Cinq années après leur dépôt, ces registres et pièces peuvent être remis, sur inventaire, au magasin général.

L'inventaire, dressé en double expédition, relate les titres des registres, leur nombre, l'objet des liasses de pièces par nature de service et l'année du dépôt aux archives.

La pesée des papiers est faite par le garde-magasin général, qui en mentionne le résultat dans le récépissé qu'il donne au bas d'une des expéditions de l'inventaire.

ART. 619.

Conservation des matricules et rôles d'équipage.

Les registres matricules et les rôles d'équipage sont conservés dans les archives de la division et au détail des armements.

Les rôles de bord déposés au détail des armements sont, autant que les localités le permettent, conservés dans un édifice séparé de celui qui contient les archives mêmes du détail.

Les actes et titres authentiques concernant l'état civil ou les services des marins décédés sont remis au commissaire aux armements, qui les fait parvenir aux familles, par l'intermédiaire des maires des communes ou des commissaires de l'inscription maritime.

ART. 620.

Toutes les dispositions antérieures, en ce qui concerne la solde, les revues, l'administration et la comptabilité des équipages de la flotte, sont et demeurent abrogées en ce qu'elles ont de contraire au présent décret.

Abrogation
des dispositions
antérieures.

ART. 621.

Nos ministres secrétaires d'État de la marine et de la guerre sont chargés, chacun en ce qui le concerne, de l'exécution du présent décret, qui sera inséré au *Bulletin des lois* et au *Bulletin officiel* de la marine, pour avoir son effet à partir du 1er janvier 1857.

Exécution du décret.

Signé NAPOLÉON.

Par l'Empereur:

L'Amiral Ministre Secrétaire d'État de la marine et des colonies,

Signé HAMELIN.

TARIFS

DE LA SOLDE, DES ACCESSOIRES DE LA SOLDE,

DES MASSES ET DU TRAITEMENT DE TABLE,

FAISANT SUITE

AU DÉCRET DU 11 AOÛT 1856.

OBSERVATIONS GÉNÉRALES.

§ 1ᵉʳ. — HOMMES DE RECRUE AVANT L'ARRIVÉE.

Les hommes de recrue, avant leur arrivée dans une division et quand ils voyagent en détachement, reçoivent, avec le pain, une solde spéciale, qui est fixée à *cinquante-sept centimes* par jour.

§ 2. — RAPPORT DES BATIMENTS A VOILES AVEC LES BATIMENTS A VAPEUR.

Pour la fixation des allocations, le rapport entre les bâtiments à voiles et les bâtiments à vapeur est déterminé comme suit :

BÂTIMENTS À VOILES.	BÂTIMENTS À VAPEUR. (RAPIDES ET À ROUES.)	BÂTIMENTS MIXTES.	BÂTIMENTS DE FLOTTILLE.
Vaisseau de 1ᵉʳ rang.	Vaisseau de 1ᵉʳ rang.	Vaisseau de 1ᵉʳ rang.	″
Vaisseau de 2ᵉ rang.	Vaisseau de 2ᵉ rang.	Vaisseau de 2ᵉ rang.	″
Vaisseau de 3ᵉ rang.	″	Vaisseau de 3ᵉ rang.	″
Vaisseau de 4ᵉ rang.	″	″	″
Frégate de 1ᵉʳ rang.	Frégate de 1ᵉʳ rang à hélice.	″	″
Frégate de 2ᵉ rang.	Frégate de 2ᵉ rang à hélice.	″	″
Frégate de 3ᵉ rang.	Frégates à roues de 650, 540 et 450 chevaux.	Frégate de 3ᵉ rang à hélice.	Batterie flottante.
Corvettes de 28 et de 32 canons.	Corvettes de 400 à 320 chevaux.	″	″
Corvettes de 24 canons.	″	Transports de 900 et 1,200 t.	″
Corvettes de 18 et de 14 et bricks de 1ʳᵉ classe.	Corvettes et avisos de 300 à 220 chevaux.	″	Canonnières de 1ʳᵉ classe, avec sa chaloupe annexe.
Bricks-avisos.	Avisos de 200 à 140 chevaux.	Corvettes à hélice. (Biche et sentinelle.)	Canonnières de 1ʳᵉ classe, sans annexe.
Corvettes de charge et transports de 300 tonneaux.	″	Transport de 300 tonneaux.	″
Canonnières-bricks, goëlettes, cutters, etc.	Avisos de 120 chevaux et au-dessous.	Avisos.	Bombardes à voiles.

GRADES ET PROFESSIONS.		DE PRÉSENCE		o en d[...] ou [...] avec[...]
		à la mer.	à terre.	
Premiers maîtres et capitaines d'armes............................	de 1ʳᵉ classe.........	3ᶠ 00ᶜ	2ᶠ 80ᶜ	
	de 2ᵉ classe.........	2 80	2 60	
Maîtres et sergents-majors................................	de 1ʳᵉ classe.........	2 80	2 60	
	de 2ᵉ classe.........	2 60	2 40	
Seconds maîtres, sergents d'armes et sergents-fourriers...............	de 1ʳᵉ classe.........	2 30	2 20	
	de 2ᵉ classe.........	2 10	2 00	
Quartiers-maîtres, caporaux d'armes et caporaux-fourriers.............	de 1ʳᵉ classe.........	1 60	1 50	
	de 2ᵉ classe.........	1 50	1 40	
Fourriers ordinaires..		1 20	1 10	
Matelots..	de 1ʳᵉ classe.........	1 20	1 10	
	de 2ᵉ classe.........	1 10	1 00	
	de 3ᵉ classe.........	0 80	0 80	
Novices et apprentis marins....................................		0 60	0 60	
Mousses..		0 40	0 40	
EMPLOIS SPÉCIAUX.				
Premiers chefs de musique des divisions.........................		3 00	2 80	
Chefs de musique de bord.......................................		2 80	2 60	
Seconds chefs de musique.......................................		2 10	2 00	
Musiciens..		1 20	1 10	
Pilotes côtiers	sur les vaisseaux et les frégates de 1ᵉʳ rang................	3 00		
	sur les autres frégates et sur les corvettes de 32 et de 28 canons.........	2 80	2 40	
	sur les bâtiments de rang inférieur............................	2 60		
Maîtres tambours...		2 10	2 00	
Maîtres clairons..		2 10	2 00	
Maîtres tailleurs...		//	0 60	
INFIRMIERS MILITAIRES.				
Infirmiers-majors...	de 1ʳᵉ classe.........	2 30	//	
	de 2ᵉ classe.........	1 60	//	
Infirmiers ordinaires..	de 1ʳᵉ classe.........	1 20	//	
	de 2ᵉ classe.........	1 10	//	

les professions (mécaniciens exceptés).

| SOLDE JOURNALIÈRE | | | | | OBSERVATIONS. |
| D'ABSENCE | | | DE DISPONIBILITÉ | | |
en congé et captivité.	à l'hôpital.	à l'hôpital en congé.	en résidence dans leurs foyers.	à l'hôpital.	
2f 00c	1f 80c	1f 00c	2f 00c	1f 00c	NOTA. Les maîtres, seconds maîtres et quartiers-maîtres armuriers, faisant partie du personnel des armuriers militaires de la marine, reçoivent, pendant la durée de leur embarquement sur les bâtiments de la flotte, les prestations en deniers et en nature, sur le même pied que les maîtres, seconds maîtres et quartiers-maîtres de 1re classe du personnel de la flotte.
1 85	1 60	0 85	1 85	0 85	
1 85	1 60	0 85	1 85	0 85	
1 70	1 40	0 70	1 70	0 70	
1 55	1 30	0 65	1 55	0 65	
1 40	1 20	0 60	1 40	0 60	
0 80	0 80	0 10	//	//	
0 75	0 70	0 10	//	//	
0 60	0 60	0 10	//	//	
0 60	0 60	0 10	//	//	
0 55	0 55	0 10	//	//	
0 40	0 40	//	//	//	Ceux de ces marins qui sont tambours ou clairons reçoivent un accroissement de solde de 10 centimes par jour.
0 30	0 30	//	//	//	
0 20	0 20	//	//	//	
2 00	1 80	1 00	//	//	
1 85	1 60	0 85	//	//	
1 40	1 20	0 60	//	//	
0 60	0 60	0 10	//	//	
1 70	1 40	0 70	//	//	Ces pilotes reçoivent à bord des bâtiments amiraux un accroissement de solde de 2 francs par jour.
1 40	1 20	0 60	//	//	Ces agents reçoivent un accroissement de solde de 35 centimes par jour.
1 40	1 20	0 60	//	//	
0 30	//	//	//	//	
1 55	1 30	0 65	//	//	
0 80	0 80	0 10	//	//	L'indemnité annuelle d'habillement due aux infirmiers militaires se trouve comprise dans le tarif ci-contre.
0 60	0 60	0 10	//	//	
0 55	0 55	0 10	//	//	

N° 2.

MÉCANICIENS ET CHAUFFEURS.

GRADES.	SOLDE JOURNALIÈRE							
	DE PRÉSENCE			D'ABSENCE			DE DISPONIBILITÉ	
	à la mer.	à terre.	en route, ou en détachement ou en station avec le pain seulement.	en congé et en captivité.	à l'hôpital.	à l'hôpital en congé.	en résidence dans leurs foyers.	à l'hôpital.
Premiers maîtres mécaniciens.......... de 1re classe.....	8f 30c	5f 00c	6f 05c	4f 15c	4f 00c	3f 15c	4f 15c	3f 15c
de 2e classe.....	7 50	4 50	5 55	3 75	3 50	2 75	3 75	2 75
Seconds maîtres mécaniciens.......... de 1re classe.....	5 00	3 00	3 70	2 50	2 10	1 60	2 50	1 60
de 2e classe.....	4 50	2 70	3 40	2 25	1 80	1 35	2 25	1 35
Quartiers-maîtres mécaniciens.......... de 1re classe.....	3 30	2 00	2 50	1 65	1 30	0 95	"	"
de 2e classe.....	3 00	1 80	2 30	1 50	1 10	0 80	"	"
Chauffeurs.......... de 1re classe.....	2 09	1 30	1 70	1 00	0 80	0 50	"	"
de 2e classe.....	1 80	1 10	1 50	0 90	0 65	0 45	"	"
de 3e classe.....	1 50	0 90	1 30	0 75	0 50	0 35	"	"

N° 3.

SURNUMÉRAIRES.

EMPLOIS.	SOLDE JOURNALIÈRE				
	DE PRÉSENCE		D'ABSENCE		
	à la mer.	à terre en reddition de comptes.	en congé et en captivité.	à l'hôpital.	à l'hôpital en congé.
MAGASINIERS.					
Magasiniers — sur les vaisseaux	3ᶠ 00ᶜ	2ᶠ 80ᶜ	2ᶠ 00ᶜ	1ᶠ 80ᶜ	1ᶠ 00ᶜ
sur les frégates	2 80	2 60	1 85	1 60	0 85
sur les bâtiments de rang inférieur dont la maistrance comprend des premiers maîtres chargés et sur les bâtiments-transports au-dessus de 400 tonneaux	2 60	2 40	1 70	1 40	0 70
sur les bâtiments de rang inférieur dont la maistrance comprend des seconds maîtres chargés	2 30	2 20	1 55	1 30	0 65
sur les autres bâtiments	1 60	1 50	0 80	0 80	0 10
AGENTS DES VIVRES.					
Premiers commis aux vivres — de 1ʳᵉ classe	3 00	2 80	2 00	1 80	1 00
de 2ᵉ classe	2 80	2 60	1 85	1 60	0 85
Seconds commis aux vivres — de 1ʳᵉ classe	2 30	2 20	1 55	1 30	0 05
de 2ᵉ classe	2 10	2 00	1 40	1 20	0 60
Agents inférieurs des vivres. (Distributeurs, tonneliers, boulangers, coqs.) — de 1ʳᵉ classe	1 50	1 40	0 75	0 70	0 10
de 2ᵉ classe	1 40	1 30	0 70	0 65	0 10
AGENTS DIVERS.					
Forgerons et chaudronniers	2 80	2 60	1 85	1 60	0 85
Infirmiers non entretenus	1 20	//	0 60	0 60	0 10
Domestiques payés par l'État	1 50	//	0 75	0 70	//
Domestiques des officiers jouissant d'un traitement de table	1ᵖʳ mémoire.	//	//	//	

N° 4.

DÉLÉGATIONS.

	MAXIMUM de la QUOTITÉ journalière de la délégation à terre et à la mer
ÉQUIPAGES.	
Premiers maîtres, capitaines d'armes, maîtres et sergents-majors	1ᶠ 40ᶜ
Seconds maîtres, sergents d'armes et sergents-fourriers	0 80
Quartiers-maîtres, caporaux d'armes et caporaux-fourriers	0 60
Fourriers ordinaires, matelots de 1ʳᵉ et de 2ᵉ classe	0 50
Matelots de 3ᵉ classe	0 25
MÉCANICIENS.	
Premiers maîtres mécaniciens	2 50
Seconds maîtres mécaniciens	1 25
Quartiers-maîtres mécaniciens	0 90
Chauffeurs de 1ʳᵉ et de 2ᵉ classe	0 60
Chauffeurs de 3ᵉ classe	0 50
EMPLOIS SPÉCIAUX.	
Chefs de musique de bord	1 40
Seconds chefs de musique	0 80
Musiciens	0 50
Pilotes côtiers	1 00
INFIRMIERS.	
Infirmiers-majors { de 1ʳᵉ classe	0 80
de 2ᵉ classe	0 60
Infirmiers ordinaires	0 50
MAGASINIERS.	
Magasiniers { sur les bâtiments dont la maistrance comprend des premiers maîtres chargés	1 40
sur les bâtiments dont la maistrance comprend des seconds maîtres chargés	0 80
sur les autres bâtiments	0 60
AGENTS DES VIVRES.	
Premiers commis aux vivres	1 40
Seconds commis aux vivres	0 80
Agents inférieurs des vivres	0 50
AGENTS DIVERS.	
Forgerons et chaudronniers	1 40
Infirmiers non entretenus	0 40
Domestiques	0 50

N° 5.

HAUTES PAYES journalières d'ancienneté.

		NOMBRE de CHEVRONS.	MARINS PROVENANT DU RECRUTEMENT et de l'engagement volontaire.		MARINS PROVENANT DE L'INSCRIPTION maritime.		OBSERVATIONS.
			Officiers mariniers.	Quartiers-maîtres et marins.	Officiers mariniers.	Quartiers-maîtres et marins.	
Hautes payes pour ancienneté de service (a)....	Après 7 ans.....	1	0f 15c	0f 12c	0f 25c	0f 22c	(a) Ont droit aux hautes payes mentionnées au présent tarif les officiers mariniers et marins compris dans les tarifs n°s 1 et 2. Ont également droit à cette haute paye les officiers mariniers et marins inscrits employés comme magasiniers.
	Après 11 ans....	2	0 20	0 15	0 30	0 25	
	Après 14 ans....	3	0 25	0 20	0 45	0 40	

NOTA. A l'égard des marins du recrutement, l'infériorité de la haute paye comprise au présent tableau est compensée par les allocations spéciales de 10 centimes et 20 centimes par jour qu'ils reçoivent sur les fonds de la caisse de la dotation de l'armée.

N° 6.

SUPPLÉMENTS aux marins et autres remplissant les fonctions d'un grade supérieur.

	QUOTITÉ JOURNALIÈRE.	OBSERVATIONS.
ÉQUIPAGES.		
Marins remplissant, à défaut d'officiers, les fonctions de second ou de chef de quart.........	1f 00c	
Seconds maîtres remplissant les fonctions de premier maître ou de maître...............	0 30	
Quartiers-maîtres remplissant les fonctions de second maître, maître, etc................	0.50	
Matelots remplissant les fonctions de quartier-maître, second maître, etc................	0 30	
Marins employés en remplacement d'agents inférieurs des vivres......................	0 30	
MÉCANICIENS ET CHAUFFEURS.		Ce supplément est indépendant du supplément dit de maître chargé alloué aux marins remplissant des fonctions de ce genre.
Seconds maîtres remplissant les fonctions de premier maître.....................	1 80	
Quartiers-maîtres remplissant les fonctions de second maître, premier maître.............	0 80	
Chauffeurs remplissant les fonctions de quartier-maître, second maître, etc..............	0 90	
AGENTS DES VIVRES.		
Seconds commis remplissant les fonctions de premier commis......................	0 50	
Agents inférieurs remplissant les fonctions de second ou premier commis...............	0 60	

N° 7.

Suppléments à raison de fonctions spéciales.

	QUOTITÉ JOURNALIÈRE.	OBSERVATION[S]
1° SUPPLÉMENTS A LA MER.		
Officiers mariniers, quartiers-maîtres et marins patrons d'embarcation — 1re classe	0ᶠ 30ᶜ	(a) Ce supplément … cialement réservé aux remplissant les foncti…
— 2ᵉ classe	0 15	Brigadiers d'en… tion, Infirmiers, Barbiers, Sacristains, Servants de mess… Peintres, Caliers.
Quartiers-maîtres et marins chefs de hune	0 30	
gabiers — de 1re classe	0 25	
— de 2ᵉ classe	0 20	
chefs de pièce et canonniers brevetés de 1re classe	0 25	
chargeurs et canonniers brevetés de 2ᵉ classe	0 20	(b) Le supplément … à la mer aux matelots… niers brevetés, à rai… leurs brevets, se trou… pris dans les suppléme… diqués ci-contre.
premiers servants de gauche et canonniers brevetés de 3ᵉ classe	0 15	
Marins au-dessous du grade de quartier-maître — timonniers-sondeurs	0 20	
chauffeurs	0 50	
soutiers	0 15	
fusiliers brevetés — 1re classe	0 20	
— 2ᵉ classe	0 15	
— 3ᵉ classe	0 10	
Officiers mariniers et marins secrétaires, à défaut de fourriers, des chefs d'état-major, des commandants en second et des officiers d'administration	0 20	
Quartiers-maîtres et marins recevant un supplément facultatif (a)	0 10	
2ᵉ SUPPLÉMENTS D'INSTRUCTEURS.		
Officiers mariniers ou marins chargés de l'école élémentaire — sur un vaisseau	0 60	
— sur une frégate	0 40	
— sur un bâtiment de rang inférieur	0 30	
Instructeurs dans les compagnies de dépôt de matelots-canonniers — Premier maître et second maître canonnier	0 40	
— Quartier-maître canonnier	0 30	
— Matelots canonniers brevetés instructeurs	0 25	
Instructeurs de l'école d'application de canonnage (b) — Premier maître et second maître canonnier	0 60	
— Instructeurs	0 40	
— Instructeurs adjoints	0 35	

N° 8.

SUPPLÉMENT aux marins réunissant les deux professions de charpentier et de calfat.

	QUOTITÉ JOURNALIÈRE.	OBSERVATIONS.
Quartiers-maîtres et seconds maîtres réunissant les deux professions..................	0ᶠ 20ᶜ	

N° 9.

INDEMNITÉ aux officiers mariniers et marins (y compris les mécaniciens) remplissant les fonctions de maîtres chargés.

	QUOTITÉ JOURNALIÈRE.	OBSERVATIONS.
Sur les vaisseaux de 1ᵉʳ et de 2ᵉ rang..	1ᶠ 00ᶜ	Ce supplément est également dû aux commis aux vivres et aux magasiniers. Il n'est pas dû aux chefs de musique ni aux pilotes côtiers.
Sur les autres vaisseaux et frégates de 1ᵉʳ rang.............................	0 80	
Sur les frégates de 2ᵉ et de 3ᵉ rang.............................	0 05	
Sur les corvettes de 32 et de 28 canons.................................	0 50	
Sur les bâtiments de rang inférieur.................................	0 35	

N° 10.

INDEMNITÉ accordée aux vaguemestres.

	QUOTITÉ JOURNALIÈRE.	OBSERVATIONS.
SERVICE A TERRE.		
Division de Brest et de Toulon.............................	0ᶠ 50ᶜ	
——— de Cherbourg, Lorient et Rochefort.............................	0 40	
SERVICE A LA MER.		
Sur les bâtiments portant pavillon d'un officier général commandant en chef...........	0 50	
Sur les vaisseaux.............................	0 40	
Sur les frégates.............................	0 25	
Sur les corvettes et les bâtiments de rang inférieur.............................	0 15	
Sur les bâtiments de tout rang en commission de port.............................	0 10	

N° 11.

Indemnité de frais de bureau.

	QUOTITÉ JOURNALIÈRE.	OBSERVATIONS.
SERVICE A TERRE.		(A) Cette indemnité est destinée à pourvoir l'école élémentaire de crayons d'ardoises et de mine de plomb, de papier à la cloche, de plumes, d'encre, de carrelets, de règles et de canifs.
Capitaines d'armes adjoints aux adjudants-majors dans les divisions, sergents-majors et fourriers des compagnies de dépôt..........	0ᶠ 15ᶜ	
SERVICE A LA MER.		
Fourriers des compagnies temporaires embarquées..........	0 10	
Magasiniers et commis aux vivres. — Vaisseaux et frégates de 1ᵉʳ rang..........	0 15	
Frégates de 2ᵉ et de 3ᵉ rang, corvettes et bâtiments de 10 canons et au-dessous..........	0 10	
Officiers mariniers et marins chargés de l'école élémentaire (A). — Vaisseaux de 1ᵉʳ et de 2ᵉ rang..........	0 40	
Vaisseaux de 3ᵉ et de 4ᵉ rang et frégates de 1ᵉʳ rang..........	0 30	
Frégates de 2ᵉ et de 3ᵉ rang et corvettes de 1ᵉʳ rang..........	0 20	
Bâtiments de rang inférieur..........	0 10	

N° 12.

Indemnité pour pertes des effets non fournis par l'État.

	MONTANT DE L'INDEMNITÉ À ALLOUER.			OBSERVATIONS.
	Perte totale.	Perte partielle. N° 1.	N° 2.	
Officiers mariniers de toutes professions (A). — Premiers maîtres et maîtres..........	150ᶠ	100ᶠ	50ᶠ	(A) Cette indemnité est allouée, lorsqu'il y a lieu, en sus du remboursement de la valeur des effets entrant dans la composition du sac (art. 118).
Seconds maîtres..........	120	80	40	
Magasiniers — sur les vaisseaux et frégates..........	300	200	100	
sur les bâtiments dont la maistrance comprend des premiers et des seconds maîtres..........	240	160	80	
sur les autres bâtiments..........	150	100	50	
Agents des vivres. — Premiers commis aux vivres..........	300	200	100	
Seconds commis aux vivres..........	240	160	80	
Agents inférieurs des vivres..........	150	100	50	
Forgerons et chaudronniers..........	300	200	100	
Infirmiers..........	120	80	40	
Domestiques (avec ou sans solde)..........	120	80	40	

Nº 13.

GRATIFICATION de première mise d'équipement aux premiers maîtres promus officiers.

	QUOTITÉ de LA GRATIFICATION.	OBSERVATIONS.
Premiers maîtres et capitaines d'armes....................................	570ᶠ	Cette première mise est augmentée de moitié lorsque les premiers maîtres reçoivent, hors des ports de France, l'avis officiel de leur nomination. (Art. 119 du règlement.)

Nº 14.

GRATIFICATIONS aux instructeurs.

		ALLOCATIONS ANNUELLES.	OBSERVATIONS.
Instructeurs dans les divisions	à Brest et à Toulon.......................................	1,000ᶠ	(a) A la fin de la période d'instruction, la somme de 600 francs est prélevée sur la somme totale allouée pour le bataillon, à l'effet d'être répartie, à titre de gratification, entre les officiers-mariniers et les quartiers-maîtres qui ne proviennent pas des fusiliers et qui ont été jugés susceptibles de recevoir un brevet d'instructeur d'infanterie. Le complément de la somme est réparti entre les instructeurs du bataillon.
	à Cherbourg et à Rochefort......................	400	
	à Lorient...... Compagnies de dépôt......................	400	
	à Lorient...... Bataillon d'instruction des fusiliers (A)...........	800	
Instructeurs à bord du bâtiment-école des mousses à Brest	pour l'instruction maritime et militaire.......................	2,000	
	pour les moniteurs et élèves de l'école élémentaire...............	1,200	
Instructeurs d'infanterie dans les escadres et sur les bâtiments isolés.	Vaisseaux de 1ᵉʳ et de 2ᵉ rang................................	200	
	—— de 3ᵉ et de 4ᵉ rang................................	150	
	Frégates..	100	
	Bâtiments dont l'effectif dépasse 50 hommes.	50	

N° 15.

GRATIFICATIONS accordées pour les exercices du tir.

	QUOTITÉ.	OBSERVATIONS.
ARTILLERIE.		
TIR AU POLYGONE.		
Du canon, de la caronade et de l'obusier, de plein fouet, pour un blanc touché.............	1ᶠ 20ᶜ	
Du mortier.... { pour une bombe tombée dans un cercle de 4 mètres de rayon, à une distance approchant, autant que possible, de 600 mètres....................	1 50	
pour une bombe tombée dans un cercle de 2 mètres de rayon, à la même distance...	2 00	
pour une bombe tombée dans un cercle de 2 mètres de rayon, à la distance de 100 mètres................................	1 00	
pour une bombe qui aura coupé le mât sur lequel le tonneau est placé, à la grande distance........................	10 00	
pour une bombe qui aura coupé le mât sur lequel le tonneau est placé, à la distance de 400 mètres....................	5 00	
pour une bombe qui aura atteint le tonneau placé à la grande distance......	30 00	
TIR A L'ANCRE.		
Du canon, de la caronade et de l'obusier { de plein fouet, pour un blanc carré ayant 1 mètre de côté, touché à la distance de 800 mètres................................	3 00	
de plein fouet ou à ricochet, pour un blanc carré ayant 2 mètres de côté, touché à la distance de 1,400 mètres........................	4 00	
Du canon rayé.. { 1ʳᵉ distance..		
2ᵉ distance..	Pour mémoire.	
3ᵉ distance..		
TIR SOUS VOILES OU SOUS VAPEUR.		
Du canon, de la caronade et de l'obusier { de plein fouet ou à ricochet, pour un blanc sphérique de 80 centimètres de diamètre, touché à plus de 300 mètres de distance.................	5 00	
MOUSQUETERIE.		
Pour une balle mise dans une cible :		
De 1ᵐ,60 cent. de hauteur et 0ᵐ,50 de largeur, aux distances de 150 et 225 mètres.........		
———————— et 1 ,00........ *idem*......... de 250 et 300 *idem*...........	0 05	
———————— et 1 ,50........ *idem*..... de 325, 350 et 400 *idem*...........		
———————— et 2 ,00........ *idem*......... de 450 et 500 *idem*...........		
———————— et 2 ,50........ *idem*......... de 550 et 600 *idem*...........		
———————— et 3 ,00........ *idem*.............. de 700 *idem*...........	0 10	
———————— et 4 ,00........ *idem*.............. de 800 *idem*...........		
———————— et 5 ,00........ *idem*.............. de 900 *idem*...........	0 15	
———————— et 6 ,00........ *idem*............. de 1,000 *idem*...........		

N° 16.

PRIMES de réadmission.

	MONTANT DE LA PRIME			OBSERVATIONS.
	PAR PÉRIODE de 3 années.	par ANNUITÉ.	par JOUR.	
Quartiers-maîtres et marins des professions indiquées en l'art. 123 du décret.	438ᶠ 00ᶜ	146ᶠ 00ᶜ	0ᶠ 40ᶜ	

N° 17.

MASSE générale d'entretien.

	ALLOCATIONS ANNUELLES.		OBSERVATIONS.
	1ʳᵉ portion.	2ᵉ portion.	
Divisions de Brest et de Toulon	7,000ᶠ	12,000ᶜ	
———— de Lorient	"	6,000	
———— de Cherbourg	"	5,000	
———— de Rochefort	"	4,000	
Fonds de musique pour les bâtiments montés par un officier général	4,000	"	

N° 18.

TRAITEMENT de table.

	ALLOCATIONS JOURNALIÈRES			OBSERVATIONS.
	SUR LE PIED de France. N° 1.	SUR LE PIED COLONIAL.		
		N° 2.	N° 3.	
Membre de la table des maîtres	0ᶠ 50ᶜ	0 666	0 750	

Nᵒ 19.

PRÉCOMPTES et retenues sur la solde.

	QUOTITÉ de LA RETENUE.	OBSERVATIONS.
1ᵒ RETENUE JOURNALIÈRE POUR HABILLEMENT, SAVON ET TABAC.		
Officiers mariniers et marins..........................	0ᶠ 40ᶜ	
Mousses..........................	0 30	
2ᵒ FRAIS D'ARRESTATION.		
Dans l'arsenal..........................	2 00	Pour les marins absent non encore dénoncés déser teurs, et dont la poursuit aura été réclamée.
En ville..........................	3 00	Les mousses ne pouvan être poursuivis que comm
Hors de l'enceinte de la ville..........................	5 00	absents illégalement, le ta rif ci-contre leur est seu applicable.
Au delà d'un myriamètre..........................	6 00	
3ᵒ FRAIS DE CAPTURE.		
Lorsque le marin aura été dénoncé déserteur, quel que soit le lieu où il sera arrêté..........	25 00	Hors de France, les frai d'arrestation sont réglés d gré à gré avec les consuls o avec les autorités locales, la totalité en est précompté sur la solde des hommes.

Nᵒ 20.

DURÉE des distributions d'eau-de-vie pendant les chaleurs.

DÉSIGNATION DES LOCALITÉS.	DURÉE DES PÉRIODES DE DISTRIBUTION.
Premier, deuxième et troisième arrondissements maritimes..........................	Du 1ᵉʳ juin au 31 août.
Quatrième et cinquième arrondissements maritimes..........................	Du 1ᵉʳ juin au 30 septembre.

Fait à Saint-Clo

Fait à Saint-Cloud, le 11 août 1856.

Signé NAPOLÉON.

Par l'Empereur :

*L'Amiral Ministre Secrétaire d'État de la marine
et des colonies,*

Signé HAMELIN.

www.ingramcontent.com/pod-product-compliance
Lightning Source LLC
LaVergne TN
LVHW050215030726
842520LV00002B/534